Ullstein

ÜBER DAS BUCH:

Voller Geheimnisse stecken das Alte und das Neue Testament. Von himmlischen Wagen ist die Rede. Ganz ähnliche Texte sind aus dem alten Indien bekannt. Sollten Außerirdische vor Jahrtausenden zur Erde gekommen sein? Rätselhafte Flugvehikel wurden jedenfalls im Alten Testament so detailliert beschrieben, daß ein NASA-Ingenieur ein Raumschiff bis ins kleinste Detail rekonstruieren konnte. Ein deutscher Ingenieur behauptet: Der Tempel des Hesekiel war eine Wartungsanlage für außerirdische Raumschiffe. Walter-Jörg Langbein, studierter Theologe, geht den Rätseln der Bibel im Alten und Neuen Testament nach. Er berichtet über Götter, Engel und andere himmlische Besucher, über ein höllisches Lexikon und Dämonen, über Raumschiffe aus Stein, atomare Waffen der Götter und das Geheimnis von Vijayanagara: den Ort, wo sich Götter und Menschen trafen.

DER AUTOR:

Walter-Jörg Langbein, Jahrgang 1954, wurde in Coburg geboren. Er studierte Theologie und ist seit rund 20 Jahren forschend tätig. Er ist Verfasser folgender Titel: *Die großen Rätsel der letzten 2500 Jahre; Bevor die Sintflut kam* (erscheint im März 1998); *Das Sphinx-Syndrom; Astronautengötter* (die beiden letzten Titel sind als Ullstein Taschenbücher erhältlich).

Walter-Jörg Langbein

Geheimnisse der Bibel

Ullstein

Ullstein Buchverlage GmbH,
Berlin
Taschenbuchnummer: 35738

Originalausgabe
Mit 52 Abbildungen
November 1997

Umschlagentwurf:
Vera Bauer
Unter Verwendung einer Abbildung
von Japack/Bavaria
Alle Rechte vorbehalten
© 1997 by Ullstein Buchverlage GmbH,
Berlin
Printed in Germany 1997
Gesamtherstellung:
Ebner Ulm
ISBN 3 548 35738 5

Gedruckt auf alterungs-
beständigem Papier mit
chlorfrei gebleichtem Zellstoff

Die Deutsche Bibliothek –
CIP-Einheitsaufnahme

Langbein, Walter-Jörg:
Geheimnisse der Bibel/Walter-Jörg Langbein. –
Orig.-Ausg. – Berlin: Ullstein, 1997
(Ullstein-Buch; Nr. 35738)
ISBN 3-548-35738-5

Inhalt

Vorwort

Kein anderes Buch der Weltgeschichte ist so weit verbreitet wie das Buch der Bücher – die Bibel. Sie liegt – vollständig oder in Auszügen – in rund 2000 Sprachen und Dialekten und mindestens drei Milliarden Exemplaren vor. Allein in Japan, dessen Bevölkerung nur zu einem Prozent christlichen Glaubens ist, wurden innerhalb der letzten zehn Jahre rund 150 Millionen Bibeln gedruckt.

Die Bibel steht heute rund 98 Prozent der Weltbevölkerung zur Verfügung, doch noch vor wenigen Jahrhunderten durften selbst die meisten Christen das Buch der Bücher nicht selbst lesen.

Im 16. Jahrhundert existierte in England nur eine lateinische Übersetzung, die der Priesterschaft vorbehalten war. William Tyndale (etwa 1494–1536) wagte es, Teile des Alten Testaments und das gesamte Neue Testament ins Englische zu übersetzen. Damit verstieß er gegen das Gesetz. Der angesehene Gelehrte – er unterrichtete an der Universität von Cambridge – mußte seine akademische Laufbahn aufgeben und war lange Jahre auf der Flucht. Schließlich wurde er verhaftet, der Ketzerei angeklagt, zum Tode verurteilt und erdrosselt. Sein Leichnam wurde öffentlich verbrannt.

Die erste deutschsprachige Bibel stammt, allen anders lautenden Gerüchten zum Trotz, nicht von Luther. Wer sie ins Deutsche übertrug, ist nicht überliefert; sie erschien 1466 in Straßburg. Unbekannt sind auch die Übersetzer von weiteren 14 deutschsprachigen Bibelausgaben, die allesamt vor Luther erstellt und gedruckt wurden.

Heute ist die Bibel allgemein zugänglich. Kein anderes Buch wird so oft gedruckt und doch nur so selten gelesen. In wohl jedem europäischen Haushalt ist mindestens ein Exemplar vorhanden, doch gelesen wird – wenn überhaupt – fast nur das Neue Testament. Zur Weihnachtszeit füllen sich die ansonsten meist leeren Kirchenbänke, erinnern wir uns der Evangelien, blättern vielleicht sogar in der »Weihnachtsgeschichte«. Ansonsten aber bleibt die Bibel meist unbeachtet. Von 100 Bibelbesitzern, so ergab unlängst eine Umfrage in Deutschland, sind nur 15 auch tatsächlich Bibelleser.

Die Texte des Alten Testaments wurden in hebräischer und aramäischer Sprache, die des Neuen Testaments in griechischer Sprache verfaßt. Sie entstanden in einem Zeitraum von rund eineinhalb Jahrtausenden. Die ältesten Texte entstanden etwa um das Jahr 1200 v. Chr., die jüngsten bis etwa 150 n. Chr. Eine »Urfassung« liegt nicht vor. Heute sind rund 1700 hebräische Teilmanuskripte der Bibel bekannt. Sie werden weltweit als kostbare Schätze in wissenschaftlichen Bibliotheken gehütet.

Warum wollte der Klerus bis ins 16. Jahrhundert hinein verhindern, daß der »Mann auf der Straße« sich selbst ein Bild von den biblischen Schriften machte? Bangte er um seine Machtposition? Sollte es ausschließlich den Priestern vorbehalten sein, den Menschen zu verkünden, was als »Wort Gottes« zu gelten hatte? Befürchtete man, der Laie könne beim eigenen Studium erkennen, daß die Bibel – besonders im Alten Testament – alles andere als nur ein ergötzliches, erbauliches Werk ist? Durfte er nicht von den geheimnisvollen Kulten des Alten Testaments erfahren?

Noch heute finden sich dort nämlich deutliche Hinweise auf den einst mächtigen Vielgottglauben. Noch zu Zeiten, da die Priesterschaft bereits den Eingottglauben propagierte, wurden den Göttern Menschenopfer dargebracht.

Von Göttern ist im Alten Testament die Rede, von Gottessöhnen und von Dämonen, die vom Himmel zur Erde herabstiegen und die nicht immer nur Gutes im Schilde führten. Waren es reale Wesen aus Fleisch und Blut – vielleicht gar Besucher aus dem All?

Das Alte Testament steckt voller Geheimnisse: Die Anhänger eines geheimen Kabbala-Kults versuchten zu ergründen, was sie bedeuten. Sie verfaßten geheime, ergänzende Texte, die nur wenigen Eingeweihten zugänglich waren. Sie schreckten nicht einmal davor zurück, Texte des Alten Testaments zu manipulieren, um geheime Botschaften zu verstecken, die in unseren Tagen mit Hilfe eines Computers entschlüsselt werden konnten. Es ist erschreckend und verblüffend zugleich: Eine biblische Prophezeiung weist beispielsweise auf den Massenmörder Harmann und seine »zehn Söhne« hin und nennt auf den Tag genau den Hinrichtungstermin von zehn Nazigrößen.

Von »himmlischen Wagen« ist die Rede – im Alten Testament, aber auch in geheimen Schriften des Kabbala-Kults. Ganz ähnliche Texte sind aus dem alten Indien bekannt. Sollten Außerirdische vor Jahrtausenden zur Erde gekommen sein? Rätselhafte Flugvehikel wurden jedenfalls im Alten Testament so detailliert beschrieben, daß ein NASA-Ingenieur ein Raumschiff bis ins kleinste technische Detail rekonstruieren konnte. Ein deutscher Ingenieur behauptet sogar, der Tempel des Hesekiel sei eine Wartungsanlage für außerirdische Raumschiffe gewesen. Wo mag dieser Tempel sich befunden haben?

Abraham wurde an Bord eines »himmlischen Wagens« genommen, Hesekiel in ein fernes, ihm unbekanntes Land geflogen. Nach Indien? War er in Südamerika? Verhalfen ihm Außerirdische zur ersten Flugreise auf einen anderen Kontinent?

Beherrschten »Götter« – in Indien und Israel – den Luftraum? Konnten die Israeliten mit Hilfe von geheimnisvollen »sprechenden Köpfen« mit ihnen kommunizieren? Setzten die Götter in Indien und Israel möglicherweise sogar Atomwaffen ein?

Besaß Salomo eine Flugmaschine? War er Anhänger eines Sexkults? Zeugte er mit der Königin von Saba einen Sohn? Ließ er es zu, daß das wichtigste Kultobjekt des Alten Testaments, die Bundeslade, nach Indien entführt wurde?

Schenkten Außerirdische den Israeliten für ihre Flucht aus Ägypten durch die Wüste eine komplizierte Anlage zur Herstellung von Manna? Wissenschaftler jedenfalls behaupten, den exakten Konstruktionsplan für solch eine transportable Anlage in einem altjüdischen Text entdeckt zu haben! Sie besaß demnach eine atomare Energiequelle. Wurden Teile davon in der Bundeslade aufbewahrt? Starben möglicherweise zahllose Menschen, die direkten Kontakt mit dem Kultobjekt hatten, an den Folgen radioaktiver Verstrahlung?

In biblischen Schriften findet der Autor Hinweise auf Besucher aus dem All. Er geht diesen Hinweisen nach – und bietet die »extraterrestrische Lösung« als eine mögliche Antwort an, die so manches Rätsel erklären könnte.

Im zweiten Teil seines Buches widmet sich der Autor dem Neuen Testament. Sein sorgsames Quellenstudium, für das er die Schriften des Neuen Testaments, aber auch »verbotene« apokryphe Texte sowie das Wissen des Essenerordens von Qumran heranzog, beweist: Die Biographie des Jesus von Nazareth enthält eine Fülle von Geheimnissen. Der Autor versucht sie zu lüften. Fragen über Fragen ergeben sich, die die Lektüre des Neuen Testaments faszinierender denn je erscheinen lassen: Wurde Jesus wirklich von einer »Jungfrau« geboren? Mußte sich seine Mutter dem »Gottesurteil vom bitteren Wasser« unterziehen? Hatte er Brüder und Schwestern? Konnte er als Kind zaubern? Wer waren die »Magier aus dem Morgenland«? Wer sind die drei geheimnisvollen Toten im Kölner Dom? Wie wirkte sich der Mithras-Kult auf Jesu Biographie aus? Fand der Kindermord zu Bethlehem wirklich statt? Was verschweigt die Bibel über Jesu Kindheit und Jugend? Wer war Jesu Lehrer, Johannes der Täufer? Warum wurde er hingerichtet? Wie stand Jesus zum Orden der Essener? Wer waren die geheimnisvollen »Dolchmänner« in Jesu Jüngerschaft? Wo lag das »Damaskus« der Essener? Wer war der »Messias aus der Wüste«? Was bedeuten Jesu Wunder? Warum wurde der Bericht von der Hochzeit zu Kana verfälscht? Warum wurde die Begegnung Jesu mit der »Ehebrecherin« erfunden? Was hat der Tumult im Tempel von Jerusalem zu bedeuten? War Judas wirklich ein Verräter? Wie sah Jesu »Abendmahl« aus? Ist die Beschreibung von Jesu Verhaftung, Prozeß und Tod historisch korrekt? War Barabbas ein Verbrecher? Oder verbirgt sich hinter ihm Jesus selbst? Wann starb Jesus? Ist er wirklich auferstanden? Beweist das legendäre »Turiner Grabtuch« Jesu Leben nach dem Tod?

Der Autor bringt uns den »historischen« Jesus nahe. Er stellt ihn dar, wie er wirklich war. Er rekonstruiert sein Leben – von der geheimnisvollen Geburt bis zu seinem Ende am Kreuz von Golgatha.

An der Schwelle zu einem neuen Jahrtausend erscheinen die

Schriften des Alten wie des Neuen Testaments geheimnisvoller denn je. Walter-Jörg Langbein stellt faszinierende Geheimnisse dar – aus dem Buch der Bücher, das wir alle kennen, das uns aber doch so unbekannt ist. Er bietet verblüffende Fakten, erstaunliche Tatsachen und enthüllt sinnentstellende Verfälschungen. Sein Werk ist gleichsam ein »Reiseführer« zu den Geheimnissen der Bibel. Spannender kann ein Erforschen des Alten und Neuen Testaments kaum sein!

Mario Ringmann, Chefredakteur »Unknown Reality«

Erster Teil
Das Alte Testament

I. Menschenopfer im Alten Testament

An der Schwelle zum dritten Jahrtausend wird das religiöse Leben der Völker, etwa im Christentum, aber auch im Islam und im Judentum, von strengem Monotheismus, vom Eingottglauben, geprägt. Im Zentrum der Religionen steht ein einziger, allmächtiger Gott, der als Erschaffer alles Existierenden angesehen und verehrt wird. Der Monotheismus ist freilich eine relativ junge Erscheinungsform.

Die Schriftstellerin Sandra Grabow hält in ihrer Abhandlung »Die Menschen und ihre Götter« (Frankfurt/Oder 1996) fest: »Schon solange die Menschen auf dieser Erde existieren, gibt es ›Götter‹. Unabhängig von Zeit und Ort schrieben die Menschen, vom Standpunkt ihrer Entwicklung aus, Unerklärbares den Göttern zu. So glaubten beispielsweise die Griechen, daß ihre Götter aus dem Chaos entstanden und die Erde schufen. Ebenfalls glaubte man damals, daß das Feuer von den Göttern auf die Erde gebracht wurde.«

Religionsgeschichtlich betrachtet ist der Eingottglaube also sehr jung. Im Judentum entstand er wohl erst im 7. Jahrhundert v. Chr., wurde ab dem ersten nachchristlichen Jahrhundert zur Grundlage des Christentums und ab dem 7. Jahrhundert zur Grundlage des Islam.

Der religiöse Kult der Bibel – und das gilt sowohl für das Alte wie für das Neue Testament – wird von strengem Eingottglauben bestimmt. Es finden sich jedoch auch im Alten Testament deutliche Hinweise auf den Vielgottglauben.

Der vielleicht bekannteste Satz aus der Bibel, bekennenden Christen wie überzeugten Atheisten wohlvertraut, lautet: »Am Anfang schuf Gott den Himmel und die Erde.« Übersetzt man freilich diesen Satz, der als erster Vers des ersten Kapitels des

1. Buch Mose Eingang in die Bibel fand, richtig, müßte er heißen: »Am Anfang schufen die Götter – Mehrzahl – den Himmel
und die Erde.« Da ist ganz eindeutig von Göttern die Rede.

Die Priesterschaft versuchte vorzuschreiben, wie das religiöse Leben auszusehen hatte, wie der Gotteskult zu gestalten
war. Der viele Jahrtausende alte Vielgottglauben sollte durch
den Monotheismus ersetzt werden. So heißt es im ersten der
Zehn Gebote (2. Buch Mose, Kapitel 20, Vers 3): »Du sollst keine
anderen Götter haben neben mir.« Freilich besagt das strenge
Gebot keineswegs, daß es nur einen Gott gibt. Es wird vielmehr
nur gefordert, daß die anderen Götter nicht (mehr) angebetet,
nicht (mehr) verehrt werden dürften. Fremde Götter wurden
nicht geleugnet, ihr Kult wurde allerdings verboten. Nur noch
Jahwe, der Gott Israels, durfte angebetet werden, eine weitere
Verehrung anderer Götter wurde untersagt. So heißt es bei Jesaja (Kapitel 41, Vers 29) über die fremden Götter: »Siehe, sie
sind alle nichts, und nichtig sind ihre Werke, ihre Götzen sind
leerer Wind.«

Die Hinwendung zum Eingottglauben vollzog sich im biblischen Kult nur schrittweise. Die Propheten verstanden sich als
Verkünder des Eingottglaubens und warnten eindringlich davor, in den alten Vielgottglauben zurückzufallen. Als etwa König Ahab, der Sohn Omris und König des »Nordreichs Israel«
um 940 v. Chr. eine phönizische Prinzessin heiratete, wurde ein
Tempel für den Gott Baal in Sumarien errichtet. Um 722 v. Chr.
hatte sich der Eingottglaube erst in einem Teil Israels durchge-
setzt.

Er war keineswegs nur von theologischer Bedeutung, sondern brachte vielmehr das Ende blutiger Menschenopfer, die
einst wichtiger Bestandteil des religiösen Kults waren.

Jahrtausendelang sahen sich die Menschen einer scheinbar
feindlichen Natur ausgesetzt, und sie fühlten sich in ihrer Existenz zutiefst bedroht. Wilde Tiere und Naturgewalten wurden
gefürchtet. Bauten die Menschen sich Behausungen oder betrieben sie Landwirtschaft: Stets konnte die Grundlage ihres
Lebens zerstört werden – etwa durch Unwetterkatastrophen.
Man vermutete hinter den Naturgewalten das Wirken zahlloser

Götter, und diese mächtigen Wesen suchte man zu beschwichtigen durch das Darbringen von Opfern.

Jahrtausendelang gab es bei allen Völkern einen ausgeprägten Opferkult für Trank-, Pflanzen-, Tier- und Menschenopfer. Man wollte sich vor den Unbilden der Natur schützen und die Götter dazu veranlassen, den Menschen reichlich Nahrung, gute Erfolge bei der Jagd sowie üppige Ernten zu schenken.

Menschenopfer, die kultische Tötung von Menschen, die oft von grausamen Riten begleitet wurden, galten als besonders wirksam, um sich die Götter gewogen zu machen. Menschenopfer waren, darin sind sich die Religionswissenschaftler einig, in vielen Hochreligionen von China über Afrika, Amerika bis Europa weit verbreitet. Auch die blutigen Gladiatorenkämpfe im alten Rom müssen als Erinnerung an kultische Massaker angesehen werden. Römische Truppenführer opferten sich gelegentlich selbst – in der Hoffnung, die Götter würden als Gegenleistung militärische Siege gewähren. Bei den Etruskern wurden rituelle Zweikämpfe ausgefochten und die getöteten Verlierer in der Maske des Totengottes bestattet. Bei den Azteken im alten Mexiko wurden den Göttern beispielsweise »Herzopfer« dargebracht, und es wurden zu Ehren der Allmächtigen Menschen zu Tode geschunden. Es gehörte beispielsweise zum Kult, daß den Opfern bei lebendigem Leibe die Haut abgezogen wurde.

»Im Verlauf der Höherentwicklung der Religionen und der wachsenden ethischen Sensibilität wurden Menschenopfer durch andere Opfer ersetzt«, hält das »Lexikon Alte Kulturen« (Mannheim 1993, S. 647) fest. Tatsächlich müssen Menschenopfer im alten Israel lange Zeit an der Tagesordnung gewesen sein. Wir finden deutliche Beschreibungen dieses blutigen Kults im Alten Testament.

Bevor Jephta in den Krieg mit den Amoritern zog, legte er ein Gelübde ab. Sobald der Krieg beendet sei, werde er zum Dank einen Menschen opfern. Bei lebendigem Leibe werde er jenen Menschen verbrennen, der ihm zur Begrüßung in der Heimat aus dem Haus entgegentrete. Das war dann ausgerechnet sein einziges Kind, seine Tochter. Wehklagend zerriß er sich das

Gewand, doch sein Gelübde mußte er einhalten. Das sah auch seine Tochter ein. Die junge Frau – ihr Name wird in der Bibel nicht erwähnt – bat allerdings um eine Gnadenfrist von zwei Monaten, die sie mit »Gefährtinnen« in den Bergen verbrachte, wo sie »ihre Jungfrauschaft« beweinte. Anschließend kehrte sie gehorsam zurück und wurde geopfert. Von da an betrauerten die Töchter Israels alljährlich vier Tage lang Jephtas Tochter. (Das Buch der Richter, Kapitel 11, Verse 1–39)

Ein weiteres Menschenopfer wird im Buch der Könige beschrieben. Mescha, König von Moab, erlitt mit seiner Armee im Krieg gegen die Israeliten eine vernichtende Niederlage. Um die Qualen der Niederlage zu verringern, brachte er dem Schutzgott seines Volks, dem zornigen Kemos, ein Menschenopfer dar – seinen eigenen Sohn: »Da nahm er seinen erstgeborenen Sohn, der an seiner Statt König werden sollte, und opferte ihn zum Brandopfer auf der Mauer.« (2. Buch Könige, Kapitel 3, Vers 27) Der Erfolg stellte sich bald ein: Kemos zwang die Israeliten dazu, den Schauplatz ihres militärischen Sieges zu verlassen: »Da kam ein großer Zorn über Israel, so daß sie von ihm abzogen und in ihr Land zurückkehrten.« (2. Buch Könige, Kapitel 3, Vers 27)

Mit Hilfe eines Menschenopfers gelang es Josua, eine drohende Niederlage in einen glanzvollen Sieg zu verwandeln. Als der Krieg gegen die Männer von Ai so gut wie verloren war, wurde Achan, der als gieriger Plünderer reiche Beute gemacht hatte, zu Tode gesteinigt und mit seiner gesamten Familie begraben. Das Opfer wurde angenommen, der König von Ai besiegt und aufgehängt.

Auch Agag, König der Amalekiter, endete als Menschenopfer: Aus Dankbarkeit für den errungenen Sieg über den Feind »hieb Samuel den Agag in Stücke in Gilgal«. (1. Buch Samuel, Kapitel 15, Vers 33)

Die grausamen kultischen Tötungen können keineswegs als unglaubwürdige »Schauermärchen« abgetan werden. Archäologische Ausgrabungen bestätigten inzwischen die biblischen Berichte. So fand man in Geser im Allerheiligsten des Tempels die sterblichen Überreste zweier Kinder im Alter von sechs Jahren, die ganz offensichtlich als Brandopfer dargebracht worden waren, außerdem die in je zwei Teile zersägten Schädel zweier Erwachsener. In Meggido hatte man ein etwa 15jähriges Mädchen getötet und in den Grundmauern eines gewaltigen Gebäudes begraben.

Es kann keinen Zweifel geben: Im alten Israel waren Menschenopfer an der Tagesordnung. Sie sollten bei kriegerischen Auseinandersetzungen zum Sieg verhelfen oder die schlimmen Folgen von Niederlagen mildern. Sie sollten aber auch dazu beitragen, daß neu errichtete Gebäude unter dem Schutz der Götter standen.

Abraham und das Ende des Menschenopferkults

Abraham, so steht in der Bibel (1. Buch Mose, Kapitel 17, Vers 5), hieß ursprünglich Abram. Gott selbst änderte seinen Namen: »Man wird dich nicht mehr Abram nennen, Abraham wirst du heißen, denn zum Stammvater einer Menge von Völkern habe ich dich bestimmt.« Tatsächlich läßt sich der Name des biblischen Urvaters übersetzen: Man könnte ihn mit »Vater der Völker« wiedergeben.

Die Bibel hält Abrahams Ahnentafel fest: Er ist Noahs zehnter Nachkomme, der erste Mensch, mit dem Gott selbst wieder spricht. Die Bibelautoren halten ihn für so wichtig, daß sogar der Stammbaum Jesu von Matthäus über König David bis auf Abraham zurückverfolgt wird. Nimmt man die Chronologie der Bibel wörtlich, dann wurde der Stammvater 352 Jahre nach der Sintflut im Jahre 2018 v. Chr. geboren. Die Bibelforschung freilich vermochte es bislang nicht, sich auf präzise Jahresangaben festzulegen. Drei unterschiedliche Theorien wurden aufgestellt: Abraham lebte demnach im Reich der Sumerer, also etwa im 2. vorchristlichen Jahrtausend oder im Mitanni-Reich, also etwa im 14. bis 16. vorchristlichen Jahrhundert. Oder gar im Reich von Ebla, das im 3. vorchristlichen Jahrtausend seinen glanzvollen Höhepunkt erlebte.

So wie sich der Name Abraham übersetzen läßt, so hat auch »Isaak« eine konkrete Bedeutung: »Gelächter« oder »Lachen«.

Als nämlich Abraham von Gott erfuhr, daß er von seiner Frau Sara hochbetagt zum Vater gemacht werde, lachte er herzhaft: »Wird einem Mann im Alter von hundert Jahren ein Kind geboren werden, und wird Sara, ja wird eine Frau im Alter von neunzig Jahren gebären?« (1. Buch Mose, Kapitel 17, Vers 17)

Und auch Sara selbst fand die frohe Kunde vom angeblich nahenden Nachwuchs zum Lachen. Als sie nämlich hörte, sie werde ein Kind gebären, »lachte sie bei sich selbst und sprach: Nun, da ich alt bin, soll ich noch der Liebe pflegen, und mein Herr ist auch alt. Da sprach der Herr zu Abraham: Warum lacht Sara und spricht: Meinst du, daß es wahr sei, daß ich noch gebären werde, da ich doch alt bin?« (1. Buch Mose, Kapitel 18, Verse 12 und 13)

Das Wunder wird wahr – Abraham wird Vater, seine Frau Sara, biologisch gesehen längst jenseits von Gut und Böse, schenkt ihm einen Sohn – Isaak. So wundersam die Geburt jenes Sohnes mit dem lustigen Namen »Lachen« ist, so unfaßbar ist die Forderung, die Gott selbst stellt: Abraham soll seinen Sohn opfern: »Und er (Gott) sprach: Nimm Isaak, deinen einzigen Sohn, den du liebhast, und geh hin in das Land Morija und opfere ihn dort zum Brandopfer auf dem Berge, den ich dir sagen werde.« (1. Buch Mose, Kapitel 22, Vers 2)

Gehorsam machte sich Abraham frühmorgens auf, spaltete Holz, bepackte seinen Esel und zog mit seinem Sohn und zwei Knechten los. Am dritten Tage kam er an den von Gott benannten Berg. Er ließ Knechte und Esel zurück, bestieg zusammen mit Isaak den Berg, baute einen steinernen Altar auf, errichtete eine Art Scheiterhaufen und griff schon zum Messer, um seinen Sohn zu opfern. Im letzten Augenblick taucht ein Engel auf und unterbindet das Menschenopfer. Statt dessen wird Gott ein Widder als Opfer dargebracht.

Die barbarische Szene ist im Felsendom zu Jerusalem in Stein gehauen. Fand die Begebenheit tatsächlich jemals statt? Bibelforscher wenden ein, daß die Opfererzählung weit älter als die Bibel selbst ist. Es handele sich vielmehr um eine uralte sumerische Sage, die in den Text des Alten Testaments aufgenommen wurde.

Professor Dr. Franz Buggle von der Universität Freiburg im Breisgau sieht in der »Opferstory« einen Beleg dafür, wie grausam der Gott des Alten Testaments geschildert wird, der als Beweis für den absoluten Gehorsam eines seiner Knechte von ihm das rituelle Töten des eigenen Sohnes fordert. (Denn sie wissen nicht, was sie glauben, Reinbek bei Hamburg 1992). Der Inhaber des Lehrstuhls für »Klinische und Entwicklungspsychologie« verkennt dabei aber vollkommen die Kernaussagen des Textes.

Man mag nun darüber streiten, ob die Abraham-Isaak-Episode eine historische Begebenheit schildert oder nicht, ob es sich dabei um ein altjüdisches »Original« oder um ein »Plagiat« eines sumerischen Textes handelt oder nicht. Keinen Zweifel aber kann es daran geben, warum jene grausam anmutende Episode in die Bibel aufgenommen wurde: Sie belegt eine gravierende Änderung in Sachen »Kulte im Alten Testament«. Zu Zeiten des Vielgottglaubens waren blutige Menschenopfer an der Tagesordnung. Sie wurden, als man sich in Israel dem Eingottglauben zuwandte, durch Tieropfer ersetzt.

Im alten Israel war man also davon überzeugt, daß die Allmächtigen durch das Darbringen von Menschenopfern günstig gestimmt werden konnten – und mußten. Dieser grausame Brauch wurde erst, als man zum Monotheismus überging, abgeschafft. Der Kult des Menschenopfers gehörte nunmehr der Vergangenheit an.

Kain, Abel und das Tieropfer

An die Stelle der Vielgötterei war der Eingottglaube getreten. Es durfte nur noch Gott Jahwe als einziger Gott verehrt werden. Und dieser Allmächtige lehnte den blutigen Kult des Menschenopfers ab, er nahm nur noch Tieropfer huldvoll entgegen. Dieser Wandel im Kult wird an einer weiteren Bibelstelle deutlich gemacht, die zu den bekanntesten Texten des Alten Testaments zählt.

Adam und Eva waren erschaffen worden, Eva hatte zwei

Knaben das Leben geschenkt – zunächst Kain, dann Abel. »Es begab sich aber nach etlicher Zeit, das Kain dem Herrn Opfer brachte von den Früchten des Feldes. Und auch Abel brachte von den Erstlingen seiner Herde und von ihrem Fett.« (1. Buch Mose, Kapitel 4, Vers 3 und 4) Gott nahm die Opfergaben Abels – Tieropfer! – huldvoll an, das von Kain verschmähte er. Es ist hinlänglich bekannt, wie die Geschichte weitergeht: Kain empört sich über die Zurückweisung durch Gott und ermordet seinen Bruder Abel. Kain wird für seine Mordtat bestraft – er und seine Nachkommen werden verflucht.

Der Alttestamentler Professor Fohrer äußerte mir gegenüber folgendes: »Zu Zeiten des Vielgottglaubens wäre die Tötung des eigenen Bruders als Menschenopfer für die Götter angesehen worden, das die Allmächtigen durch huldvolle Gaben belohnten. Unter Gott Jahwe – im Eingottglauben – war der blutige Kult verpönt. Es sollte den Gläubigen verdeutlicht werden, daß ihr alleiniger Gott einen solchen Kult vollkommen ablehnt.«

Ein präzises Datum für den Wechsel vom Vielgottglauben (Polytheismus) zum Eingottglauben (Monotheismus) läßt sich nicht festlegen. Aller Wahrscheinlichkeit nach existierten beide Religionsformen im alten Israel über viele Jahrhunderte gleichberechtigt, doch nach und nach obsiegte der Eingottglaube.

II. Von Gottessöhnen und Engeln

Für die Jahwe-Anhänger freilich waren viele Bibelstellen ein Stein des Anstoßes, nämlich jene Passagen, in denen nach wie vor nicht von einem alleinigen, einzigen Gott, sondern von Göttern – Mehrzahl – die Rede ist. Im Laufe der Jahrhunderte schrieben sie daher die altehrwürdigen Texte um, so daß man heute nicht mehr von dem biblischen Text schlechthin sprechen kann. Und ein ursprünglicher Urtext – wenn es denn wirklich je einen gegeben haben sollte – läßt sich heute nicht mehr rekonstruieren. So enthält allein der vielleicht prominenteste »Urtext«, der »Kodex Sinaiticus«, nicht weniger als

16 000 Abänderungen, die auf nicht weniger als sieben Korrektoren zurückzuführen sind. Manche Stellen wurden gleich dreimal revidiert und schließlich durch einen vierten »Urtext« ersetzt. Friedrich Delitzsch, Verfasser eines hebräischen Wörterbuchs und Fachmann ersten Ranges, stellte allein etwa 3000 Abschreibfehler fest.

Ohne Zweifel kamen beim Abschreiben alter Handschriften Flüchtigkeitsfehler ohne jegliche Absicht zustande. Stärker ins Gewicht fallen aber Änderungen, die bewußt herbeigeführt wurden – um die biblischen Texte der gewandelten Theologie anzupassen, in der es keinen Platz für Vielgötterei mehr geben durfte. So schreibt Dr. Robert Kehl, Zürich: »Es ist oft genug vorgekommen, daß die gleiche Stelle von einem Korrektor im einen, von einem anderen gerade wieder im entgegengesetzten Sinne ›korrigiert‹ worden ist, je nachdem welche dogmatische Auffassung in der betreffenden Schule vertreten worden ist.«

Alle Urtexte, die heute vorliegen, sind ausnahmslos Abschriften von Abschriften. Und keine zwei Kopien stimmen miteinander überein. Über 80 000 Abweichungen wurden gezählt – und das sind »nur« die Abänderungen, die sich heute noch feststellen lassen! Von Abschrift zu Abschrift wurden die Verse von nachempfindenden Autoren anders gefaßt, dem zeitgemäßen Bedarf angepaßt, und die Hauptrichtlinie für die »Korrektoren« lautete: Aus »Göttern« (Mehrzahl) ist »Gott« (Einzahl) zu machen! Trotzdem kommen in den heute vorliegenden »offiziellen« hebräischen Texten des Alten Testaments, in der »Biblia Hebraica«, 2250mal die »Götter« (im Hebräischen: Elohim) vor. Niemand vermag zu sagen, an wie vielen Stellen dieses Mehrzahlwort im Verlauf der Jahrhunderte durch Begriffe wie »Jahwe« ersetzt wurde. In diesem Terminus – Elohim – steckt das arabische »Allah« ebenso wie das semitische »El« für »Gott«.

Man muß nur die »Biblia Hebraica« aufschlagen, den ersten Vers im ersten Kapitel des 1. Buches Mose wörtlich übersetzen – und schon stößt man auf sie, auf die Elohim: »Am Anfang schufen die Elohim (die Götter) . . .« Doch jener geheimnisvolle Vers enthält einen weiteren versteckten Hinweis auf einen geheimnisvollen Kult, in dessen Zentrum die hebräischen Schriften des Alten Testaments standen.

Der geheime Kult der Kabbala und das Rätsel der ersten beiden Worte der Bibel

Gegen Ende des 13. Jahrhunderts, vermutlich um das Jahr 1290 herum, verfaßte der spanische Jude Moses bar Shem Tov de León aus Guadalajara ein geheimnisvolles Werk betitelt »Sfer ha-Sohar«, was sich mit »Buch des Glanzes« übersetzen läßt. Angeblich geht es auf ein weit älteres Buch, verfaßt von Simeon ben Joachai, zurück, der im 2. Jahrhundert die biblischen Schriften kommentierte und erklärte. De León will das uralte Schriftstück selbst in einer Höhle in Palästina gefunden haben. Das Werk ist über weite Strecken schwer verständlich. Klar ist aber, daß es offensichtlich vor Jahrtausenden im alten Israel so etwas wie einen Geheimkult gab, dessen mächtigen und angesehenen Vertretern die Geheimnisse der biblischen Schriften bestens vertraut waren, Mysterien, die freilich nur sehr wenigen Eingeweihten zugänglich gemacht wurden. Vermutlich gab es so etwas wie eine Hierarchie in dieser Kultgemeinschaft: Je höher man stieg, desto tiefer wurde man in die Geheimnisse eingeweiht. Die Mysterien des uralten Kults, von dem niemand weiß, wann er entstand, wurden in den nur Eingeweihten zugänglichen Werken der sogenannten Kabbala schriftlich niedergelegt. Jener mysteriöse Kult, über dessen Lehren an der Schwelle zum 3. nachchristlichen Jahrtausend nur noch wenig bekannt ist, soll auf göttlichen Ursprung zurückgehen. Ziel des Kabbala-Kults ist es, die Geheimnisse hauptsächlich der fünf Bücher Mose zu enthüllen, etwa die Rätsel der Schöpfung zu entschleiern – freilich nicht der Allgemeinheit, sondern nur einem kleinen Kreis von Eingeweihten. Sein Ursprung läßt sich nicht datieren. Fest steht aber, daß vor rund 2000 Jahren die Kabbala von griechischen Philosophen wie Philo beeinflußt wurde. Die frühen Christen des 2. und 3. Jahrhunderts nach der Zeitwende waren noch davon überzeugt, daß die biblischen Texte geheimes Wissen enthalten –, und versuchten es zu ergründen. Die Kabbala, wie sie etwa vom 10. bis 17. nachchristlichen Jahrhundert in Europa bekannt war, läßt nur noch ahnungsweise erkennen, wie der Geheimkult ursprünglich wohl ausgesehen haben mag. Sie ist nur noch ein müder Abglanz des uralten Originals, des gesamten mystischen Wissens des Judentums.

Im 1. Buch Mose (Kapitel 6, Verse 1 bis 4) finden wir auch heute noch in »unseren« Bibeln eine kurze Textpassage, die so gar nicht mit dem »offiziellen« Eingottglauben der Bibel in Einklang zu bringen ist.

Da heißt es: »Als aber die Menschen sich zu mehren begannen auf Erden und ihnen Töchter geboren wurden, da sahen die Gottessöhne, wie schön die Töchter der Menschen waren, und nahmen sich zu Frauen, welche sie wollten . . . Zu der Zeit und auch später noch, als die Gottessöhne zu den Töchtern der Menschen eingingen und sie ihnen Kinder gebaren, wurden daraus die Riesen auf Erden.« Nur an dieser einen Stelle der Bibel, nirgendwo sonst, ist von »Gottessöhnen« die Rede.

Wer waren jene anscheinend so liebeshungrigen, ja unchristlich unkeuschen Wesen, die so sehr an Intimkontakten mit Menschenfrauen interessiert waren?

Professor Dr. Alfred Lehmann, Kopenhagen, profunder Kenner des Geheimkults Kabbala, weist auf einen im hebräischen Original der Bücher Mose versteckten Hinweis auf jene Gottessöhne hin (Aberglaube und Zauberei, Stuttgart 1925, S. 178). Er schreibt: »Das Gesetz Mose beginnt, wie wir wissen, mit dem Worte BRAShJTH, welches ›im Anfang‹ bedeutet. Aber dieses Wort soll eigentlich als Bera Shith, d. h; ›er schuf sechs‹; gelesen werden.«

Stellt sich die Frage: Was bedeutet »Er schuf sechs«? Sechs Wesen? Was für Wesen? Professor Hans Schindler-Bellamy, Wien, weitgereister Archäologe und Israelkenner par excellence: »Auf der einen Seite haben wir einen knappen Vermerk in der Bibel über Gottessöhne. Auf der anderen Seite haben wir im Geheimschriftentum der Kabbala deutliche Hinweise auf weitere gottähnliche Wesen, die neben den Elohim im Anfang der Zeit gelebt haben sollen. Woher diese Wesen gekommen waren, darüber gab es keinerlei Hinweise in den allgemein zugänglichen Texten. Mußten sie nicht auch von Gott selbst erschaffen worden sein? Diesen Tatbestand versteckte man geschickt in den beiden ersten Worten des Alten Testament, die sich sowohl als ›am Anfang schuf‹ als auch als ›er schuf sechs‹ übersetzen lassen.«

Lückenhafte Bibel

Hinweise auf den geheimen Kult der Kabbala wird man in den Texten des Alten Testaments freilich vergeblich suchen. Das darf nicht verwundern, verstanden sich doch die Anhänger der Kabbala als ein erlesener, geheimer Zirkel von wenigen Eingeweihten, die streng geheim und für die Allgemeinheit im verborgenen die wahren Bedeutungen der Bibeltexte verstanden und deuteten. Männern wie Simeon ben Joachai standen zudem schier unüberschaubare Berge von altjüdischem Schrifttum zur Verfügung, wovon nur ein verschwindend kleiner Teil schließlich in die Bibel selbst aufgenommen wurde.

Die »heiligen Schriften« der Bibel werden grob in zwei Teile gegliedert:

a) die »kanonisierten« Schriften,

b) die »nicht kanonisierten« Schriften.

Unter »kanonisierten« Schriften versteht man im allgemeinen das, was heute jedermann in der Bibel nachlesen kann: die Bücher Mose, die Bücher der Propheten, die Königsbücher, die Psalmen etc. sowie – im Neuen Testament – die vier Evangelien, die Apostelbriefe, die Apokalypse etc. Alles andere ist »nicht kanonisiert«, etwa das Buch Henoch, die Bücher Esra, die Himmelfahrt Mose etc.

Auf den ersten nachchristlichen Konzilien wurde beschlossen, was in der Bibel zu stehen habe und was nicht. Was den Horizont der damaligen Geistlichkeit überschritt (und Spötter behaupten, dieser soll damals nicht besonders weit gewesen sein, woran sich, wie böse Zungen meinen, bis heute nicht viel geändert haben soll), das wurde nicht kanonisiert, also nicht in die Bibel aufgenommen.

Die jüdische Tradition geht davon aus, daß bereits um 500 v. Chr. der Prophet Esra 120 Schreiber versammelte, damit diese den Text des Alten Testaments zusammenbasteln sollten. Wir wissen heute, daß die 39 Schriften unseres Alten Testaments das Ergebnis einer lang währenden Entwicklung sind. Schon im Judentum wurden nicht alle Schriften im Gottesdienst verwendet, geschweige denn überhaupt verstanden. Und so manche Textaussage paßte nicht in das theologische Konzept. Gott mußte als alleiniger, einziger Allmächtiger angesehen werden – für Gottessöhne war kein Platz mehr. Da verwundert es schon fast, daß die Verse 1 bis 4 im 1. Buch Mose, Kapitel 6, nicht ausgemerzt worden sind.

Im Text »Buch Henoch«, der der Umgebung des geheimen Kults der Kabbala zugerechnet werden muß, tauchen sie wieder auf, die »Gottessöhne« der Bibel. Henoch bedeutet »der Eingeweihte«. In der Bibel (1. Buch Mose, Kapitel 5, Vers 22) erfahren wir, von wem emsige Schreiber in die Geheimnisse und Mysterien des Glaubens eingeführt wurden – nämlich von Gott selbst: »Henoch wandelte beständig mit Gott«, heißt es da.

Das Buch Henoch, darin stimmen die meisten modernen Bibelforscher überein, wurde ursprünglich in hebräischer oder aramäischer Sprache verfaßt. Einen Originaltext haben wir nicht mehr zu Hand, er ging verloren. Fast wäre die ehrwürdige Kostbarkeit für immer verloren gewesen, hätte es da nicht einen erstaunlichen Zufallsfund gegeben. In Ägypten fand sich nämlich eine griechische Übersetzung, die aller Wahrscheinlichkeit nach auf einen frühchristlichen Text zurückgeht. James Bruce (1730–1794) entdeckte auf seinen Reisen in Äthiopien immerhin drei Exemplare des Henochbuchs. Professor Richard Laurence, der spätere Erzbischof von Cashel, übertrug den Text ins Englische, August Dillmann (1823–1894) ins Deutsche. Das Original soll im letzten Drittel des 2. vorchristlichen Jahrhunderts entstanden sein.

Bei Henoch begegnen uns wieder die »Gottessöhne« der Bibel. (1. Buch Mose, Kapitel 6, Verse 1–4) Freilich wurden sie in

»Engel« umgewandelt. Aus dem Abstieg der Gottessöhne wird bei Henoch im 7. und 8. Kapitel eine ausführliche Darstellung vom »Fall der Engel«.

»Es begab sich in diesen Tagen, als die Menschen sich vermehrt hatten, daß herrliche und schöne Töchter ihnen geboren wurden. Und da die Engel, die Söhne des Himmels, diese sahen, entbrannten sie in Liebe zu ihnen und sagten: ›Komm, laßt uns Weiber wählen unter den Nachkommen der Menschen und mit ihnen Kinder zeugen.‹ Da sprach Samjaza, ihr Anführer: ›Ich befürchte, daß ihr euch von diesem Plane abschrecken lasset und ich alleine für ein so schweres Verbrechen büßen muß.‹ Aber sie erwiderten und sprachen: ›Wir schwören alle und verpflichten uns durch gegenseitige Eide, unseren Vorsatz nicht zu ändern, sondern unser Vorhaben auszuführen.‹ Da schworen sie alle untereinander und verpflichteten sich durch gegenseitige Eide. Ihre Zahl betrug 200, die hinabstiegen auf Ardis, den Gipfel des Berges Armon . . . Da nahmen sie Weiber, ein jeder wählte für sich, sie näherten sich ihnen und wohnten mit ihnen und lehrten sie Zauberei, Beschwörungen und Anwendung von Wurzeln und Bäumen. Außerdem lehrte Azaziel die Menschen, Schwerter und Messer, Schilde und Brustharnische zu machen, die Anfertigung von Spiegeln, Armbändern und Schmuck, den Gebrauch von Schminke, die Verschönerung der Augenbrauen, den Gebrauch von Steinen jeder kostbaren und auserwählten Art und Farbe, so daß die Welt ganz verändert wurde. Gottlosigkeit nahm zu. Hurerei breitete sich aus, und sie sündigten und verdarben alle auf ihrem Wege. Amarzarak lehrte alle Zauberei und den Gebrauch von Wurzeln, Armers lehrte das Lösen des Zaubers, Barkajal die Beobachtung der Sterne, Akibeel die Zeichen, Tamiel lehrte Astronomie und Asaradel die Bewegung des Mondes . . .«

Das Geheimnis der drei Bibelverse:
Wer findet die verborgenen Namen der 72 Engel?

Im alten Israel glaubten die Menschen vor Jahrtausenden an
viele Götter, vor deren Zornesausbrüchen sie sich fürchteten.
Menschenopfer wurden dargebracht, die die Allmächtigen den
Menschen gewogen machen sollten. In der blutigen Urreligion
Israels gab es anscheinend auch untergeordnete Götter oder
Gottessöhne. Mit der Zuwendung zum Eingottglauben ver-
schwanden die Menschenopfer, wurden die Hinweise auf Vielgötterei aus den heiligen Texten getilgt. Das gelang nicht vollkommen. Wurden entsprechende Belege für »Götter« übersehen? Möglicherweise. Professor Dr. Alfred Lehmann aus
Kopenhagen, am 26. September 1921 wenige Tage nach einer
Magenoperation verstorben, fand aber bereits Ende des 19.
Jahrhunderts heraus, daß bei der Erstellung der Bibeltexte, so
wie sie uns heute vorliegen, zwei Gruppen von Bearbeitern
mitgewirkt haben müssen.

Die eine Gruppe hatte sich dem Eingottglauben verschrieben, war bestrebt, möglichst alle Hinweise auf Gottessöhne und
gefallene Engel aus den heiligen Texten zu tilgen. Die andere
Gruppe, Anhänger eines uralten Kabbala-Kultes, trachtete danach, daß die Erinnerungen an die Vielgötterei erhalten blieben. Sie schmuggelten Hinweise in die Bibel ein, die selbst dem
sorgfältigsten Leser der heiligen Texte verborgen blieben.

Im 2. Buch Mose Kapitel 14 heißt es in den Versen 19 bis 21 in
deutscher Übersetzung:

»Da erhob sich der Engel Gottes, der vor dem Heer Israels
herzog, und stellte sich hinter sie. Und die Wolkensäule vor ihnen erhob sich und trat hinter sie. Und kam zwischen das Heer
der Ägypter und das Heer Israels. Und dort war die Wolke fin-
ster, und hier erleuchtete sie die Nacht, und so kamen die Heere
die ganze Nacht einander nicht näher. Als nun Mose seine
Hand über das Meer reckte, ließ es der Herr zurückweichen
durch einen starken Ostwind die ganze Nacht und machte das
Meer trocken, und die Wasser teilten sich.«

Professor Lehmann entdeckte nun, daß diese drei Verse eine

geheime Botschaft enthalten – freilich nur im Original. Um diese zu übersetzen, muß man erkennen, daß die Vertreter des Geheimkults der Kabbala einen Trick anwendeten.

Jeder der drei Verse hat im hebräischen Urtext genau 72 Buchstaben . . . exakt der Zahl der 72 gefallenen Engel entsprechend, die die monotheistischen Juden vergessen lassen wollten. War das Zufall? Professor Lehmann meint, nein. »Das muß eine geheimnisvolle Bedeutung haben.« Und es gelang ihm, ebendiese Botschaft zu entschlüsseln: »Schreibt man nun jeden dieser drei Verse (im hebräischen Original) in einer geraden Linie, den einen über den anderen, und zwar den ersten Vers von rechts nach links, den zweiten von links nach rechts und den dritten wieder von rechts nach links, so erhält man offenbar 72 senkrechte Reihen von je drei Buchstaben. Jede der 72 Linien bildet ein Wort von drei Buchstaben, und fügt man dann die Endung AL, JH, EL oder JAH jedem dieser Wörter hinzu, so hat man die Namen der 72 Engel.«

Computer knacken den Bibelcode

Professor Lehmann entdeckte vor rund 100 Jahren durch mühsames Experimentieren mit Texten in der hebräischen Originalsprache die verborgene Botschaft dreier Bibelverse. Er fand an der Schwelle zum 3. Jahrtausend würdige Nachfolger in zwei Mitarbeitern der Technischen Universität Haifa, Israel. Der Bibelforscher Dr. Moshe Katz und der Computerfachmann Dr. Menachem Wiener wollten herausfinden, ob sich hinter den hebräischen Originaltexten des Alten Testaments noch weitere verschlüsselte Botschaften verbergen. Sie konzentrierten sich zunächst auf die fünf Bücher Mose, auf die sogenannte Thora, also auf Texte, deren geheimer Bedeutung sich bereits die Kabbala-Kultisten verschrieben hatten. Schließlich untersuchten Dr. Katz und Dr. Wiener alle 39 Schriften des Alten Testaments. Sie hatten es freilich dabei wesentlich leichter als Professor Lehmann, stand ihnen doch das modernste Rechenzentrum Israels zur Verfügung.

Die von beiden Forschern gewonnenen Erkenntnisse muten den Laien zunächst unscheinbar, ja langweilig an, sind aber von so sensationeller Bedeutung, daß sich bisher weder evangelische noch katholische Theologen dazu in der Lage sahen, einen Kommentar dazu abzugeben. Ja, schlimmer noch: Die Erkenntnisse aus Computeranalysen der biblischen Schriften werden der Öffentlichkeit weitestgehend vorenthalten. Warum? Es geht zunächst um trockenes Buchstabenabzählen – diese mühselige Arbeit kann man heute Computern überlassen.

Dr. Katz und Dr. Wiener, so ist kargen Pressemeldungen zu entnehmen, fanden nun heraus, was Theologen für absolut unmöglich halten. Zählt man zum Beispiel im hebräischen Original des 1. Buch Mose die Buchstaben ab, dann formieren sich alle Buchstaben Nr. 26 immer wieder zum Wort »Elohim«, zu Deutsch: »Götter«. Offensichtlich sollte so gewährleistet werden, daß die Erinnerung an die geheimnisvollen Götter der Bibel auf keinen Fall von Bearbeitern der Texte getilgt werden können.

Reiht man alle Buchstaben Nr. 50 aneinander, so ergibt sich – immer wieder – das Wort »Thora«, der hebräische Name der fünf Bücher Mose. Ein Zufall ist laut Dr. Katz und Dr. Wiener vollkommen ausgeschlossen.

Allem Anschein nach existierte der geheimnisvolle Bibelkult Kabbala bereits, als etwa die fünf Bücher Mose geschrieben wurden. Anders ist nämlich nicht zu erklären, daß der Text, nach einer mathematisch präzisen Methode versteckt, Worte enthält.

Dr. Katz und Dr. Wiener stehen erst am Anfang ihrer Arbeit. Sie suchen nach verborgenen Worten in den biblischen Texten. Sobald sie sicher sind, alle versteckten Worte gefunden zu haben, werden sie überprüfen, ob diese wiederum einen neuen Sinn ergeben. Ihre Arbeit zieht sich schleppend dahin – allem Anschein nach auch deshalb, weil die unermüdlichen Forscher in der Theologenwelt keinerlei Unterstützung finden.

Es scheint bereits bewiesen zu sein: Den Kabbala-Kult muß es schon seit jenen Tagen geben, da die Texte des Alten Testaments verfaßt wurden. Die Kabbalisten des Mittelalters sind lediglich suchende Forscher, die verborgenen Geheimnissen auf die Spur kamen . . . Rätseln, die vor mehr als 2000 Jahren gestellt wurden. Werden wir sie je lösen? Mit moderner Computertechnologie, die letztlich jeden Geheimcode knacken kann, müßte das möglich sein. Freilich sieht es so aus, als ob der Wille, den biblischen Mysterien auf den Grund zu gehen, in unseren Tagen geringer denn je ist. Fürchtet man sich vielleicht vor unliebsamen Entdeckungen?

1947 wurden in den Höhlen am Toten Meer die geheimnisvollen Qumran-Rollen entdeckt. Forschern wie Professor Robert Eisenmann und Professor Michael Wise (»Jesus und die Urchristen«, München 1993) ist es zu verdanken, daß ein unglaublicher Skandal öffentlich gemacht wurde: Jahrzehntelang versuchte ein kleiner Kreis von eingeweihten Wissenschaftlern, die Qumran-Schriften geheimzuhalten. Eine vergleichbare Geheimniskrämerei wird auch heute noch betrieben, was das Wissen um den Kabbala-Kult anbetrifft. Was heute noch gern als »mittelalterliche Mystik des Judentums« abgetan wird, hat in Wirklichkeit Wurzeln, die bis weit in vorchristliche, altjüdische Zeiten zurückreichen.

Ha(r)man(n)s gehenkte Söhne

Dr. Moshe Katz und Dr. Menachem Wiener stießen mit Hilfe ihrer Computeranalyse auch auf geradezu unheimlich anmutende Prophezeiungen. So enthält das Buch Esther, vermutlich um 475 v. Chr. geschrieben, einen konkreten seherischen Hinweis auf ein Ereignis, das sich erst fast zweieinhalb Jahrtausende später abspielte. Da heißt es (Kapitel 9, Vers 13): »Aber die zehn Söhne Hamans soll man an den Galgen hängen.«

Dieser Bibelvers muß geradezu – im Textzusammenhang gesehen – unsinnig erscheinen. Äußert doch des Königs Gattin den Wunsch, die zehn Männer mögen aufgeknüpft werden, obwohl das Todesurteil zu diesem Zeitpunkt bereits längst vollstreckt war. Dr. Katz sieht in dem zitierten Bibelvers deshalb eine Prophezeiung. Und als Kenner der Zahlengeheimnisse des

Kabbala-Kults – Buchstaben hatten nämlich gleichzeitig die Bedeutung von Zahlen – kommt er auf ein konkretes Datum. Die Hinrichtung würde, so verkündet der Text in verschlüsselter Angabe, so der Wissenschaftler, zum Purim-Fest des Jahres 1946, also am 16. Oktober 1946, stattfinden.

An eben jenem Tage aber sollten nach der Urteilsverkündung im aufsehenerregenden Nürnberger Kriegsverbrecherprozeß elf der führenden Nazigrößen am Strick enden. Einer dieser elf Männer, Hermann Göring, wollte sich die Schmach der Hinrichtung ersparen und beging Selbstmord, indem er eine Giftampulle zerbiß. So endeten tatsächlich, wie im Buch Esther vorhergesehen, »zehn Söhne Hamans« am Galgen. Kann man nun, diese Frage drängt sich auf, die hingerichteten Nazigrößen als »Söhne Hamans« bezeichnen?

Als einer der berüchtigtsten Massenmörder des 20. Jahrhunderts gilt Friedrich Heinrich Karl Harmann. Laut Geburtsurkunde erblickte er am 25. Oktober 1879 morgens um 6 Uhr das Licht der Welt und wurde am 31. Dezember 1879 getauft. Hingerichtet wurde er am 15. April 1925 in der Justizanstalt von Hannover. Wie viele junge Männer (hauptsächlich aus der Stricherszene) dem grausamen Lustmörder zum Opfer fielen – er biß vielen von ihnen im Sexrausch die Kehle durch –, wurde letztlich nie geklärt.

Ist es nicht geradezu legitim, die für unbeschreibliche Massenmorde verantwortlichen Nazigrößen als »Söhne Hamans« zu bezeichnen? Die Ähnlichkeit der Namen ist jedenfalls mehr als frappant. Im Buch Esther ist von »Haman« die Rede, der Massenmörder aus Hannover hieß laut Geburtsurkunde Harmann, die in der Literatur meist verwendete Schreibweise Haarmann ist eindeutig falsch.

Julius Streicher, einem der Chefideologen der Nazis, war allem Anschein nach der Zusammenhang mit dem Buch Esther durchaus bekannt. Laut Schlagzeile der »International Herald Tribune« schrie er Sekunden vor seiner Hinrichtung: »Purim-Fest! 1946!«

Jacques Bergier (1912–1978) arbeitete vor und während des Zweiten Weltkriegs wissenschaftlich auf dem Gebiet des

schweren Wassers und der radioaktiven Strahlung. Für seine
naturwissenschaftlichen Forschungsarbeiten wurden ihm hohe
Auszeichnungen und Orden verliehen, darunter der »Cheva-
lier de la Légion d'Honneur à titre militaire«. Seine große Liebe
aber galt der Erforschung der okkulten Wissenschaften. Zusammen mit Louis Pauwels verfaßte er das Werk »Aufbruch ins
dritte Jahrtausend«.

Bergier war auch ein Kenner des altjüdischen Kabbala-Kults.
In einem seiner letzten Interviews äußerte Bergier mir gegenüber: »Die Chefideologen der Nazis, aber auch Adolf Hitler
selbst, waren an jeder Form von magischen Praktiken interessiert. Für die Erforschung des Okkulten gaben sie ein Vermögen aus, vermutlich eine höhere Summe, als die Amerikaner für
den Bau der ersten Atombombe aufgewendet haben. Sie schick-
ten Forscher nach Indien, um die Geheimnisse der Sanskrit-
Texte erkunden zu lassen. So antisemitisch sie auch eingestellt
waren, so brennend waren sie gleichzeitig an den Mysterien
des Kabbala-Kults interessiert. Sie trugen unzählige geheime
Texte zusammen, etwa aus dem Sanskritbereich, aber auch Ab-
handlungen der Kabbala. Niemand vermag zu sagen, was nach
dem Krieg mit den geheimen Dokumenten geschehen ist. Wurden sie vernichtet, weil man verhindern wollte, daß diese
Schätze den Amerikanern oder den Russen in die Hände fallen?
Oder warten die okkulten Texte in irgendwelchen Verstecken
darauf, wiederentdeckt zu werden?«

III. Merkaba – das Geheimnis
des »himmlischen Wagens«

»Da die kabbalistischen Spekulationen aber so leicht zum Widerspruch mit dem wahren Glauben führten, so mußten sie natürlich geheimgehalten werden. Der großen Masse des Volkes
waren sie vollständig unbekannt; nur weise Männer, auf die
man sich verlassen konnte, wurden in den kleinen Kreis der
Eingeweihten aufgenommen.« (Professor Dr. Alfred Lehmann
in: Aberglaube und Zauberei, Stuttgart 1925)

Freilich wurde keineswegs nur zwischen »Unwissenden« und »Eingeweihten« unterschieden. Es gab eine Hierarchie der Wissenden, denen je nach Grad der Einweihung Dokumente unterschiedlichster Art zugänglich gemacht wurden. Das »gemeine Volk« kannte zwar die fünf Bücher Mose, wußte aber nicht das Geringste von den versteckten Geheimnissen der Texte etwa des Schöpfungsberichts. Streng geheim indes war »Sepher Jezirah, das Buch des Ursprungs« mit seinen ergänzenden Ausführungen zur Genesis. Top-secret war auch »Metzschah Merkaba – die Geschichte vom Wagen«.

Über diese beiden Texte heißt es in einem der ältesten Kabbala-Kommentare überhaupt: »Es ist verboten, die ›Geschichte der Schöpfung‹ zwei Personen zu erklären, und ›Merkaba oder der himmlische Wagen‹ darf nicht einmal einer Person erklärt werden, es sei denn einem weisen Mann, der ihn von selbst verstehen wird.«

Die geheimen Texte des Kabbala-Kults waren nur für einen kleinen Kreis von Lesern gedacht. Aber auch »die Lektüre der Anfangs- und Schlußkapitel des Buches Ezechiel war den späteren Juden wegen ihrer Dunkelheit untersagt«, wie das »Lexikon für Theologie und Kirche« (Freiburg i. Br. 1957–1967) darstellt.

Worin mag das Geheimnis des »himmlischen Wagens« bestanden haben? Wie muß ein Rätsel beschaffen sein, das niemandem erklärt werden darf – »es sei denn einem weisen Mann, der es von selbst verstehen wird«?

Bei »Merkaba oder der himmlische Wagen« handelt es sich mit aller Wahrscheinlichkeit nach um Erklärungen zu den wohl rätselhaftesten Passagen des Alten Testaments überhaupt. Sie finden sich beim Propheten Hesekiel.

Hesekiel und der »himmlische Wagen«

Hesekiel war 597 v. Chr. mit vielen seiner Landsleute durch König Nebukadnezar nach Babylon verschleppt worden. Er lebte in Chaldäa im Ort Tel-Abib am Flusse Chebar. Als Priester ge-

35

hörte Hesekiel allem Anschein nach zum einflußreichen Teil der Bevölkerung. Den Zölibat gab es damals noch nicht, Hesekiel war verheiratet. Sein Bericht beginnt im Jahre 593 oder 592 v. Chr. Damals war der Prophet etwa 30 Jahre alt, er dürfte also um das Jahr 623 v. Chr. geboren sein. Wann er starb, ist ebenso unbekannt wie der Ort seines Grabes. Es wird zwar etwa 40 Kilometer südlich von Babylon bei Al-Kifl eine »letzte Ruhestätte Hesekiels« gezeigt, doch niemand weiß so recht, ob dort auch wirklich der Prophet Hesekiel begraben liegt.

Hesekiels Text wurde für modernere Bibelausgaben »geglättet«, also verfälscht. Während meines Studiums der evangelischen Theologie übersetzte ich umfangreiche Passagen von Hesekiels Ausführungen aus dem Hebräischen ins Deutsche. Nachfolgend seien einige der wichtigsten Verse in meiner eigenen Übersetzung wiedergegeben. Ich habe mich dabei bemüht, dem Original in Wortstellung und Satzbau möglichst gerecht zu werden:

»Vers 1: Und es geschah im dreißigsten Jahr, am fünften Tag des vierten Mondes, da war ich inmitten der Deportation am Flusse Kebar, da wurden die Himmel geöffnet, und ich sah Erscheinungen Gottes.

Vers 2: Am fünften Tag hinsichtlich des Neumonds, im fünften Jahr der Verschleppung von König Jojachim,

Vers 3: da geschah ein Geschehen das Wort Jahwes dem Hesekiel, dem Sohn des Busi, dem Priester, im Lande der Chaldäer am Flusse Chebar; und dorthin kam sie auf ihn, die Hand Jahwes.

Vers 4: Und ich sah und siehe: ein Sturmwind ist gekommen von Mitternacht (Norden) her: eine große Wolke voll Feuers, und er (der Sturmwind) leuchtete von allen Seiten und aus seiner Mitte, entsprechend dem Aussehen der Gestalt Hasmal.

Vers 5: Und darinnen war es wie vier Gestalten Lebendiger; und jenes: ihr Ansehen: Menschenkörperlichkeit war ihnen.

Vers 6: Jedem einzelnen waren vier Angesichte, jedem einzelnen waren vier Flügel. (Noch wörtlicher: Jedem einzelnen: vier Gesichter ihnen, jedem einzelnen: vier Gesichter ihnen.)

Vers 7: Ihre Beine: gerade, und ihre Füße: wie Füße von einem Rinde, glänzend wie glattes Kupfer!

Vers 8: Und Menschenhände: unter ihren Flügeln, vier davon hatten sie, . . .

Vers 9: . . .ihre Flügel, jeder mit seinem Nachbarn verbunden, jeder in Richtung seines Antlitzes (Gesichtes), so gingen sie!

Vers 10: Die Form (wörtlicher: die Gestalt/das Aussehen) ihrer Gesichter: entsprechend einem Menschengesicht, rechts: entsprechend einem Löwengesicht, allen vieren, links: entsprechend einem Stiergesicht, allen vieren, und allen vieren ein Adlergesicht.

Vers 11: Ihre Antlitze (Gesichter), ihre Flügel waren ausgebreitet, zwei sich berührend, zwei ihre Leiber bedeckend.

Vers 12: Ein jeder ging in Richtung seines Gesichtes, so gingen sie und sie gingen, wohin sie der Geist hingehen ließ, und sie drehten sich nicht beim Gehen!

Vers 13: Und die lebenden Wesen waren gestaltet: ihr Aussehen war wie feurige Kohlen, entsprechend Fackeln: und es ging (das Feuer) zwischen den lebendigen Wesen, und es war Glänzendes am Feuer, und aus dem Feuer kam ein Blitz.

Vers 14: Und die lebenden Wesen liefen hin und kehrten um, entsprechend dem Anblick des Wetterleuchtens.

Vers 15: Und ich sah die lebendigen Wesen! Da: je ein Rad auf der Erde! Neben den vier lebendigen Wesen, in Richtung auf ihre vier Angesichte hin!

Vers 16: Das Aussehen der Räder (war) entsprechend dem Aussehen von Chalzedon und alle von der gleichen Gestalt (waren) die vier! Und ihr Ansehen (Aussehen): Als wäre ein Rad inmitten des anderen Rades.

Vers 17: In Richtung ihrer vier Seiten gingen ein Gehen sie, nicht drehten sie sich um!

Vers 18: Und ihre Flügel hatten Schwungmacht! Denen war Fürchterlichkeit! Und ihre Felgen: voller Augen waren sie rundherum, den vieren.

Vers 19: Und wenn die lebendigen Wesen gingen, so gingen die Räder neben ihnen, und wenn sich die lebendigen Wesen hoben, so hoben sich die Räder.

Vers 20: Und wohin der Geist sie gehen ließ, dahin gingen

jene, denn dahin ließ der Geist auch sie gehen, und die Räder hoben sich gleichzeitig mit diesen, denn es war die Seele des Lebendigen in den Rädern.

Vers 21: Wenn sie gingen, so gingen auch sie. Wenn sie standen, so standen auch sie. Und wenn jene sich weg vom Erdboden erhoben, so erhoben auch die Räder sich mit ihnen gleichzeitig. Denn der Geist des Lebendigen war ja in ihnen gleichzeitig.

Vers 22: Und über den lebenden Wesen waren Köpfe und darüber war es geformt wie ein Gewölbe! Wie ein Gewölbe schrecklichen Eises, ausgebreitet genau über ihren Häuptern.

Vers 23: Unter dem Gewölbe: da waren sie gerade, ihre Flügel, jeder in Richtung auf seinen Partner, zwei hatte jeder.

Vers 24: Und ich vernahm den Schall ihrer Flügel, entsprechend dem Schall großer Wasser! Entsprechend dem Schall des Gewaltigen (war es), wenn sie gingen. Ein schallendes Schallen, entsprechend dem Schallen eines Heerlagers.

Vers 25: Und wenn sie standen, so ließen sie herabhängen ihre Flügel. Ein Stimmenschallen war in dem Gewölbe über ihnen.

Vers 26: Und über dem Gewölbe, welches über ihren Köpfen war, wenn sie standen, ließen sie herabsinken ihre Flügel. Und über dem Gewölbe, das über ihren Köpfen war, da war es anzusehen wie Saphirsteine. Und entsprechend einem Stuhl, und auf dem Wesen des Stuhls, da war es anzusehen wie ein Mensch darauf.

Vers 27: Und ich sah: entsprechend dem Aussehen von Asemerz, entsprechend dem Feuer, welches von einem Gehäuse umgeben ist, vom Anschauen von seinen Hüften (gemeint wahrscheinlich: von oberhalb seiner Hüften an) und vom Aussehen seiner Hüften nach unten, da sah ich: entsprechend wie Feuer, welches glänzt um und um.

Vers 28: Entsprechend dem Bogen, der in den Wolken entsteht am Regentag, so war das Glänzende umher anzusehen. So war das Aussehen der Gestalt von Jahwes Erscheinung! Und ich sah und fiel auf mein Angesicht!«

Zeuge Hesekiel

Was auch immer Hesekiel erlebte, er konnte es nicht begreifen. Da flog etwas aus dem Norden kommend heran, stieg zur Erde herab und machte dabei einen höllischen Lärm. Am unteren Teil waren vier Körper mit Flügeln und Rädern, oben erkannte Hesekiel eine durchsichtige Kuppel, unter der eine Gestalt saß. Die Flügel erzeugten eine Art Sturmesbrausen. Das Ding war so furchteinflößend, daß Hesekiel entsetzt zu Boden sank. Für ihn gab es keinen Zweifel – das konnte nur die Erscheinung des Herrn sein.

Hesekiel hatte keinen Zweifel an der Realität des beobachteten Geschehens. Das bringt er immer wieder zum Ausdruck, indem er wichtige Tätigkeitswörter verdoppelt. So heißt es im Vers 3 von Kapitel 1: »Da geschah ein Geschehen.« Hesekiel will damit zum Ausdruck bringen, daß er keinen Traum, keine Erscheinung schildert, daß er vielmehr etwas wirklich Furchteinflößendes erlebte.

Für Erich von Däniken ist der Sachverhalt eindeutig: Hesekiel beschreibt die Begegnung mit einem außerirdischen Flugvehikel: »Er sieht ein Fahrzeug, das von Norden kommt, das strahlt und glänzt und das eine riesige Wolke von Wüstensand aufwirbelt. Denken wir den allmächtigen Gott der Religionen: hat dieser allmächtige Gott es nötig, aus einer bestimmten Richtung daherzurasen – kann er nicht ohne viel Aufhebens und Getöse dort sein, wo er zu sein wünscht?« (Erich von Däniken: Erinnerungen an die Zukunft, Düsseldorf 1968, S. 66) Däniken weiter: »Außer der ziemlich genauen Beschreibung des Fahrzeugs notiert Hesekiel auch den Lärm, den dies nie gesehene Ungetüm erzeugt, wenn es vom Boden startet. Er bezeichnet den Krach, den die Flügel machen, mit einem Rauschen und das Rasseln der Räder mit einem gewaltigen Getöse. Gibt diese Schilderung nicht zu denken?« (v. Däniken, ebd. S. 67)

Zu Beginn unseres Jahrhunderts, anno 1902, behauptete der amerikanische Pfarrer Burrell Cannon, es sei ihm gelungen, das Luftschiff des Hesekiel nachzubauen. Er soll sogar ein flugtüchtiges Modell hergestellt haben. 1962 nahm sich der österreichische Paläontologe und Geologe Dr. Herbert Schaffer des Hesekieltextes an. Er kam zu dem Ergebnis, daß der Prophet ein reales Flugobjekt gesehen haben muß, das neben einem »zentralen Antrieb« auch noch zusätzlich über Hubschrauberrotoren verfügte. An der Oberseite, so mutmaßte der Forscher weiter, befand sich so etwas wie eine Kommandokapsel. Diese technische Interpretation des Textes aus dem Alten Testament ähnelte sehr einer Rekonstruktion, zu der sich ein Mann vom Fach bekennt: NASA-Ingenieur Josef Blumrich, der unabhängig von Dr. Schaffer dem Propheten »auf den Leib rückte«, und zwar aus Protest.

Blumrich, gebürtiger Österreicher, wanderte 1959 in die USA aus. Er arbeitete für die Raumfahrtbehörde NASA, durchlief eine bemerkenswerte wissenschaftlich-technische Karriere. Schließlich wurde er »Leiter der Abteilung Projektkonstruktion« und erhielt für seine Arbeiten für die Raumfahrt höchste Auszeichnungen. 1968 stieß er auf Erich von Dänikens Weltbestseller »Erinnerungen an die Zukunft«. Mit derlei Überlegungen konnte er sich zunächst überhaupt nicht anfreunden. Er hielt die Behauptungen des Schweizers, der Prophet Hesekiel beschreibe im Text des Alten Testaments ein außerirdisches Flugvehikel, für unhaltbar, für vollkommenen Blödsinn. Schon wiederholt hatte er von Dänikens phantastischen Spekulationen gehört, sich aber nie näher damit beschäftigt. Aufgrund seiner Spezialkenntnisse in Sachen Raumfahrt wollte er die »Raumfahrerthese« widerlegen . . . und wurde selbst überzeugt. Es gelang ihm schließlich sogar, das von Hesekiel beschriebene Raumschiff auf dem Reißbrett zu rekonstruieren. Es handelte sich demnach um eine Art Zubringerraumschiff, das zwischen Mutterraumschiffen, die sich im Erdorbit befanden, und der Erde hin und her pendelte.

Josef Blumrich studierte sorgsam den gesamten Hesekieltext. Er kam zu dem Ergebnis, daß Hesekiel innerhalb von rund 20 Jahren mindestens dreimal ein monströses außerirdisches Flugvehikel sah – und daß er es so präzise beschrieb, daß Blumrich es auf dem Zeichentisch detailgetreu rekonstruieren konnte. Demnach müssen wir uns den »himmlischen Wagen« wie folgt vorstellen: Die Form des Hauptkörpers läßt sich am ehesten mit einem Kinderkreisel vergleichen. Oben ist er abgerundet, an der Spitze befindet sich eine durchsichtige Kuppel, darunter sitzt der Pilot.

An der unteren Seite läuft der Flugkörper spitz zu und endet in einer »Raketendüse«. An der Unterseite befinden sich vier zylinderförmige »Körper« mit Rädern – und vier Hubschraubereinheiten.

Josef Blumrich: »Man kann das allgemeine Aussehen der von Hesekiel beschriebenen Raumschiffe aus seinem Bericht herauslesen. Man kann dann, und zwar als Ingenieur, völlig unabhängig vom Bericht, ein Fluggerät solcher Charakteristik nachrechnen und rekonstruieren. Wenn man dann feststellt, daß das Resultat nicht nur technisch möglich ist, sondern sogar in jeder Hinsicht sehr sinnvoll und wohldurchdacht, und ferner im Hesekiel-Bericht Details und Vorgänge beschrieben findet, die sich mit dem technischen Ergebnis ohne Widerspruch decken, dann kann man nicht mehr nur von Indizien sprechen.« (Zitiert in Erich von Däniken: Strategie der Götter, Düsseldorf 1982, S. 120)

Nach der sinnvollen und einleuchtenden Rekonstruktion Blumrichs hatte der Hauptkörper des »himmlischen Wagens« einen Durchmesser von 18 Metern. Damit war das Vehikel für weitere Raumflüge etwa gar interstellarer Art, also um fremde Sonnensysteme zu erreichen, vollkommen ungeeignet. Der NASA-Ingenieur kam zu folgendem Schluß: Bei dem Raumschiff handelte es sich um eine »Zubringerfähre«, die für Flüge von einem Mutterraumschiff, das um die Erde kreiste, zur Erde und zurück, aber auch für Flugreisen in der Erdatmosphäre verwendet wurde.

Wenn der »Himmelswagen« vom Mutterraumschiff aus startete, waren die Hubschraubereinheiten mit den »Flügeln« nach oben geklappt. Der Raketenmotor, nach Josef Blumrich atomar angetrieben, wurde benutzt, um den Flugkörper aus dem All in den erdnahen Raum zu bringen. Beim Eintauchen in die Erdatmosphäre diente der spitz zulaufende untere Teil als Schutzschild. Er glühte rot auf, wenn die Geschwindigkeit durch den

Widerstand der Erdatmosphäre herabgemindert wurde. Schließlich wurde der Raketenmotor abgeschaltet, die Hubschraubereinheiten wurden nach unten geklappt und in Betrieb genommen.

Mit Hilfe der Helikoptereinheiten war es dem Piloten jetzt gut möglich, sehr präzise Flugmanöver auszuüben. Er konnte auf den Punkt genau landen.

Ein interessantes Detail muß noch erwähnt werden: Die von Hesekiel in großer Detailfreude beschriebene Radkonstruktion des Raumschiffs brachte Blumrich ein Patent ein (US-Patent 3.789.947 vom 5. 2. 1974).

Wer sich über seine Erkenntnisse in Sachen »Hesekiel-Raumschiff« im Detail informieren möchte, dem sei die Lektüre seines Buches »Da tat sich der Himmel auf. Die Begegnung des Propheten Ezechiel mit außerirdischer Intelligenz« (Berlin 1995) empfohlen. Das Werk, erstmals 1972 in deutscher Übersetzung erschienen, war lange Jahre vergriffen und liegt nun als Taschenbuch vor.

IV. Himmlische Besucher in biblischen Zeiten

Über »Merkaba – der himmlische Wagen« schrieb einer der ältesten Kommentare zum Kabbala-Kult – ich habe bereits auf diese geheimnisvolle Anmerkung hingewiesen: »›Merkaba oder der himmlische Wagen‹ darf nicht einmal einer Person erklärt werden, es sei denn einem weisen Mann, der ihn von selbst verstehen wird.«

Sind wir, die Menschen des ausgehenden 20. Jahrhunderts, im Sinne der Kabbala »weise« – weil wir als Kinder des Raumfahrtzeitalters den Text »von selbst verstehen«? Für uns ist Raumfahrt fast schon etwas Selbstverständliches geworden. Wir haben die erste Landung von Menschen auf dem Mond erlebt. Unbemannte Raumsonden sind in die Tiefen des Alls vorgedrungen, haben erstaunliche Bilder von den anderen Planeten unseres Sonnensystems übermittelt, haben bereits unser Sonnensystem verlassen. Verstehen wir heute die Beschreibung von Hesekiels Himmelswagen »von selbst«, weil Beschreibungen von Raumschiffen für uns nichts Mythologisches mehr haben?

»Merkaba – der himmlische Wagen« war ein geheimer Text zu Hesekiels präziser Beschreibung eines Flugvehikels. Wurde das Kabbala-Buch deswegen unter Verschluß gehalten, der breiten Öffentlichkeit nicht zugänglich gemacht, weil es eine vermeintlich religiöse Erscheinung ganz real als außerirdischen Flugkörper beschrieb? Sollte das »gemeine Volk« weiter daran glauben, daß Hesekiel eine Erscheinung Gottes sah, während ein kleiner Kreis auserwählter Eingeweihter wußte, worum es wirklich ging, nämlich um das Auftauchen von Außerirdischen auf der Erde, nicht um einen Besuch des allmächtigen Gottes?

Wir werden diese Fragen wohl erst dann beantworten können, wenn der geheimnisvolle Text »Merkaba – der himmlische Wagen« aufgefunden wird.

Die Verehrung Gottes, des Allmächtigen, gehörte zum festen Bestandteil biblischen Kults. Flugvehikel, wie sie Hesekiel beschrieb, konnten aus der Sicht der Menschen, die vor rund 2500 Jahren lebten, nur als Erscheinungen Gottes verstanden werden. Nur Gott selbst traute man zu, mit einem feuerspeienden unglaublichen Krach verursachenden, schier monströsen Etwas umherzureisen. Schilderungen à la Hesekiel wurden von der Priesterschaft dazu benutzt, um den gläubigen Menschen die unendliche Macht Gottes drastisch und plastisch zu beschreiben. Da die Verehrung des Allmächtigen zum festen religiösen Kult gehörte, nutzte die Priesterschaft entsprechende Texte, um die eigene Position zu festigen. Denn die Priester wurden selbst um so bedeutender, ja mächtiger, je deutlicher den Menschen die Allmacht Gottes gemacht werden konnte, dessen kultische Verehrung sie hienieden auf Erden zelebrierten.

Ein Einwand muß an dieser Stelle vorgebracht und kann gleich entkräftet werden: Wenn Hesekiel ein höchst reales Flugvehikel sah und konkret beschreiben konnte, müßte es dann nicht noch weitere Hinweise im biblischen Schrifttum auf solche Beobachtungen geben?

Solche Texte gibt es in der Tat, wenn sie auch nicht immer so detailgetreu sind wie der Hesekiels.

So heißt es im Psalm 104 (in den Versen 3 und 4): »Er, der seine Hochgemächer im Wasser baut, der, der das Gewölk sich als Fahrzeug setzt, er, der auf Fittichen des Windes sich ergeht, der zu seinen Boten die Winde macht, zu ihm Atmenden lodert das Feuer.« Der unbekannte Verfasser preist da ein Wesen, das »Gewölk sich als Fahrzeug setzt«, das in himmlischen Sphären – im All? – zu Hause ist. Wer auch immer dieser Namenlose ist, von Gott ist nicht die Rede. Sollte gar ein Außerirdischer gemeint sein?

Versetzen wir uns einmal in die Lage des unbekannten Verfassers. Wie sollte er das geheimnisvolle Wesen nennen? Der Terminus »Außerirdischer« war ihm unbekannt. Er weiß aber auch: Es ist nicht der allmächtige Gott, aber auch kein menschliches Wesen. Also nennt er ihn »den Atmenden«. Treffender könnte er einen Alien kaum beschreiben!

In einem weiteren Psalm, in Psalm 29, wird recht deutlich auf den himmlischen Wagen hingewiesen. Liest man den Text im Original, so fordert Vers 1: »Ihr Göttersöhne, zollt ihm Ehre und Macht!« Da haben wir sie wieder, die Göttersöhne, die ja laut Genesis vom Himmel auf die Erde herabgestiegen sind, um sich mit Menschenfrauen zu paaren. Sie fallen freilich in den meisten Bibelausgaben den Übersetzern zum Opfer, werden meist klammheimlich getilgt.

Die Bibel der Württembergischen Bibelanstalt Stuttgart (Ausgabe 1972) weiß immerhin noch von »Himmlischen«. Korrekter ist »Die vierundzwanzig Bücher der Heiligen Schrift« von Leopold Zunz. Da lesen wir von »Söhnen der Götter«. In der »Bibel nach der deutschen Übersetzung D. Martin Luthers«

aus dem Jahre 1915 wird verschwommen von »Gewaltigen« fabuliert.

Recht eindrucksvoll sind die Begleiterscheinungen des Vehikelflugs. Da ist von der »donnernden Stimme der Herrlichkeit« die Rede, die »Zedern zerbricht«, wir lesen von »Feuerflammen«, die »die Wälder entblößen«.

Im Buch Hiob begegnen wir ebenfalls einer mehr als geheimnisvollen Beschreibung. Sind wir, da wir mit der Weltraumfahrt wohlvertraut sind, dazu in der Lage, auch diesen Text »von selbst« zu verstehen, ohne daß nähere Erklärungen erforderlich sind?

Man muß den Text – er findet sich im 37. Kapitel – sehr sorgsam, ja mit Pedanterie lesen, um auch noch so unscheinbare Details nicht zu übergehen, die sich als höchst bedeutsam erweisen werden. Wie Hesekiel bei seiner ersten Begegnung mit dem himmlischen Wagen erschrickt auch Hiob zutiefst: »In der Tat, mein Herz beginnt dabei zu zittern und hüpft auf der Stelle« (Vers 1). Es ist hierbei nicht von Bedeutung, ob tatsächlich Hiob selbst die beschriebene unheimliche Begegnung hatte oder ob die Redakteure, die den Text zusammenstellten, die Beschreibung eines unbekannten Verfassers einfließen ließen. Auf die geschilderten Fakten, auf die Details kommt es an.

Zunächst wird das Flugobjekt nur akustisch wahrgenommen, wird »das Tosen seines Schalls« beschrieben (Vers 2). Dann erst wird das Flugobjekt selbst sichtbar: »Sein Geleucht« steht im hebräischen Originaltext, moderne – verfälschende – Übersetzungen machen daraus »Blitz« (Vers 3).

Offensichtlich flog der »himmlische Wagen« im Überschallbereich. Präzise vermerkt der Beobachter: »Hinter ihm dröhnt der Schall. Er donnert mit dem Schall seiner Herrlichkeit« (Vers 4). Man kann den Zeugen für die Präzision seiner Beschreibung nur loben. Wir müssen bedenken: Für uns ist ein Überschallflugzeug, das wir zunächst nur optisch wahrnehmen, das wir also schon sehen, bevor der Schall mit Verzögerung an unser Ohr dringt, selbstverständlich. Für den biblischen Autor war es rätselhaft, daß da etwas zu sehen war, bevor man es hörte.

Was er schildert, das widersprach seinen sonstigen Lebenserfahrungen vollkommen.

Ängstlich verstecken sich die Tiere – ein Phänomen, das wir aus Schilderungen von Ufo-Beobachtungen des 20. Jahrhunderts kennen: »In seinen Schlupf hin kommt das Wild« (Vers 8).

Der Zeuge versucht, den Ursprung des furchteinflößenden Lärms genauer auszumachen, die Quelle zu lokalisieren: »Aus der Innenkammer kommt der Sturmwind« (Vers 9).

Schließlich verschwindet das Flugobjekt wieder über der Wolkendecke, entzieht sich den Blicken des Beobachters: »Und nun sehen sie das Licht nicht. Es ist glanzvoll in den Wolkenhimmeln.«

Wir wollen einen weiteren Zeugen zu Wort kommen lassen. Es ist Elia. Er wird ausdrücklich darauf hingewiesen, daß da bald etwas herannahen wird, das zu beobachten sich lohnt. Er erhält den Rat, einen Berg zu besteigen und Ausschau zu halten (1. Buch Könige, Kapitel 19, Vers 11). Was er zu erwarten hat, wird ihm auch mitgeteilt: »Und siehe, der Herr wird vorübergehen!« Wirklich der Herr, also Gott? Wir müssen uns vor Augen führen, daß der Priesterschaft des alten Israel sehr daran gelegen war, Texte in die »Heiligen Schriften« aufzunehmen, die für den alltäglichen kultischen Gebrauch geeignet waren. Man suchte also nach Beschreibungen, die in besonders eindrucksvoller Weise die Allmächtigkeit Gottes plastisch sichtbar werden ließ. Solche Texte dienten dazu, die Position der Priesterschaft zu stärken: Je mächtiger Gott den glaubenden Menschen erschien, desto wichtiger, bedeutsamer wurden seine »Mitarbeiter« auf Erden.

Kehren wir zurück zum biblischen Text: Elia ist geradezu erschüttert von dem, was er sieht: »Und ein großer, starker Wind, der die Berge zerriß und die Felsen zerbrach, kam vor dem Herrn daher.« Paradoxerweise wird jetzt darauf hingewiesen, daß es sich bei dem Lenker des Flugvehikels nicht um Gott selbst handelte: »Gott aber war nicht im Erdbeben.« Vers 12: »Und nach dem Erdbeben kam ein Feuer, aber Gott war nicht im Feuer. Und nach dem Feuer kam ein stilles und sanftes Sausen.«

Der Wiener Professor Hans Schindler, der sich intensiv mit Archäologie und biblischen Fragen auseinandergesetzt hat, kommentiert: »Hier liegt eine jahrtausendealte Ufo-Sichtung vor. Einerseits konnten die beobachteten Begleiterscheinungen nicht von Gott herrühren, denn der benötigt kein Fahrzeug. Andererseits war dem Zeugen wohl klar, daß ein mächtiges Wesen am Himmel flog, aber eben nicht Gott, wie er mehrfach betont.«

Ein weiterer biblischer Ufo-Zeuge war Jeremias. Gezielt soll auch seine Aufmerksamkeit auf das Geschehen am Himmel gelenkt werden. Doch Jeremias muß erst wiederholt aufgefordert werden, ja ihm wird befohlen, genau hinzuschauen: »Und seine Rede geschah zu mir ein zweites Mal, er sprach: ›Was siehst du?‹« Es sieht so aus, als ob die himmlischen Besucher sehr daran interessiert gewesen sind, daß ihre Präsenz auch wirklich wahrgenommen, schriftlich festgehalten und der Nachwelt überliefert wird.

Jeremias greift zu profanen Vergleichen. Jahrtausende später würden Ufos als »fliegende Untertassen« beschrieben werden. Jeremias gibt zu Protokoll, das Ding habe »einem Kessel« oder »einem Kochtopf« geglichen (Vers 13). Das Vehikel glühte an der Unterseite. Der Text unterstreicht bewußt diese Tatsache. Wir werden an den »himmlischen Wagen« Hesekiels erinnert. Nach der Rekonstruktion des NASA-Ingenieurs Blumrich diente das spitz zulaufende untere Ende des Zubringerraumschiffs als eine Art Schutzschild beim Eintreten in die dichtere Erdatmosphäre und glühte dabei. Wird dieser raumfahrttechnische Sachverhalt auch von Jeremias beobachtet und beschrieben?

Das 2. Buch Samuel (Kapitel 22, Verse 14 ff.) bringt zum Ausdruck, wie sehr der Zeuge vom Lärm eines fliegenden Objekts beeindruckt war: »Der Herr donnerte am Himmel, und der Höchste ließ seine Stimme erschallen!«

Das Himmelsgefährt scheint mit mächtigen Waffen bestückt gewesen zu sein: »Er schoß seine Pfeile und streute sie aus.« Im Tiefflug näherte sich das Flugobjekt der Erde: »Da sah man das Bett des Meeres, und des Erdbodens Grund war aufgedeckt vom Schnauben seines Zorns.«

Jesaja (Kapitel 5, Vers 29) zeigt sich eher erschrocken vom Lärm, der den beobachteten »himmlischen Wagen« begleitet. Sein Krach erinnert ihn an das »Brüllen von Löwen«.

Im Buch Sacharja sind es Engel, die auf einen Himmelswagen hinweisen. Der biblische Prophet erhält von himmlischen Wesen den Befehl, zum Himmel aufzublicken: »Und siehe, da war eine fliegende Schriftrolle. Und er (der Engel) sprach zu mir: ›Was siehst du?‹ Ich aber sprach: ›Ich sehe eine fliegende Schriftrolle, die ist zwanzig Ellen lang und zehn Ellen breit.‹«

Während meines Studiums der evangelischen Theologie in Erlangen bei Nürnberg setzte ich mich bereits in den siebziger Jahren intensiv mit der Frage auseinander, ob es in biblischen Schriften Hinweise auf himmlische – sprich außerirdische – Besucher gibt. Ich fragte Professor Dr. Georg Fohrer, Mitherausgeber des wohl wichtigsten hebräischen Wörterbuchs, dessen Vorlesungen und Seminare ich regelmäßig besuchte, wie groß denn das merkwürdige Flugobjekt gewesen sei. Laut Alttestamentler Fohrer hatte es Röhrenform, war knapp zehn Meter lang und maß im Durchmesser fünf Meter.

Ob man die Beschreibung wortwörtlich nehmen könne, dürfe oder gar müsse, wollte ich weiter wissen. Der angesehene Theologe zuckte mit den Achseln. Er machte mich aber darauf aufmerksam, daß der biblische Autor im Originaltext die wichtigsten Zeitwörter verdoppelte. »Und ich sah und siehe!« Eine solche Verdoppelung sei stets dann vorgenommen worden, wenn betont werden sollte, daß das beschriebene Ereignis auch wirklich so erfolgte, so unglaublich es auch klingen möge.

Zu just diesem sprachlichen Mittel hat ja auch der Prophet Hesekiel gegriffen, um seinen Lesern zu verdeutlichen, daß er wirklich erlebt hat, was er beschreibt, daß es sich um ein reales Geschehen handelte, nicht um eine Vision.

Auch der biblische Jakob hatte eine merkwürdige Begegnung mit Engeln. Sah auch er einen fliegenden Himmelswagen?

Die Bibel weist Jakob als Sohn Isaaks und Rebekkas aus. Er ist der jüngere Zwillingsbruder Esaus. Geboren wurde er etwa 1858 v. Chr., also rund 1300 Jahre vor Hesekiel.

»Und Jakob zog von Beerseba aus und machte sich auf den

48

Weg nach Haran und kam an eine Stätte, da blieb er über Nacht, denn die Sonne war untergegangen«, lesen wir im 1. Buch Mose (Kapitel 28, Vers 10 ff.). Dann geschah etwas, das für Jakob so unglaublich war, so unvorstellbar, daß es für ihn nur eine Erklärung gab: Er mußte geträumt haben! »Und siehe, eine Leiter stand auf der Erde, die rührte mit der Spitze an den Himmel, und siehe, die Engel Gottes stiegen darauf auf und nieder.«

Für den englischen Forscher und Schriftsteller Dr. Walter Raymond Drake ist der Sachverhalt klar: Jakob sah, wie Außerirdische aus einem Raumschiff über eine Leiter zur Erde stiegen und wieder an Bord kletterten. Dr. Drake, der sich in zahlreichen Sachbüchern, die bislang keinen deutschen Verleger fanden, mit vorgeschichtlichen Astronautenbesuchen auf der Erde beschäftigte, äußerte im Gespräch mir gegenüber: »Außerirdische waren in den Augen der Menschen vor Jahrtausenden unbeschreiblich mächtig. Obwohl sie rein äußerlich wie Menschen aussahen, konnten es doch gleichwohl keine Irdischen gewesen sein. Also hielt man sie für Götter. Oder für Engel. An der Existenz solcher Himmelswesen zweifelte im alten Israel niemand.«

Von Göttern, Engeln und Dämonen

Für die katholischen Theologieprofessoren und Bibelkommentatoren Hamp und Stenzel waren die biblischen Göttersöhne Engel. Eine genauere Erklärung geben sie nicht.

Für Professor Dr. Georg Fohrer waren »Göttersöhne« und »Engel« »untergeordnete Gottheiten«, kuriose Wesen, die in einer Eingottreligion keinen Platz haben, die aber in jenen Zeiten, als Menschenopfer zum religiösen Kult in Israel gehörten, verehrt wurden.

Laut Hiob, dessen Buch um 1473 v. Chr. niedergeschrieben worden sein dürfte (Kapitel 38, Vers 7), existierten die Engel schon vor Erschaffung des Weltraums. Ein Drittel der Engel wurde, so muß man das »Buch der Offenbarung« (Kapitel 12, Vers 4) im Originaltext verstehen, »auf die Erde geworfen«.

Namentlich genannt (und zunächst über den grünen Klee gelobt) wird der Engel Luzifer (Hesekiel 28, Verse 12–15): »Du bist ein reines Siegel, voller Weisheit und über alle Maßen schön, du bist im Garten der Götter mit allerlei Edelsteinen geschmückt . . . und warst ohne Tadel in deinem Tun von dem Tage an, da du geschaffen warst.« Doch Luzifer wurde vom Ehrgeiz gepackt. Mit seiner demütig untergeordneten Rolle wollte er sich nicht zufriedengeben. Er zettelte eine Revolution gegen die Götter an. Freilich schwebte ihm alles andere als eine Demokratie statt der Götterdiktatur vor. Er selbst wollte sich zum Boß im Götterhimmel machen: »Er wollte in den Himmel aufsteigen und seinen Thron über die Sterne stellen!« rügt entrüstet Jesaja (Kapitel 14, Vers 13). Luzifers Plan mißlang freilich kläglich. Der Aufmüpfige wurde zur Strafe und allen potentiellen Nachahmern zur Warnung aus dem Himmel verstoßen.

So wurde aus einem ursprünglich positiv geschilderten Engel ein durch und durch negatives Wesen, der Stammvater der Dämonen. So gibt die alexandrinische Bibelübersetzung Vers 5 von Psalm 96 wie folgt wieder: »Denn alle Götter der Völker sind Dämonen, aber der Herr hat den Himmel gemacht.« Für den Psalmisten, der ein strenger Anhänger des biblischen Eingottglauben-Kults war, existierten weiterhin auch andere Götter, die von anderen Völkern verehrt und angebetet wurden. Sie wurden aber herabgewürdigt, deklassiert.

Professor Dr. Alfred Lehmann schreibt in »Aberglaube und Zauberei« (Stuttgart 1925, S. 81 f.): »Die fremden Götternamen wurden so für die Juden Namen für verschiedene Dämonen; von diesen waren der Bel oder Baal-Sebub der Chaldäer und ihr Morgenstern Istar (= Luzifer der Römer) die mächtigsten. Baal-Sebub wurde zum Fürsten der Dämonen gemacht und Luzifer als das Haupt der aufrührerischen Engel angesehen, weil (bei) Jesaja 14, 12 steht: ›Was bist du vom Himmel gefallen, du schöner Morgenstern! Wie bist du zur Erde gefället, der du die Heiden schwächest!‹« Professor Lehmann weiter (S. 7): »Die vormaligen Götter, die (wie noch heutzutage die Götter in Indien) den Namen devas trugen, wurden größtenteils zu Teufeln, zu Untertanen des verderblichen Ahriman gemacht; ihr Kult wurde streng verboten. Somit wurde das persische Wort daeva (= deva), ganz wie der griechische daimon, späterhin kurzweg zur Bezeichnung eines Teufels, und wenn der jetzige Perser oder Araber von einem bösen ›Deo‹ spricht oder in einer verbotenen Weise mit ihm in Verbindung zu treten sucht, ahnt er wohl kaum, daß dieses Gebilde seines Aberglaubens einst als Gott verehrt worden ist.«

V. Das »Höllische Lexikon« und die Dämonen

Ziel der Okkultisten des Dritten Reiches war es, herauszufinden, ob mit den Methoden uralter Geheimkulte magische Macht ausgeübt werden kann. Laut Jacques Bergier durchforsteten sie weltweit Geheimbibliotheken, stets auf der Suche nach alten Zauberbüchern. Sorgsam studiert wurde ein mystisch-geheimnisvolles »Lexikon«, das Jacques Albin Simón Collin 1818 verfaßt hatte: »Dictionnaire Infernal«. Der Titel, von dem nie eine deutsche Übersetzung erschienen ist, läßt sich mit »Höllisches Lexikon« wiedergeben. Das düstere Opus erfreute sich enormer Nachfrage, wurde von Collin immer wieder erweitert und ergänzt. 1863 lag bereits eine sechste Auflage vor.

Collin, 1793 in Plancy bei Arcis geboren, war ein unermüdlicher Erforscher des Okkulten und ein Schriftsteller mit unglaublichem Arbeitseifer. Heute wissen wir, daß er unter mindestens 20 verschiedenen Pseudonymen veröffentlichte.

Besonders angetan war er aber vom kultischen Brauchtum der Bibel. Ihn faszinierte der Ruf, den die alten Israeliten schon seit dem Altertum als Kenner der Geheimwissenschaften und Beschwörer genossen. Dabei sollen zahllose »Dämonen« angerufen worden sein. So trug Collin zeit seines Lebens die Namen von schwarzen Engeln und Dämonen zusammen. Rund 7000 veröffentlichte er in seinem »Höllischen Lexikon«, doch in seinem umfangreichen Geheimarchiv, das niemals gefunden wurde, soll es weitere Manuskripte gegeben haben, die noch mehr Dämonennamen auflisteten, die sich mit der »Zauberwirkung des Aussprechens der Namen der schwarzen Engel« beschäftigten. Die folgenden Ausführungen basieren im wesentlichen auf Collins berühmt-berüchtigtem Lexikon. Eine kleine

Auswahl an Dämonen soll genügen, um einen Eindruck von der Welt dieser merkwürdigen Wesen zu vermitteln. So erfahren wir oft Erstaunliches über kuriose Kulte um geheimnisvolle, einst mächtige Götter. Einst wurden sie verehrt und angebetet, bald verloren sie aber gegenüber dem christlichen Gott an Bedeutung und wurden rasch zu Dämonen degradiert, ihre Anhänger nicht selten als Ketzer blutig verfolgt.

Es fragt sich freilich, wem eine perversere Denkungsart unterstellt werden muß: dem Menschen, der davon überzeugt ist, sich mit Hilfe von Ritualen die Gunst eines Dämons erkaufen zu können, oder jenem Menschen, der Unschuldige, allenfalls psychisch Gestörte, durch Folterqualen dazu bringt zu gestehen, Umgang mit Dämonen zu haben, um sie dann zur Strafe auch noch zu ermorden.

Bereits im 2. nachchristlichen Jahrhundert spaltete sich eine Gruppe von Kabbalisten sektiererhaft von der frühen christlichen Kirche ab. Es dauerte aber nicht lange, und schon verfolgte man ihre Anhänger, die sich um einen Mann namens Basilides scharten. Gemeinsam verehrte man einen Dämon namens Abraxas. Die Kabbalisten hatten herausgefunden, daß man diesen Namen nach alter Geheimlehre auch als Zahl wiedergeben konnte: als 365. Sie glaubten, daß nicht Jahwe der höchste Gott sei. Sie hielten vielmehr Abraxas für mächtiger und sahen in ihm die Verkörperung des »unsagbaren höchsten Seienden«. Dargestellt wurde er als Mischwesen, als eine eher furchteinflößende Kreatur, bestehend aus Rumpf und Armen eines Menschen mit dem Kopf eines Hahnes und zwei Schlangen als Beinen. Jenes Wesen sei es gewesen, das Jesus Christus auf die Erde geschickt habe . . . als einen »harmlosen Geist«.

Was viele Zeitgenossen nicht wissen: Wenn heutige Zauberkünstler ihre Tricks vorführen und dabei oft »Abrakadabra« murmeln, führen sie den magischen Namen jenes schwarzen Engels in verstümmelter Form im Munde.

Besonders verabscheut wurde von den Rabbinern des alten Israel Adrammelech, der von den Sephawritern (Assyrien) verehrt und angebetet wurde. Das Alte Testament erwähnt ihren grausamen Kult (2. Buch Könige, Kapitel 17, Vers 31): »Die von

Sephawarjim verbrannten ihre Söhne dem Adrammelech und Anammelech.«

Dabei vergaßen oder verdrängten sie, daß einst im eigenen Land ebenfalls Menschenopfer für bestimmte Götter an der Tagesordnung waren.

Azazel und der Sündenbock

Die Rabbiner waren freilich von der Macht von derlei schwarzen Engeln überzeugt, auch wenn sie mit Vehemenz die kultische Verehrung jener Wesen mit eher bescheidenem Erfolg verboten: So gehörten auch schwarze Engel wie etwa Azazel noch lange zum Kult, der das Alltagsleben in Israel bestimmte. Man feierte ganz offiziell am zehnten Tag des Septembers das sogenannte Sühnefest. An diesem Tage wurden zwei Böcke zum Hohenpriester geschleppt. Per Los wurde entschieden, welches der beiden Tiere Jahwe geopfert werden würde und welches für Azazel bestimmt war. Jahwes Bock bekam die Kehle durchgeschnitten, dem anderen Tier stand ein weitaus elendigeres Ende bevor. Es wurde durch Handauflegen mit den »Sünden des Volkes« belastet, dann in die unwirtliche Wüste geführt, wo es umherirrte und langsam verendete. Man war überzeugt, daß durch den Tod eines Tieres die Sünden des ganzen Volkes aus der Welt geschafft worden waren.

Fast zwei Jahrtausende sind seither vergangen – aber noch heute erinnert ein alltäglicher Ausdruck an den alten kultischen Brauch. Wenn beispielsweise in einer Firma die Geschäfte nicht mehr so gut laufen, wenn ein Fußballklub nur noch verliert, dann wird ein »Sündenbock« gesucht, der für die Fehler der anderen den Kopf hinhalten muß. Freilich werden heutige Manager und Fußballtrainer allenfalls entlassen und oft noch mit einer millionenschweren Abfindung versehen, dem Azazel wird nicht mehr geopfert.

Das Wort Baal taucht im Alten Testament in der Bedeutung von »Besitzer« auf. Im 1. Buch Mose (Kapitel 20, Vers 3) kennzeichnet »Baal« den Mann als Besitzer seiner Frau, im Buch Josua (Kapitel 24) den Landbesitzer. Vermutlich waren Baal-Götter im alten Israel Gottheiten von lokaler Bedeutung, denen bestimmte Landstücke gehörten und denen Menschenopfer gebracht wurden.

Über den Baalskult ist relativ wenig bekannt. Nach T. Imman (Ancient Pagan and Modern Christian Symbolism, ohne Ortsangabe, 1875) kam es bei Feiern zu Ehren dieses Gottes zu sexuellen Exzessen. Männer verkleideten sich dabei als Frauen, Frauen als Männer – vermutlich in Anspielung an die Zweigeschlechtlichkeit, die dem Zwittergott Baal zugeschrieben wurde.

Baal gehörte ganz offensichtlich auch zu jenen Göttern, die in Israel lokal begrenzt angebetet wurden. Später – wann genau, läßt sich nicht angeben – wurde dann der Gott umbenannt in Jahwe. Jesaja (Kapitel 54, Vers 5) bezeichnet Jahwe noch als Baal. Laut der kleinen Schrift des Propheten Hosea verwahrte sich Jahwe selbst dagegen, mit dem fremden Namen angeredet zu werden (Hosea, Kapitel 2, Verse 18 und 19): »Alsdann, spricht Jahwe, wirst du mich nennen ›mein Herr‹ und nicht mehr ›mein Baal‹. Denn ich will die Namen der Baale von ihrem Munde wegtun, daß man ihrer Namen nicht mehr gedenken soll.«

Es ist also zu vermuten, daß sich Baal auch zu den Zeiten, da die Vielgötterei abgeschafft und Jahwe zum allein zu verehrenden Gott ernannt worden war, nach wie vor großer Anhängerschaft erfreute. Sonst hätte man wohl kaum die ausdrückliche Ablehnung jenes einst von den Babyloniern, Chaldäern, Kanaanitern, Karthagern und Sidoniern verehrten Baal Jahwe selbst in den Mund gelegt.

Die unüberschaubare Fülle der Namen von Dämonen verwirrte selbst Jacques Albin Simón Collin, der begierig jeden Dämon auflistete, dessen Namen er irgendwo in altjüdischem Schrifttum vorfand. Dabei übersah er freilich, daß oft ein und derselbe Dämon unter verschiedenen Namen immer wieder auftaucht.

So handelt es sich mit großer Wahrscheinlichkeit bei dem bösartigen Molech um niemand anderen als Baal. Molech war fester Bestandteil des altjüdischen Kults, vermutlich schon zu Zeiten des Vielgötterglaubens. Im Hinnomtal, im Südwesten von Jerusalem gelegen, hatte er eine Opferstätte, an der ihm Kleinkinder »geschenkt« wurden: die armen Geschöpfe wurden verbrannt. (5. Buch Mose, Kapitel 12, Vers 31: »So sollst du dem Herrn, deinem Gott nicht dienen, denn sie haben ihren Göttern alles getan, was dem Herrn ein Greuel ist und was er haßt, denn sie haben ihren Göttern sogar ihre Söhne und Töchter mit Feuer verbrannt.«)

Im Lauf der Jahrhunderte waren komplexe Opferungsriten entstanden. So wurden große »Opferungsöfen« gebaut, oft in Form von stierköpfigen Menschen, in denen unzählige Kinder verbrannt wurden. Die Priesterschaft befürchtete, die entsetzlichen Schreie der in der Feuerglut sterbenden Kinder könnten dazu führen, daß mitleidvolle Erwachsene eingreifen und dem Kult ein Ende bereiten würden. Zu solchen humanitären Anwandlungen ist es allem Anschein nach aber niemals gekommen. Dabei konnte damals niemand sagen, man habe von dem grausigen Geschehen nichts gewußt. Die Priester machten es den Menschen damals jedoch leicht, die rituellen Kindestötungen zu verdrängen. Sie verursachten während der Opferzeremonien um den Glutofen herum so viel Lärm wie nur möglich, zum Beispiel mit Trommeln, um die gellenden Todesschreie der kleinen Geopferten zu übertönen.

Dieser aus heutiger Sicht schlimme Brauch war noch zu Zeiten des Jahwe-Kults so weit verbreitet, daß er mit der Todesstrafe belegt wurde. Vermutlich versuchten die Führer des Molech-Kults, ihre religiöse Bewegung am Leben zu erhalten, indem sie das Menschenopfer abschafften und durch ein neues Ritual ersetzten. Nach Jacques Bergier gewann sie dadurch zunächst wieder an Zulauf. Es wurden nämlich keine Kinder mehr zu Ehren des Dämons Molech alias Baal verbrannt, sondern man weihte sie ihm nur noch: Sie mußten in einem nicht näher beschriebenen Ritus »durchs Feuer gehen« (2. Buch Könige, Kapitel 17, Vers 17). Das änderte jedoch nichts an der Verfolgung der Anhänger dieses Kults: Sie waren weiterhin von der Todesstrafe bedroht.

Luzifer revoltiert gegen Gott

Bemerkenswert ist eine Parallele zur Gestalt des Luzifer. Luzifer war der kabbalistischen Tradition zufolge ein himmlisches Wesen, das zunächst höchstes Ansehen genoß, dann einen Aufstand gegen den Gott der Götter wagte und zur Strafe aus dem Himmel verbannt und von Gott höchstpersönlich zur Erde geschleudert wurde. Sein durchaus positiver Name (Luzifer = Lichtbringer) läßt eine Verwandtschaft mit Baal erkennen, der in Asien mit der Sonne gleichgesetzt wurde. Als Ba'al-Shamem taucht er als phönikischer Himmelsgott, als Herrscher über die Sterne auf.

Ganz offensichtlich wurde der einst glanzvolle Gott Baal bewußt zum Dämon degradiert: Durch die Herabsetzung des einstigen Stars unter den Göttern sollte einem Kult ein Ende bereitet werden. Was ja auch gelang.

Zu Dämonen wurden aber nicht nur einstige hochangesehene Götter. Als dämonisches Wesen verunglimpft wird auch der ägyptische Pharao: Er taucht bei Hiob (Kapitel 40, Vers 15) als monströse, gräßliche Kreatur Behemoth auf. Theologen, die so wenig »Abergläubisches« wie nur möglich in der Bibel wiederfinden möchten, behaupten, es handele sich dabei um nichts Teuflisches, sondern um den Elefanten oder den Walfisch. Andererseits hielt die Kirche selbst eindeutig die mysteriöse Kreatur für einen Dämon, wie zu Zeiten der Hexenprozesse deutlich wurde. (Nicolas Aubin: Die Geschichte der Teufel von Loudun, Berlin 1981.) Wie bei Behemoth wird auch, wenn es um Leviathan geht, von Theologen gern behauptet, damit sei doch auf alle Fälle der Walfisch oder ein sonstiges großes Lebewesen gemeint, das im Wasser haust, auf keinen Fall aber etwas Teuflisches. Dabei kann es keinen Zweifel daran geben, wer Leviathan wirklich war: ein Großadmiral der Hölle.

Kabbalistischen Überlieferungen zufolge schuf Gott nämlich am Anbeginn der Zeit zwei von diesen Dämonen, nämlich lediglich je ein weibliches und ein männliches Exemplar, mehr nicht. Bald aber überkam ihn Angst. Er befürchtete, die beiden Wesen würden sich in absehbarer Zeit im ganzen All so weit ausbreiten, daß kein freier Platz mehr blieb. Um das zu verhindern, tötete er den weiblichen Leviathan. So würde es keinen Nachwuchs für ihn geben.

Wenn einst der lang ersehnte Messias – und bekanntlich erkennen die Juden ja Jesus nicht als den erwarteten Erlöser an – zur Erde kommen wird, so soll er nach altjüdischer Überzeugung ebendiesen weiblichen Leviathan verzehren.

Menschenopfer hat auch der Dämon Belphegor von den Moabitern, den direkten Nachkommen Lots, gefordert. Sollte sich tatsächlich ein kannibalistischer Kult bis in biblische Zeiten erhalten haben? Angeblich wurden von den Priestern des Belphegor-Kults rituell Menschen getötet und ihr Fleisch verzehrt. Die Priester aßen sozusagen stellvertretend für die Götter. Als Gegenleistung soll es kluge Einfälle und Ideen gegeben haben.

Belzebuth oder Belzebub wird im Neuen Testament für Besessenheit verantwortlich gemacht. So heißt es bei Matthäus in Kapitel 12 (Vers 24): »Aber die Pharisäer . . . sprachen: Er treibt die bösen Geister nicht anders aus denn durch Belzebub, ihren Obersten.« Diese Unterstellung verdeutlicht, daß noch zu Jesu Zeiten die Namen von Dämonen für magische Riten benutzt wurden – etwa beim »Austreiben böser Geister«. Im Lande Kanaan, das zu Palästina gehörte, westlich des Jordan gelegen, war er sehr lange die am meisten geachtete Gottheit. Könige befragten seine Orakel, wenn ihnen zum Beispiel bei gesundheitlichen Problemen kein Arzt helfen konnte. Auch Belzebuth oder Belzebub – der Name bedeutet angeblich »Herr der Fliegen« – machte eine negative Karriere: Der angesehene, mächtige Gott wurde in die tiefste Hölle verstoßen und zum Dämon degradiert, freilich nicht zu irgendeinem. Immerhin wurde er zum obersten Chef der höllischen Gefilde, zum »Oberboß« der Teufel und bösen Geister.

Luzifer war bei den Römern der Gott des Morgensterns, der als mächtiger Aufseher des »Sternenheeres« verehrt wurde. Bei den alten Israeliten wurde er zum Satan, zum Widersacher. Luzifer nutzte die Unzufriedenheit von »Engelskollegen« wie Xaphan. Der himmlische Xaphan galt als besonders intelligent im Austüfteln von Plänen. Er war aber auch einer der radikalsten

Engel. So schlug er vor, doch gleich den ganzen Himmel in Brand zu stecken. Zusammen mit Luzifer wurde er in die tiefsten Abgründe der Hölle geschleudert, wo er zur Strafe unter widrigsten Bedingungen härteste Arbeit verrichten mußte. Tag und Nacht muß er dafür Sorge tragen, daß die höllischen Feueröfen nie erlöschen. Mit Mund und Händen muß er der Glut stets neuen Sauerstoff zuführen.

Je positiver der Gott der Christenheit gezeichnet wurde, desto dringender wurde ein Gegenpart gebraucht, den man für das Böse in der Welt verantwortlich machen wollte. Bedenkt man, wie mächtig Luzifer als Gott einst war, so verwundert die Bedeutungslosigkeit, zu der er sehr bald herabsinkt. Während andere Dämonen blutige Menschenopfer forderten, falls man sie sich dienstbar machen wollte, begnügte sich Luzifer mit bescheidenen Tieropfern, etwa mit einer Maus. 1962 wurde er letztmalig aktenkundig. Bei dem Prozeß gegen die »Hexen von Moira«, Schweden, sagten mehrere Frauen aus, Luzifer führe gern Streiche aus. So nehme er manchmal Hexen ihren Besen, mit dem sie durch die Lüfte fliegen, weg und verabreiche ihnen damit einen Schlag auf die Schultern.

So machten ehedem mächtige Götter, vor denen die Menschen zitterten, eine beachtliche Wandlung durch: Aus Wesen, die einst über die Sterne bestimmt hatten oder mit der Sonne gleichgesetzt worden waren, wurden zunächst monströse Dämonen, die mit grausigen Menschenopfern beschwichtigt werden mußten. Schließlich mutierten sie zu harmloseren Gesellen, verlangten nur noch rituelles »Durchs-Feuer-Gehen« und entarteten schließlich zu Scherzbolden, die mit Besen nach Frauen schlugen. Aber auch in dieser »harmlosen« Form wurden die Götter von einst von der Kirche gefürchtet. Mit Foltermethoden der ausgeklügeltsten Art wurde »ermittelt«, welche Menschen sich mit »Dämonen« abgaben, und die »Ertappten« wurden, wenn sie die Folterqualen überhaupt überlebten, bei lebendigem Leibe verbrannt. Die christlichen Scheiterhaufen für Hexen und Ketzer waren eigentlich von den heidnischen Opferaltären kaum zu unterscheiden: Auf beiden verbrannten unschuldige Menschen.

Das Heer der schwarzen Engel und Dämonen ist unüberschaubar. In ihnen lebten Erinnerungen an Götter weiter, die oft ernsthafte Konkurrenten von Jahwe waren. In christlichen Zeiten galten sie offiziell meist als Vertreter des Teufels. Wer an sie glaubte, sie verehrte oder wer unter der Folter »gestand«, Kontakt mit ihnen zu haben, endete auf dem Scheiterhaufen.

Wir irren, wenn wir glauben, daß der Hexenwahnsinn seinen Höhepunkt im »finsteren Mittelalter« erlebte. Protestanten sehen in Martin Luther gern den Besieger des Mittelalters, der das Zeitalter dumpfen Aberglaubens beendete. Die Wahrheit sieht jedoch anders aus: Der Reformator billigte die Hexenverfolgung nicht nur, er forderte nachdrücklich, man müsse jene Kreaturen töten und dürfe keine Nachsicht walten lassen. Ein weiterer Reformator, der Schweizer Johann Calvin (wie Luther wird er heute gern als hehre Lichtgestalt gesehen), war in Wirklichkeit ein widerlicher Wüterich. Bevor er aktiv wurde, kamen »Hexen« in seiner Heimatstadt Genf mit glimpflichen Strafen davon, allenfalls wurden sie verbannt. Das änderte sich mit Calvin. Er löste grausamste Verfolgungen aus, ließ rigoros foltern und verbrennen, und das in den Jahren 1495 bis 1531, in der angeblich so humanen Neuzeit, nicht im »bösen« Mittelalter.

Professor Dr. Walter Krämer und Professor Dr. Götz Trenkler: »Die Wahrscheinlichkeit, als Hexe oder Hexer auf dem Scheiterhaufen zu enden, war zu Zeiten Luthers, Galileis oder Gutenbergs weit größer als zuvor. Zwar konnte man im Mittelalter durchaus durch das Feuer sterben, vor allem wegen Ketzerei und Insubordination gegen die allgegenwärtige Kirche, aber Hexenprozesse, wie wir sie aus dem modernen Kino kennen, mit ihren absurden Anklagen wegen Beschwören des Wetters, Beischlaf mit dem Satan, Verzaubern ungeliebter Nachbarskinder oder Orgien auf Besenstielen, so wie sie später routinemäßig fast gegen jeden und jede erhoben und beglaubigt wurden, der oder die sich zu sehr von seinen oder ihrem Nachbarn unterschied, solchen kollektiven Wahnsinn gab es damals nicht.« (Lexikon der populären Irrtümer, 8. Auflage, Frankfurt 1996, S. 142)

VI. Menschen in »himmlischen Wagen«

Kehren wir zurück zu den »himmlischen Wagen«. Eine schier unüberschaubare Menge »heiliger Texte« hatte im alten Israel Kultstatus. Zunächst wurden alle Manuskripte gleich hoch eingeschätzt. Bald aber unterschied man zwischen Überlieferungen, die dem gemeinen Volk zugänglich gemacht wurden, und solchen, die nur eingeweihten Kreisen vorbehalten waren. Spätestens in den ersten nachchristlichen Jahrhunderten wirkten christliche Zensoren: Willkürlich wurden die einen Texte als gottgefällig, andere als mit dem wahren Glauben unvereinbar abgestempelt.

Nicht in das Textvolumen des Alten Testaments aufgenommen wurde die sogenannte Abraham-Apokalypse. Warum nicht? Weil sie eindeutig beschreibt, wie es einem Menschen gestattet wurde, einen »himmlischen Wagen« zu betreten?

Abraham im »himmlischen Wagen«

Paul Rießlers wertvolles Standardwerk »Altjüdisches Schrifttum außerhalb der Bibel« (Rottenburg 1927) enthält einen in seiner Detailgenauigkeit mehr als nur bemerkenswerten Text, der vor Jahrhunderten in weiten Teilen unverständlich war. Berücksichtigt man aber unser heutiges Wissen über bemannte Raumfahrt, so wird dem Zeitgenossen »wie von selbst« verständlich, worum es ging.

Der junge Abraham, so erfahren wir aus dem Text, war sehr unglücklich wegen des Berufs, den sein Vater Therach ausübte. Der war ein angesehener Hersteller von Götzenfiguren aus Stein und Holz, mit denen er einen schwunghaften Handel trieb. Abraham freilich hielt es für wichtiger, nach der Wahrheit zu suchen. Gab es einen Gott? Oder mehrere Götter? Konnte man mit ihnen in Verbindung treten? Je mehr Abraham über diese Fragen nachdachte, desto sehnlicher wurde sein Wunsch: Er wollte nicht glauben müssen, er wollte wissen. Und um wissen zu können, so meinte er, müsse man selbst erleben.

Sein Wunsch sollte in Erfüllung gehen: Eines Tages wurde er von zwei Wesen besucht. Waren es Götter? Um Menschen handelte es sich auf gar keinen Fall, das wurde Abraham rasch klar. So wie Hesekiel bei seiner ersten Begegnung mit dem berauschenden, schnaubenden und feuerspeienden Himmelswagen zunächst vor Angst fast ohnmächtig wurde und zu Boden sank, so erging es auch Abraham.

In der Abraham-Apokalypse (10. Kapitel, Verse 1 und 2) heißt es: »Als ich die Stimme hörte, die solche Worte sprach, da sah ich bald hierhin und bald dorthin. Nicht eines Menschen Atem war's.« Er wurde ohnmächtig: »Und so erschrak mein Geist, und meine Seele floh aus mir. Ich wurde wie ein Stein und fiel zu Boden, weil ich nicht mehr zum Stehen Kraft besaß.«

Darf uns das verwundern? Wohl nicht: Abraham stand doch allem Anschein nach außerirdischen Wesen gegenüber, wie er ausdrücklich betont: »Nicht eines Menschen Atem war's.«

Es zeigte sich, daß eines der beiden Wesen Kommandogewalt über das andere hatte. Während der Name des Chefs unerwähnt bleibt, erfahren wir den Namen des Untergebenen. Der »Boß« befiehlt: »Geh, Javel, heb jenen Mann mir auf! Laß ihn von seinem Zittern sich erholen!« (10. Kapitel, Vers 4)

Der Name ist interessant: Javel. Es handelt sich dabei um eine Zusammensetzung aus den Worten Jahwe (Gott) und Elohim (Götter).

Javel gehorchte, folgte dem Befehl und stellte Abraham wieder auf die Beine. Der gewöhnte sich rasch an die seltsame Situation und beobachtete scharf. Nochmals betonte er, daß es sich nicht um einen Menschen gehandelt hat, sondern um ein Wesen »in eines Menschen Ähnlichkeit« (10. Kapitel, Vers 5). Ufo-Forscher unserer Tage würden wohl den Ausdruck »androide Menschenform« benutzen.

Trug Javel einen Raumanzug? Die blumige Umschreibung des äußeren Erscheinungsbildes des Javel könnte darauf schließen lassen: »Sein Leib glich einem Saphir, sein Antlitz einem Chrysolith und seines Hauptes Haar dem Schnee und seines Hauptes Diadem dem Regenbogen« (11. Kapitel, Vers 2).

Stellen wir uns einen Astronauten in einem glänzenden Schutzanzug vor: »Sein Leib glich einem Saphir.« Das Gesicht des Astronauten liegt hinter einer Klarsichtscheibe, das Licht reflektiert: »Sein Antlitz (glich) einem Chrysolith . . . und seines Hauptes Diadem dem Regenbogen.« Technische Ausdrücke wie »Raumanzug«, die für den Menschen des ausgehenden 20. Jahrhunderts zur Alltagssprache gehören, waren Abraham völlig fremd, es gab sie damals noch nicht. Er mußte zu Vergleichen greifen, was er in beeindruckender Weise tat.

Bald erfuhr Abraham, daß in absehbarer Zeit eine »Himmelfahrt« bevorstand – eine der leibhaftigen Art, nicht eine im Geiste.

Abrahams Beschreibung des kleineren »himmlischen Wagens« erinnert sehr an Hesekiels Worte. Abraham konstatiert erstaunt: »Wie ich allein so steh und schau, erblick ich hinter jenen Lebewesen einen Wagen, der Feuerräder hatte, ein jedes Rad voll Augen ringsherum, und auf den Rädern war ein Thron, den ich erblickte, und dieser war bedeckt mit Feuer, und Feuer floß ringsher um ihn; es war ein unbeschreiblich Feuer auch um eine Feuerschar.«

Kapitel 5 beschreibt »Abrahams Luftreise«: »Und es geschah bei Sonnenuntergang, da gab es Rauch, wie Rauch aus einem Ofen . . . So trug er mich bis an der Feuerflammen Grenzen. Dann stiegen wir hinauf, so wie mit vielen Winden, zum Himmel, der da ob dem Firmament war.« (15. Kapitel, Vers 1, 4 und 5)

Stellen wir uns ein Flugvehikel vom Typ Hesekiel vor: Von der Landung glüht der untere Teil feurig. Und in dem Himmelswagen wird Abraham emporgetragen.

»Ich sehe in jener Höhe, die wir bestiegen, ein mächtig Licht, nicht zu beschreiben, und in dem Licht ein Feuer, darinnen eine Schar, ja eine Schar von mächtigen Gestalten, die Worte riefen, wie ich sie nicht kannte.« (15. Kapitel, Vers 6)

Erinnern wir uns: NASA-Ingenieur Josef Blumrich war zu der Überzeugung gelangt, daß es sich beim hesekielschen »Himmelswagen« um ein Zubringerraumschiff gehandelt hat, das dazu benutzt wurde, von einem Mutterraumschiff in der

Erdumlaufbahn zur Erde zu fliegen, im erdnahen Raum Exkursionen zu unternehmen und zum Mutterraumschiff zurückzukehren.

Wurde Abraham zu solch einem Mutterraumschiff gebracht? Sah er die Besatzung, Wesen, die sich in ihrer Sprache unterhielten, die Abraham fremd war, die er nicht verstehen konnte?

Abraham fühlt sich alles andere als wohl. »Ich aber wünschte auf die Erde niederwärts zu fallen.« Dann beschreibt er präzise ihm Unbegreifliches: »Der hohe Ort, worauf wir standen, bald stand er aufrecht da, bald drehte er sich abwärts« (17. Kapitel, Vers 3). So etwas wie eine Luke wurde geöffnet (19. Kapitel, Vers 4), vielleicht wurde auch ein Monitor eingeschaltet. Abraham beobachtet noch genauer, hebt hervor, was allen seinen bisherigen Lebenserfahrungen widerspricht: »Mal waren die Sterne oben, mal unten.«

Im Gespräch mit dem »Vater der Weltraumfahrt«

Ich legte die seltsame Beschreibung einem der großen Wissenschaftler, dem »Vater der Raumfahrt«, Professor Dr. Dr. Ing. Hermann Oberth vor. Oberth, der vor wenigen Jahren im fränkischen Feucht bei Nürnberg lebte, beschäftigte sich intensiv mit der Frage, ob unser Planet in »grauer Vorzeit« von Außerirdischen besucht wurde. Er hielt das für »durchaus möglich«.

Ich fragte Professor Oberth, ob er es für möglich halte, daß – wie von mir vermutet – Abraham mit einem Zubringerraumschiff zu einer Orbitalstation gebracht wurde. Oberth meinte, der Text der »Abraham-Apokalypse« sei ein gewichtiges Indiz für vorgeschichtliche Kontakte mit Außerirdischen. Er erklärte mir: »Wenn unsere Erde von Wesen aus dem All besucht wurde, dann können diese nur von außerhalb unseres Sonnensystems gekommen sein.« Daraus ergebe sich aber das schwerwiegende Problem der enormen Entfernungen. »Wenn wir einen bemannten Flug zum Mars durchführen wollen, der monatelang dauert, bringt das erhebliche gesundheitliche Probleme mit sich, die durch den langen Aufenthalt in der Schwerelosigkeit bedingt sind. Wenn wir an interstellare Raumfahrt denken, dann müssen wir davon ausgehen, daß man riesige Raumschiffe baut, ganze Städte, Generationenraumschiffe. An Bord werden Menschen geboren, wachsen auf, werden alt und sterben, neue Generationen werden geboren.« Solche Langzeitflüge aber, so Oberth, seien unter den Bedingungen der Schwerelosigkeit vollkommen undenkbar.

»Also muß so etwas wie künstliche Schwerkraft erzeugt werden. Das ist leicht zu verwirklichen. So ein Riesenraumschiff, etwa in Radform, muß sich beständig um die eigene Achse drehen, wodurch an Bord künstliche Schwerkraft erzeugt wird, die es den Astronauten ermöglicht, unter ähnlichen Verhältnissen wie auf der Erde zu leben.«

Außerirdische Besucher, so Oberth, sähen sich mit dem gleichen Problem konfrontiert. Auch sie müßten künstliche Schwerkraft erzeugen, indem sie Raumschiffe benützten, die sich ständig um die eigene Achse drehten!

NASA-Wissenschaftler haben längst entsprechende Raumschiffe wahrhaft riesigen Ausmaßes auf dem Zeichenbrett entworfen. Sie könnten mit den uns heute zur Verfügung stehenden Mitteln verwirklicht werden, wenn nur die entsprechenden finanziellen Mittel vorhanden wären. Professor Oberth schilderte derlei kühne Projekte – wie immer war er seiner Zeit weit voraus – bereits 1954 in seinem Buch »Menschen im Weltraum. Neue Projekte für Raketen- und Raumfahrt« (Düsseldorf 1954, S. 195 ff.).

Im Kapitel »Siedlungen im Weltraum« schlagt er vor, wahrhaft gigantische Raumschiffe in der Erdumlaufbahn zusammenzusetzen. Er fabulierte dabei nicht einfach »ins Blaue« hinein, er rechnete das kühne Vorhaben präzise durch: »Ein solches Wohnrad besteht aus Scheiben, von sechs bis acht Kilometer Durchmesser, die von der Sonne doppelt so weit entfernt sind wie von der Erde. Bei der Erde ist nämlich die ausstrahlende Fläche viermal so groß wie der Querschnitt. Bei einer Scheibe mit spiegelnder Rückwand dagegen ist die eingestrahlte Fläche so groß wie die ausstrahlende. Das Wohnrad dreht sich in 110 bis 126 Sekunden einmal um die eigene Achse. Dadurch entsteht . . . Fliehkraft, die als Andruck wirkt und am Rande unserer irdischen Schwerkraft entspricht. Die Randgeschwindigkeit beträgt 173 bis 200 Meter je Sekunde . . . Im Querschnitt ist diese Scheibe sehr dünn, nämlich höchstens hundert Meter dick . . . Das Wohnrad ist in etwa fünfzig (dreißig bis hundert Meter hohe) Etagen unterteilt. In der äußersten, die gefühlsmäßig infolge der Rotation die unterste ist und normale Andruckverhältnisse besitzt, befinden sich die Wohnungen. In den darüber folgenden Etagen werden Anlagen, Felder, Gärten, Wiesen und Wälder untergebracht. Jede Etage hat eine Tiefe bis hundert Meter . . . Für die Weltraumsiedler in solch einem Wohnrad ist der Himmel nicht oben, sondern seitlich. Die Bewohner des Rades würden in richtigen Parks spazierengehen können. Sie würden ihre Lebensmittel selbst ziehen und selbstverständlich auch Tiere halten.«

Sollte Abraham zu einem Mutterraumschiff, wie es Professor Oberth vor bereits mehr als vier Jahrzehnten konzipierte, gebracht worden sein, das in einer Umlaufbahn die Erde umrundete, sich dabei ständig um die eigene Achse drehend? Auch wenn diese Überlegung zunächst (zu?) phantastisch anmutet: Abraham schildert just das, was ein Mensch beobachten würde, der sich in einem Mutterraumschiff befindet, das sich – Schwerkraft erzeugend – um die eigene Achse dreht. Er schreibt: »Der hohe Ort, worauf wir standen, bald stand er aufrecht da, bald aber drehte er sich abwärts. Mal waren die Sterne oben, mal unten.«

Liebhaber des phantastischen Films wissen es: In dem Science-fiction-Klassiker »2001 Space Odyssey« wurde just diese Situation simuliert. Man blickt aus dem Fenster eines Riesenraumschiffs, das sich um die eigene Achse dreht – mal ist die Erde unten, sind die Sterne oben, mal sieht man umgekehrt die Erde oben und die Sterne unten.

Hesekiel gibt den Theologen harte Nüsse zu knacken. Einig sind sie sich nur darüber, daß sein Text in der Zeit Jesu fast aus der Bibel gestrichen worden wäre. Wir verdanken es vermutlich Rabbi Channania, daß wir Hesekiel noch in unseren Bibelausgaben vorfinden können. Uneinigkeit herrscht in Fachkreisen darüber, ob es wirklich Hesekiel selbst war, der die ihm zugeschriebenen Texte verfaßte, oder ob sie von einem »Bearbeiter« stammen. Der Theologe Kirkpatrick kommt zu dem eindeutigen Schluß: »Das Buch Hesekiel trägt die Spuren sorgsamer Planung, es stammt aller Wahrscheinlichkeit nach vom Propheten selbst, der zu uns in der ersten Person spricht.«

Völlig überfordert sind Theologen freilich, wenn es um die Frage geht, ob denn der Prophet tatsächlich Raumschiffe sah. Dieser Fragenbereich darf auch nicht Religionswissenschaftlern überlassen werden, die über keinerlei raumfahrttechnisches Wissen verfügen. Schließlich wendet sich die NASA auch nicht an Theologen, wenn es darum geht, neue Projekte für die Eroberung des Weltraums zu entwickeln, sondern an Ingenieure — wie etwa Josef Blumrich.

Blumrich kam zu dem Ergebnis: Hesekiel sah und beschrieb eindeutig eine Art Zubringerraumschiff, das geeignet war für den Pendelverkehr zwischen Mutterraumschiff und Erde, aber auch für Luftreisen im erdnahen Bereich, etwa von Land zu Land. Und so wie Abraham zu einem Flug an Bord des Vehikels mitgenommen wurde, so war auch Hesekiel an Bord des »himmlischen Wagens«.

Zu wie vielen Flügen Hesekiel mitgenommen wurde, läßt sich auch nach sorgsamem Quellenstudium der Originaltexte nicht definitiv feststellen. Allem Anschein nach ist das Buch Hesekiel nur noch bruchstückhaft erhalten, ganze Passagen müssen im Lauf der Jahrtausende verlorengegangen sein.

Bei den folgenden Textzitaten lege ich wiederum meine eigene Übersetzung zugrunde. Ich bemühe mich dabei, das Original unverfälscht wiederzugeben, und habe versucht, soweit das möglich war, ohne daß die Verständlichkeit gelitten hätte, so nahe wie möglich in Satzbau und Wortwahl dem Original zu folgen.

Im dritten Kapitel berichtet Hesekiel, wie er per Raumschiff aus den Reihen der Verbannten am Flusse Chebar entführt und wieder zurückgebracht wurde.

»Vers 12: Und Windesbrausen erhob mich, aber hinter mir vernahm ich den Lärm eines großen Bebens! Gepriesen sei Jahwes Erscheinung an ihrem Orte!

Vers 13: Und der Hall der Flügel, die bebenden Wesen, jeder berührend sein Geschwister, der Lärm der Räder ihnen entsprechend, der Lärm eines großen Erdbebens.

Vers 14: Und Windbraus erhob mich und Windbraus führte mich weg. Und ich fuhr dahin im bösen Zorn in der Hitze meines Herzens, und Jahwes Hand hielt mich, hart und fest!

Vers 15: Und ich kam (zurück) zu den Verbannten am Flusse Chebar, sitzend, bei Tel Abib, und ich setzte mich nieder zu ihnen, und ich saß dort sieben Tage: (wie) betäubt.«

Ganz offensichtlich war der Flug mit dem »himmlischen Wagen« für Hesekiel, vermutlich sein erster, ein geradezu schockierendes Erlebnis. Hesekiel brauchte eine Woche, um sich davon zu erholen.

Ein weiterer Flug wird im 8. Kapitel geschildert. Wieder biete ich meine eigene, wortwörtliche Übersetzung an:

»Vers 1: Und es geschah im sechsten Jahr, im sechsten, am fünften auf die Monderneuerung, da ich in meinem Hause sitze und die Ältesten von Jehuda sitzen vor mir, da fiel auf mich meines Herren, Jahwes Hand.

Vers 2: Und ich siehe und sah: Ja, die Gestalt, anzusehen entsprechend einem Mann und von seinen Hüften abwärts: ein Feuer, und von seinen Hüften aufwärts: es war hell wie Asemerz.

Vers 3: Und er schickte aus etwas wie eine Hand, und er nahm mich an meinem Haupthaar. Und es führte mich ein Himmelswind, und er brachte mich nach der Stadt an das Tor des inneren Tempels, welches gegen Norden liegt.«

Der vielleicht wichtigste Flug Hesekiels wird im 40. Kapitel beschrieben. Wieder sind seine Zeitangaben sehr präzise.

»Vers 1: Im fünfundzwanzigsten Jahr unserer Verschleppung, im Anbeginn des Jahres, am zehnten, hinsichtlich der Neuung, im vierzehnten Jahre nach dem Zerstören der Stadt, da war Jahwes Hand über mir: Er brachte mich dorthin.« Das muß 573 oder 572 v. Chr. gewesen sein.

Endlich erfuhr Hesekiel auch, warum er vorübergehend aus der Verbannung herausgeflogen und zur Stadt mit dem Tempel gebracht worden ist. Hesekiel wird in einen Tempel gebracht, wo er mit einem Besatzungsmitglied des fliegenden Wagens konfrontiert wird. Der vermißt den Tempel bis ins letzte Detail, Hesekiel muß sich alles genau ansehen und einprägen. Alle Daten soll er, so wird ihm mit Nachdruck aufgetragen, dem Volk Israel verkünden. Warum und wozu? Liest man die entsprechenden Angaben in heutigen, neuzeitlichen Übersetzungen, dann war es die Stadt Jerusalem, zu der Hesekiel »per Luftexpreß« gebracht worden ist. Dann sind keine Fragen mehr offen.

Hesekiel wurde angeblich nach der heiligen Stadt Jerusalem, ins Zentrum des religiösen Kults, geflogen, direkt in den berühmten Tempel, der exakt vermessen, dessen Grundriß schriftlich festgehalten wird. Was da geschieht, das muß freilich als vollkommen unsinnig, vor allem als überflüssig erscheinen, denn ebendieser Tempel von Jerusalem war hinlänglich bekannt, ja berühmt, sein Grundriß stellte keinerlei Geheimnis dar. Seine Ausmaße, die Beschaffenheit der Räumlichkeiten waren dem sprichwörtlichen Mann auf der Straße vertraut. Warum mußte dann Hesekiel die Ergebnisse der Vermessung »dem Hause Israel« mitteilen? Sollte es sich bei dem Tempel etwa gar nicht um den Jerusalemer, sondern um ein Hesekiel, ja dem Volke Israel völlig unbekanntes Bauwerk gehandelt haben?

VII. Der geheimnisvolle Tempel des Hesekiel

Hesekiel hielt die mit Pedanterie zusammengetragenen Meßergebnisse, eine schier unüberschaubare Menge von Daten, schriftlich fest (Kapitel 40, Vers 5 ff.). Jene Textpassage ist bisher von den Theologen sämtlicher Konfessionen als unergiebig angesehen und der näheren Betrachtung für nicht würdig empfunden worden. Es löste unter meinen Studienkollegen immer stärkstes Befremden aus, wenn ich ausgerechnet jene »langweiligen« Texte sorgsam übersetzte. Ich freilich empfand die Lektüre als höchst spannend. Ähnlich erging es wohl auch Hans Herbert Beier.

Der 1929 in Österreich geborene Ingenieur ist in leitender Stellung in einem deutschen Großunternehmen tätig. Beier fragte sich, wieso sich der Prophet Hesekiel in seinem Opus die Mühe gemacht hat, so viele Angaben zum Tempel zusammenzutragen, so daß das Bauwerk bis ins letzte Detail exakt auf dem Zeichentisch rekonstruiert werden konnte. Und genau das war es, was Beier auch tat. Er ließ den Hesekiel-Tempel zunächst zeichnerisch auf dem Papier entstehen und schließlich ein dreidimensionales Modell anfertigen. Das Resultat war mehr als verblüffend.

Es handelte sich bei dem Gebäude um alles andere als um einen Tempel im herkömmlichen Sinn, sondern um einen nach oben offenen Komplex, der an ein Sportstadion erinnert. Im Zentrum befand sich, von zahlreichen Räumen umgeben, ein quadratischer Innenhof. Und in diesem Hof landete das himmlische Schiff vom Typ Hesekiel.

Die Forschungsarbeiten der Ingenieure Blumrich und Beier ergänzten einander. Demnach handelte es sich bei dem Tempel um eine technische Anlage zur Wartung von Zubringerraumschiffen. Sie wurde benutzt, um Reparaturarbeiten etwa am atomaren Hauptantrieb des Flugkörpers vorzunehmen. Ein solcher Vorgang wurde von Hesekiel beobachtet und beschrieben – in Kapitel 10.

Vers 6: »Und da er dem in Leinen gekleideten Mann befohlen hatte wie folgt: Nehme Glut aus dem Raum zwischen den Kreisenden, kam dieser hin und stellte sich neben das Rad.

Vers 7: Und ein Cherub schickte seine Hand aus . . . hin zu der Glut, die zwischen den Cheruben war, und (dann) trug er von diesem etwas weg und gab es dem in Leinen gekleideten Mann in die Fäuste. Der nahm es und ging weg.

Vers 8: Und an den Cheruben erschien etwas, gleichwie die Form einer Menschenhand . . . anzusehen.«

Wir müssen uns vor Augen führen, daß dem biblischen Hesekiel Raumfahrttechnik völlig fremd war. Er konnte allenfalls versuchen, Vorgänge, die er nicht verstand, so gut wie möglich zu beschreiben.

Offensichtlich näherte sich ein Mann in Schutzkleidung (»in Leinen gekleidet«) dem atomaren Hauptantrieb. Ein Element wurde entnommen – offensichtlich mit Hilfe eines mechanischen Greifarms (»gleichwie die Form einer Menschenhand . . . anzusehen«). NASA-Ingenieur Blumrich (Da tat sich der Himmel auf, Berlin 1994, S. 129) meint hierzu: »Über die brennende Frage nach dem, was sich hier tatsächlich ereignete, kann man immerhin einige Vermutungen anstellen. Vom technischen Standpunkt aus gesehen, ist als einziges sicher, daß ein heißes Element entfernt wurde. Ob dieses ›heiß‹ rein thermisch war oder auch radioaktive Strahlung enthielt, ist unklar. Auf die Gefährlichkeit des Eingriffs weist hin, daß der Höchste, der Kommandant, die Aktion, präzise Befehle erteilend, aus der Distanz beobachtet. Er beobachtet das Geschehen vom ›Tempeleingang‹ aus.«

Den Theologen, die sich mit der Beschreibung des Gebäudekomplexes auseinandersetzten, wurde rasch klar, daß da keineswegs vom Jerusalemer Tempel die Rede sein kann. Sie wendeten einen geradezu beeindruckend simplen Kunstgriff an. Hesekiel gebe, behaupten sie, eine Vision wieder, beschreibe einen Tempel der Zukunft. Freilich gibt es im hebräischen Urtext keine Zukunftsform. Wir begegnen nur dem Imperfekt (unabgeschlossene Vergangenheit) und dem Perfekt (vollendete Gegenwart, also Vorgänge, die in der Vergangenheit begonnen wurden und die abgeschlossen sind). Die Beschreibungen der Wartungsanlage erfolgten im Perfekt. Damit wird klar, daß Hesekiel Dinge beschreibt, die bereits geschehen sind – von Zukunftsvisionen kann also nicht die Rede sein. Die theologischen Wissenschaftler erfanden eine sprachliche Unsinnigkeit: das sogenannte »Perfectum consecutivum«. Sie behaupteten geradezu dreist: Wenn Hesekiel notiert »Es ist ein Tempel gebaut worden!«, dann könne das genauso mit »Es wird ein Tempel gebaut werden« übersetzt werden (siehe hierzu: W. Baumgärtner: Hebräisches Schulbuch, 26. Auflage, Basel und Stuttgart 1971, S. 31 f.).

Diese Vorgehensweise der biblischen »Wissenschaftler« ist höchst bedenklich. Es geht ihnen nicht darum, herauszufinden, was Hesekiel beschrieben hat. Sie versuchen vielmehr mit Gewalt, eine vorgefaßte Meinung zu bestätigen. Hesekiel hat ein Bauwerk in Jerusalem gesehen. Von dieser Annahme wollen sie auf keinen Fall abrücken. Da aber der Jerusalemer Tempel mit den präzisen Maßangaben Hesekiels auf keinen Fall in Einklang gebracht werden kann, wurde aus der eindeutigen Beschreibung eines vorhandenen Gebäudes mit einem sprachlichen Trick eine Zukunftsvision: »Es ist ein Tempel gebaut worden« wird so zu »Es wird ein Tempel gebaut werden«. Der Text wurde geradezu vergewaltigt, um die vorgefaßte Lehrmeinung zu bestätigen. Ein solcher Umgang mit einem sprachlichen Dokument mag theologisch sein, wissenschaftlich akzeptabel ist er freilich nicht.

Hans Herbert Beier, der sich pedantisch an die harten Fakten hält, meint: »Sicher ist, daß der Tempel real und daß Hesekiel dort war. Dieses Haus muß zu finden und nach der Rekonstruktion zu erkennen sein. Ich wage nicht vorauszusehen, was passieren wird, wenn es – wie ich erwarte – weit weg von Babylon gefunden wird.«

Die Entdeckung des Hesekiel-Tempels fernab von Babylon oder Jerusalem wäre wirklich von enormer Bedeutung. Sie würde den Beweis erbringen, daß Hesekiel tatsächlich per Raumschiff in ein fernes Land gebracht wurde, wo ihm eine technische Wartungsanlage für »Himmelswagen« gezeigt wurde.

Wurde Hesekiel deshalb so streng dazu aufgefordert, den gesamten Gebäudekomplex so präzise zu beschreiben, damit künftige Generationen einmal die Anlage wiedererkennen würden?

Wollten die kosmischen Besucher dafür sorgen, daß ihre Gegenwart auf Erden bekannt würde? Wie auch immer. Wir müssen den »Tempel« des Hesekiel suchen – weltweit.

(Anmerkung: Wer sich auf die Suche begeben möchte, lese vorher das grundlegende Werk von Hans Herbert Beier: Kronzeuge Ezechiel, 1985 in München erschienen. Inzwischen liegt eine Neuauflage bei Ullstein als Taschenbuch vor.)

War Hesekiel in Peru?

Wie kein zweiter Erforscher der Rätsel unseres Planeten bereist Erich von Däniken die Welt. Der unermüdliche Globetrotter entdeckte eine Ruinenanlage, bei der es sich um die Reste des von Hesekiel beschriebenen Gebäudekomplexes handeln könnte – und zwar dort, wo noch kein Bibelwissenschaftler gesucht hat – in Peru. Fündig wurde er in Chavin de Huantar.

Der Tempel von Chavin de Huantar, südöstlich von Huaraz im westlichen Zentralperu beim Dörfchen Machac in 3180 Meter Höhe gelegen, war einst ein Heiligtum von zentraler Bedeutung. Wann genau er errichtet wurde, darüber streiten sich die Archäologen. Sie vermuten, daß er einst vielleicht das wichtigste Heiligtum der Chavinkultur war, die sich von hier aus auf Nord- und Zentralperu ausbreitete. Das muß zwischen 1000 und 300 v. Chr. gewesen sein.

Zur Erinnerung: Von etwa 592–572 v. Chr. hatte Hesekiel seine Begegnungen mit dem »Himmelswagen«, um 573/572 v. Chr. wurde er zum Tempel geflogen – also zur Chavinzeit. Aber war der Prophet tatsächlich in Peru? Erich von Däniken hat eine Fülle von Indizien zusammengetragen, die diesen Schluß zumindest nahelegen (Strategie der Götter, Düsseldorf/Wien 1982, S. 141 f.).

Hesekiel wurde mit einem »Himmelswagen« »auf einen sehr hohen Berg« (Hesekiel, Kapitel 40, Vers 2) gebracht, den er nicht kennt. In der Umgebung von Jerusalem wird man einen solchen Berg vergeblich suchen. Chavin de Huantar aber liegt sehr hoch. Da die Gegend von Chavin dem biblischen Propheten unbekannt war, konnte er den Berg auch nicht benennen.

Auf dem Berg »war ein Bauwerk wie eine Stadt«. Auch die Stadt war Hesekiel unbekannt. Es kann sich also nicht um Jerusalem gehandelt haben. Bei Chavin de Huantar fanden Archäologen die Reste einer weitflächigen Stadtsiedlung. Sie war dem Propheten natürlich nicht namentlich bekannt.

Die Hauptfront des »Hesekiel-Tempels« sowie das Haupttor lagen gen Osten, genau wie in Chavin de Huantar.

Der »Hesekiel-Tempel« hatte drei Tore – in alle Himmelsrichtungen, nur nicht nach Westen. Genau das ist auch in Chavin de Huantar der Fall.

Laut den exakten Maßangaben war der »innere Hof« des »Hesekiel-Tempels« quadratisch und hatte eine Seitenlänge von 50 Metern. Chavin de Huantar hat eine Seitenlänge von 49,70 Metern. Von diesem »inneren Hof« führten vier Treppen in alle vier Himmelsrichtungen, sowohl beim »Hesekiel-Tempel« der Bibel als auch in Chavin de Huantar.

Hesekiel gab an, daß die Pfeiler zwischen den Tornischen eine Höhe von fünf Ellen hatten. Vermutlich benutzte er das ihm vertraute babylonische Maß – das ergibt eine Höhe von 2,29 Meter. Die Höhe der Säulenpfeiler in Chavin de Huantar: 2,30 Meter.

Die Innen- wie die Außenwände des »Hesekiel-Tempels« waren mit Darstellungen von engelartigen, geflügelten Wesen verziert. Just das ist auch in Chavin de Huantar der Fall.

Hesekiel notierte, daß an der Südwand des Tempels eine Quelle plätscherte. Dieses wichtige Detail bringt die Theologen arg in Verlegenheit. Wie der Theologe G. Richter (Der ezechielsche Tempel. Eine exegetische Studie über Ezechiel, veröffentlicht in: Beiträge zur Förderung christlicher Theologie, 16. Jahrgang, Heft 12, Tübingen 1912) feststellt, hat es in Jerusalem eine solche Quelle nie gegeben: »Aus der Schrift wissen wir nichts von einer solchen Tempelquelle. Denn die sanften Wasser von Siloah – Jesaja 8,6 – können schwerlich damit identifiziert werden; sie flossen auch in einer ganz anderen Richtung.« Bei Chavin de Huantar hingegen gab es die Quelle. Däniken schreibt hierzu: Im heutigen Chavin de Huantar fließt das Bächlein von Süden her, tangiert die Anlage aber an der Südostecke.« (a. a. o., S. 142)

Auf unüberwindliche Schwierigkeiten stoßen jene Theologen, die den »Hesekiel-Tempel« in Jerusalem ansiedeln, wenn es um das »Wasser« geht, das zum Fluß wird und sich angeblich ins Tote Meer ergießt. Im hebräischen Originaltext findet sich die Bezeichnung »Totes Meer« in diesem Zusammenhang überhaupt nicht. Laut Bibel eilte der Fluß in »östliche Landstriche«, und das ist in Chavin de Huantar der Fall. Der Mosna fließt zunächst östlich bis zum Ort Huyaycabamba, ergießt sich dann in den Rio Maranon. Der strebt dann zwar zunächst gen Norden, wendet sich aber dann – und das über Tausende Kilometer – exakt in östliche Richtung, in den Amazonas, der in den Atlantischen Ozean mündet.

Doch damit nicht genug: Das im Originaltext Hesekiels namenlose Meer kann gar nicht das Tote Meer gewesen sein. Wie der Name schon sagt, ist es tot, sprich extrem salzhaltig, so daß es keinerlei Fischvorkommen darin geben kann. Die hesekielsche Beschreibung kann wieder einmal überhaupt nicht mit den Verhältnissen in Israel in Einklang gebracht werden, paßt aber exakt zu den Gegebenheiten in Südamerika, wie Erich von Däniken treffend feststellt. »Diese Beschreibung trifft in vorzüglicher Weise auf den Rio Maranon und den Amazonas mit dem größten Stromgebiet der Erde zu.«

Auch die von Hesekiel konstatierte ungewöhnliche Fruchtbarkeit der Landstriche steht in eklatantem Widerspruch zur dürren Wüste in Israel. Im Text ist bei Hesekiel von immergrünen Bäumen mit köstlichen Früchten die Rede. Däniken: »Treffender ließe sich die reiche Vegetation an den Ufern des Maranon und des Amazonas nicht beschreiben.« (a. a. o., S. 142 f.)

Wieder greifen die Theologen zum bewährten Trick. Wenn Hesekiel schreibt, daß es in den Gewässern von Fischen wimmelte, daß üppige Pflanzen gediehen, eine Vielzahl immergrüner Bäume köstliche Früchte hervorbrachte, dann fordert die Logik eigentlich eine klare Schlußfolgerung: Das von Hesekiel beschriebene Szenario paßt nicht in das biblische Israel. Also wird daraus flugs eine Zukunftsvision gezimmert. Was zu Hesekiels Zeiten dürre Wüstenregion war, so die Theologen, werde dereinst einmal erblühen. Das lebensfeindliche Salzwasser des Toten Meeres werde einst verwandelt, von Fischreichtum nur so wimmeln. Hesekiels Text wird also den Wunsch-vorstellungen der Theologen angepaßt:

»Und nun sieht Ezechiel ein zweites Wunder: In der vorher offenbar kahlen Umgebung des Wasserlaufs stehen unzählige Bäume und verwandeln die unfruchtbare Wüstenlandschaft in ein in schmuckem Grün leuchtendes Gefilde . . . bis hinunter in die Jordansenke strömt der Fluß in gleicher Kraft, um sich in die Salzwasser des Toten Meeres zu ergießen . . . Diese Wunderwirkungen des vom Tempel herabströmenden Wassers lassen jeden Zweifel schwinden, aus welcher Erzählungsart unser Kapitel seine Bilder und Farben schöpft; es ist der Paradiesstrom, dessen Wasser die Gottesstadt erfreuen.« (W. Eichrodt: Das Alte Testament deutsch, Göttingen 1968)

Schon zu Zeiten des Kabbala-Kults hatten Zahlen eine immense Bedeutung für die Israeliten – so in besonderem Maße die 7. Von ähnlich großer Wichtigkeit war die 7 für die Erbauer von Chavin de Huantar.

Tempelbauten in Israel wurden meist an heiligen Orten errichtet. Hatte der Zahn der Zeit ausgiebig an sakralen Gebäuden genagt, dann wurde das Bauwerk entweder ausgebessert oder abgetragen – und an gleicher Stelle neu erbaut. Hesekiel beschreibt seinen Tempel als »neu«. Das trifft exakt auf Chavin de Huantar zu. Der dortige Tempel hatte keinen Vorläufer.

Erich von Däniken hat eine Fülle von Indizien zusammengetragen, die zumindest nahelegen, daß Hesekiel im »Himmelswagen« aus der babylonischen Gefangenschaft ins ferne Peru geflogen wurde. Vor seinen Augen wurde der Tempel präzise vermessen, Hesekiel hat alle Daten sorgsam aufgeschrieben. War er also tatsächlich in Chavin de Huantar? Mit Sicherheit läßt sich diese Frage nicht beantworten.

Wenn die Ingenieure Blumrich und Beier recht haben, dann war der »Tempel« des Hesekiel eine Wartungsstation für außerirdische Raumschiffe. Sollte es aber nur eine solche Anlage gegeben haben? Oder legten die Wesen, die zur Erde herabstiegen, weltweit ähnliche Stationen an? Sollte es auch in Indien eine »Wartungsanlage« à la Hesekiel gegeben haben?

War Hesekiel in Indien?

Professor Dr. Dileep Kumar Kanjilal, Verfasser eines Standard-
werkes über Raumfahrt im antiken Indien, wurde im »Sanskrit
College« von Kalkutta ausgebildet. Er studierte in Oxford,
wurde Rektor des hochangesehenen »Victoria College« von
Coochbehar in Westbengalen und ist heute nicht nur Ehrenmit-
glied der »Asiatischen Gesellschaft«, sondern auch Lehrstuhl-
inhaber an der Universität von Kalkutta.

Ich lernte den stets freundlichen, zierlich wirkenden Wissenschaftler von internationalem Rang bereits anno 1979 kennen. Ebenso wie er hielt ich einen Vortrag im Rahmen der Welt-
konferenz der »Ancient Astronaut Society« in München. Ich
sprach damals über meine Arbeiten im Bereich der wortwörtli-
chen Übersetzung biblischer Texte . . . und wurde in meinen
Erkenntnissen durch Professor Kanjilal bestärkt.

Er bestätigte mir, daß auch in altindischen Texten von gewaltigen Mutterraumschiffen die Rede ist, von riesigen »Städten«, die sich in der Erdumlaufbahn bewegten, wobei sie eine
künstliche Schwerkraft erzeugten, indem sie sich wie riesige
Räder um die eigene Achse drehten. Stolze Besitzer solcher
»Weltraumstädte« waren unter anderem die Götter Indra,
Brahma, Rudra, Yama, Kuvera, Varuna. Die »Spaceshuttles«,
mit denen sie zwischen Erdorbit und Erde hin und her reisten,
werden präzise beschrieben. Eines der Zubringerraumschiffe
hatte eine Flügelspannweite von zehn Metern, eine Gesamt-
länge von 13 Metern, eine Höhe (vom Boden aus gemessen) von
fünf Metern. Gewöhnlich wurden acht bis zehn Passagiere befördert, 35 Kubikmeter Fracht konnten mit an Bord genommen
werden. Es wurde von mindestens drei Piloten gesteuert. Eine
Besonderheit wird hervorgehoben: Während des Fluges wurden die Räder eingeklappt.

Zur Erinnerung: Nach der Rekonstruktion des biblischen Zubringerraumschiffs durch Josef Blumrich wurden die Räder mit
den Hubschraubereinheiten nach oben geklappt – solange das
Vehikel mit dem atomar angetriebenen Raketenschub flog.
Sollten also Hesekiel und altindische Autoren Zubringerraum-

schiffe vom gleichen Typ gesehen und beschrieben haben? Oder war gar Hesekiel am Himmel über Indien unterwegs? Wurde er aus der babylonischen Gefangenschaft nach Indien geschafft, um dort »seinen« Tempel zu besichtigen? Sollten spätere Generationen – wir? – erkennen, daß es Raumfahrt im Altertum gab? Daß Außerirdische die Erde besuchten und Menschen entführten?

Die heutigen Inder, die zumeist in bitterer Armut leben, sind stolz auf die phantastische Vergangenheit ihres Landes. Für sie, für den Analphabeten auf der Straße wie für den gebildeten Universitätsprofessor, gehören die Götterbesuche von einst zur realen Historie, auf die man sehr stolz ist. »Natürlich waren Götter in Indien!« erklärte mir freudestrahlend ein Schuhputzer in Madras in gebrochenem Englisch. »Es handelte sich dabei um körperliche Besuche, nicht um Geister.«

Die »Internationale Akademie der Sanskritforschung Mysore« kommt zu ganz ähnlichen Ansichten: »Vor Jahrtausenden kamen Flugapparate, genannt Vimanas, nach Indien. Sie werden in vielen jahrtausendealten heiligen Büchern beschrieben.« So heißt es im altehrwürdigen Epos Mahabharata (Kapitel 15, Verse 20–24), dessen Urversion viele Jahrtausende älter sein soll als etwa das Alte Testament der Bibel: »Während er dies zu der Göttin sagte und sich von ihr und den Weisen verabschiedete, ging er an Bord des Vimana . . . Während er die Elefanten, Pferde, Wagen und Waffen sowie mechanische Vorrichtungen zusammenholte, machte er sich auf den Weg.«

Dr. Richard Thompson, einer der besten Indienkenner Amerikas, meint: »Die Erde wurde vor Jahrtausenden von Außerirdischen besucht. Jene Wesen, die interstellare Raumfahrt betrieben und von Planet zu Planet reisten, kamen auch nach Indien.«

Schon im Jahre 1870 veröffentlichte das »Calcutta Sanskrit College« den Text des »Yukikalpatataru von Boha«. Er enthält eindeutige Hinweise auf antike Raumschiffe. 1895 rekonstruierte der gelehrte Inder B. G. Talpul eine Flugmaschine nach dem Text des »Vaimanika Sastra«. 1968 wurde vom »Dayanandra Trust«, Neu-Delhi, eine Studie über altindische heilige

Texte veröffentlicht. Swami Brahamuni Parivrajaha kommt darin zu dem Ergebnis, daß es »Luft- und Raumfahrt bereits im alten Indien« gab. Zum gleichen Resultat kam Swami Dayanada Saraswati in seiner wissenschaftlichen Studie zum »Rigveda«. Es kann keinen Zweifel daran geben, daß das alte Indien vor Jahrtausenden Besuch von außerirdischen Raumfahrern erhielt.

Raumschiffe aus Stein

Unzählige Beschreibungen von mysteriösen Flugvehikeln, von Raumschiffen der Vorzeit, wurden von den Sthapatis schriftlich niedergelegt, von Generation zu Generation überliefert. Man begnügte sich aber nicht damit, oft sehr konkrete Beschreibungen der göttlichen Gefährte schriftlich zu fixieren. Man holte sie auch auf die Erde, verewigte sie in Stein. Der schriftkundige Sthapati war nicht nur Priester, er war auch Architekt, leitete den Tempelbau. Ziel war es, die Raumschiffe der Götter in Stein zu verewigen, um in den Nachbildungen der Vimanas die höchst körperlichen Götter der Vorzeit zu verewigen. So heißt es im altehrwürdigen indischen Text »Natyasastra«: »Die Tempel sind nach den Vorbildern der himmlischen Flugzeuge entstanden.«

So stellt auch der Tempel im Westen der Stadt Tanjore, der Brhadisvaratempel, ein altindisches Vimana dar. Er ist dem Gott Schiwa geweiht, der nach alten Überlieferungen in der Stadt Vijayanagara einen Stützpunkt hatte. Betritt man den Tempel, nachdem man alter Landessitte folgend aus Respekt vor der Heiligkeit des Ortes die Schuhe ausgezogen hat, im Südosten, so passiert man zunächst die imponierende Säulenhalle und den großen Versammlungssaal, geht durch einen Vorraum und gelangt endlich in das Heiligtum selbst. Darüber erhebt sich der Tempelturm zu einer Höhe von immerhin 74 Metern. Auf der Spitze dieses Turms, die auch als Tempelpyramide bezeichnet wird, thront das Göttervehikel selbst.

Es ist eine uralte indische Tradition, Tempel an heiligen Orten zu errichten. Wird ein Tempel baufällig, so wird er renoviert oder gar abgetragen und an gleicher Stelle neu errichtet. So handelt es sich bei letztlich allen wichtigen indischen Tempeln stets um Kopien von Kopien von Kopien – und niemand vermag zu sagen, wann das Original gebaut wurde.

Der Brhadisvaratempel, im Westen der Stadt Tanjore gelegen, ist ein monumentales Bauwerk von erstaunlicher Pracht. Er ist Gott Schiwa geweiht und soll anno 1003 nach einer Bauzeit von nur sieben Jahren errichtet worden sein. Allein schon die steinerne Kopie eines Vimana an der Spitze der Tempelpyramide stellt heutige Bauingenieure vor ein Rätsel: sie wiegt stattliche 80 Tonnen und wurde aus einem einzigen Riesenstein gefertigt. Wie wurde der gewaltige Monolith an seinen Platz in luftiger Höhe gebracht?

Verschiedene »Erklärungen« werden angeboten, die alle nicht so recht überzeugen. Man habe eine komplizierte Holzkonstruktion errichtet, meinen die einen Theoretiker, eine mindestens 6000 Meter lange Rampe, auf der der Steinkoloß von 80 Tonnen Gewicht mit Hilfe zahlloser Arbeitskräfte und Elefanten geschoben und gezerrt wurde. Andere »Erklärer« lehnen diese Überlegung ab. Eine Holzkonstruktion habe niemals die enorme Last tragen können. Man habe vielmehr den gesamten Tempel nebst Turm unter einem künstlich aufgeschütteten Riesenhügel verschwinden lassen, dann den Vimanastein auf einer ebenso aus Erde aufgeschütteten Rampe gen Himmel geschoben und schließlich die Erdmassen wieder abgetragen. Wie nun besagte Rampe ausgesehen haben soll, selbst darüber streiten sich die Gelehrten. War sie gerade und viele Kilometer lang? Oder wurde sie spiralförmig um den Sakralbau herum aufgeschüttet? Dann müßte sie nicht nur gewaltige Ausmaße gehabt haben, sondern auch irgendwie befestigt worden sein, damit nichts beim Transport des Riesensteins abrutschte. Vor Ort löst diese Hypothese nur Kopfschütteln aus. Nie hätte man einen heiligen Tempel, den man nur barfuß betreten darf, unter einem schmutzigen Erdberg verschwinden lassen, auch nicht vorübergehend. Eine solche Vorgehensweise wäre mit der Würde des heiligen Bauwerks in keiner Weise vereinbar gewesen.

Eine dritte Hypothese geht von einer gewaltigen Holzkonstruktion aus, die etagenweise angelegt worden sein soll. Von Stockwerk zu Stockwerk habe man mit Hilfe von gewaltigen hölzernen Hebeln und Elefanten die steinerne Last Stockwerk für Stockwerk hochgewuchtet. Auch diese Hypothese, die sich auf dem Papier gut ausmacht, läßt sich praktisch wohl kaum verwirklichen.

Schriftkundige verweisen auf die altindischen Texte, in denen die an Science-fiction erinnernde Ausstattung der himmlischen Vimanas präzise festgehalten wurde – vor Jahrtausenden. Wenn schon Götter in Raumschiffen nach Indien kamen, halfen sie dann auch mit ihrer Technologie beim Errichten der imposanten Tempel aus?

Fest steht jedenfalls, daß die Inder schon vor vielen Jahrtausenden wahre Meister im Transportieren schier unglaublicher Lasten waren. So gab es bei Chunnar einen gewaltigen Steinbruch, der über Jahrtausende genutzt wurde, um Material für die Stein gewordenen Vimanas zu gewinnen. So wurden wahrhaft monströse Säulen gefertigt, jeweils aus einem einzigen 15 Meter langen Stein bestehend, pro Stück immerhin 50 Tonnen schwer. Über Hunderte von Kilometern hat man diese Säulen transportiert, zu den Tempeln Indiens geschafft. Niemand vermag heute noch zu sagen, wie viele von ihnen verbaut wurden, dreißig dieser Säulen macht man inzwischen in diversen Tempeln aus. Eine davon wurde in einer der rätselhaftesten Tempelanlagen Indiens verbaut, in Sanci. Sie wurde 800 Kilometer weit transportiert. Aber wie? Etwa auf einem Floß über die Flüsse Ganges, Jumma und Betwa? Tatsächlich fließt Betwa »nur« zwei Kilometer von Sanci entfernt an der Tempelanlage vorbei. Theoretisch wäre also der Transportweg geklärt. Aber praktisch? Das Floß hätte in der Regenzeit – sonst führen die Flüsse nicht genug Wasser – gegen die Strömung geschleppt werden müssen.

Selbst der Transport der Säule vom Fluß zur komplexen Tempelanlage mit drei steinernen Kuppelbauten muß als wahre Meisterleistung bezeichnet werden. Auf den letzten 200 Metern war eine Höhendifferenz von 60 Metern zu überwinden.

Schließlich mußte das Monstrum vor Ort aufgerichtet werden. Etwa mit den primitiven Hilfsmitteln, die den Menschen vor Jahrtausenden zur Verfügung standen? Oder halfen die fliegenden Götter, von denen es in altindischen Texten nur so wimmelt, indem sie Hilfsmittel zur Verfügung stellten?

Die altindischen Raumschiffe waren, das zumindest bekunden zahllose heilige Texte, mit hochmoderner Technologie ausgestattet. Viele der wertvollen altindischen Texte finden sich noch heute in Mysore, etwa in der »Königlichen Sanskrit-Bibliothek«. Eine der Kostbarkeiten der umfangreichen Sammlung ist der Text »Vymaanika Shaastra«. Da wird die Kleidung der Piloten der Vimanas ebenso präzise beschrieben wie die Metalle, die für die Raumschiffe benutzt werden mußten. Da werden die Vor- und Nachteile verschiedener Antriebsarten erörtert, werden die »Geheimnisse der Astronautik« dargelegt.

Hinter für unsere Zungen kaum zu bewältigenden Namen verbergen sich erstaunliche technische Vorrichtungen. »Visvakriyadarpana« etwa ist ein Teleskop, mit dessen Hilfe vom Vimana-Raumschiff, das die Erde umkreiste, Vorgänge, die sich auf der Erde abspielten, präzise beobachtet werden konnten.

Mit Hilfe von »Parivesayantra« war der Kontakt zwischen Vimanas, aber auch zwischen Erde und Vimanas möglich. »Vyairoopadarpana« diente der Flugsicherheit. Es überprüfte ständig, ob es am Vimana irgendwelche Veränderungen gab, die eventuell Reparaturen erforderlich machten. »Saktipinjara« kontrollierte den Antrieb, regulierte die »Kraftmaschine«, »Sirahkeelaka« war wohl eine Art von zentraler Computersteuerung.

Atomare Waffen der Götter

Erschreckend präzise sind diese Hinweise aus altindischen Texten, die sich auf die Waffen der Götter beziehen. Sie erinnern uns oft an Science-fiction-Filme à la »Krieg der Sterne«. So wurde die riesige Weltraumstadt Hiranyapurna von Arjuna angegriffen. Ein fliegendes Kampfgeschwader, ausgerüstet mit

Computersteuerung, koordinierte alle Bestandteile der Flugmaschine. »Shaktyakarsanayantra« versorgte mit Energie, war ein »Spiegel, fähig, Energie anzuziehen« – ein Sonnenkollektor, wie er bei heutigen Satelliten verwendet wird? Er bestand, so hält der Text fest, »zu fünf Teilen (aus) Quecksilber, sechs Teilen Glimmer, acht Teilen Granitsalz, acht Teilen Salz . . .« Die einzelnen Substanzen mußten zunächst sorgsam gereinigt, dann auf 800 Grad erhitzt, schließlich verflüssigt und in vorbereitete Formen gegossen werden.

Entsetzlich waren auch die Waffen der Götter. So wird in uralten Texten berichtet, wie die Weltraumstation Hiranyapurna von Arjuna angegriffen wurde. Ein fliegendes Kampfgeschwader, ausgerüstet mit furchteinflößenden Waffen, versuchte vergeblich, Arjunas Flugzeug in der Luft abzuwehren, zu zerstören – vergeblich. Es gelang Arjuna, ein »Raketengeschoß« abzufeuern, das die Weltraumstadt in Stücke riß. Die Trümmer stürzten auf die Erde und versanken vermutlich im Meer.

Götterwaffen wurden auch im erdnahen Raum eingesetzt. So attackierte Salva – berichtet »Bhagavata« – die Stadt Dvarka mit seinem Flugzeug und ließ Geschosse auf sie niederprasseln. Krishna verwickelte den Angreifer in eine Luftschlacht. Salva entfloh zunächst, landete kurz im Meer, stieg dann wieder in atemberaubender Geschwindigkeit auf eine Höhe von 1300 Meter. Sein gewagtes Flugmanöver brachte nicht die erhoffte Rettung: Krishna feuerte gezielt eines seiner Geschosse ab. Flucht war sinnlos. Das Projektil folgte dem Geräusch von Salvas Flugzeug, traf und zerfetzte es.

Im 7. Buch des Mahabharata-Epos lesen wir von der verheerenden Wirkung einer der Götterwaffen. »Sie schoß hoch in die Lüfte, und Flammen brachen aus ihr hervor, die dem Feuer glichen, das die Erde in der Endzeit verschlingt. Tausende von Sternschnuppen fielen vom Himmel, die Tiere in den Gewässern und auf dem Land erzitterten vor Angst. Die Erde bebte.« Es heißt, derlei Geschosse seien »mit der Kraft des Universums« ausgestattet gewesen. Nach der Explosion gab es eine »weißglühende Säule von Rauch und Flammen, so hell wie zehntausend Sonnen«. Und weiter: »Die unbekannte Waffe ist ein strahlender Blitz, ein verheerender Todesbote, der alle Angehörigen der Vrischni und der Andhala zu Asche zerfallen ließ. Die verglühten Körper waren unkenntlich. Denjenigen, die davonkamen, fielen die Haare aus. Töpfereien zerbrachen, Vögel wurden weiß. In kurzer Zeit war die Nahrung vergiftet. Der Blitz senkte sich und wurde feiner Staub. Um diesem Feuer zu entkommen, stürzten sich die Soldaten in die Flüsse, um sich und ihre Ausrüstung zu waschen.« An anderer Stelle heißt es: »Es war, als seien die Elemente losgelassen, die Sonne drehte sich im Kreise. Von der Glut der Waffen versengt, taumelte die Welt in Hitze, Tausende von Wagen wurden vernichtet, dann senkte sich tiefe Stille. Es bot sich ein schauerlicher Anblick: Die Leichen der Gefallenen waren von der furchtbaren Hitze verstümmelt, so daß sie nicht mehr wie Menschen aussahen.«

Stellt es eine unzulässige Interpretation der zitierten Texte dar, wenn man sie als die Beschreibung des Einsatzes atomarer Vernichtungswaffen versteht?

Dr. Robert Oppenheimer, 1943–1945 Leiter der Atombombenentwicklung in Los Alamos, erkannte jedenfalls die unheimlichen Ähnlichkeiten zwischen altindischen Götterwaffen und Atombomben. Als die erste atomare Testbombe gezündet worden war, zitierte er einen altindischen Vers aus dem Mahabharata-Epos: »Ich habe die Gewalt des Universums entfesselt, nun bin ich zum Zerstörer der Welten geworden.«

Sieben Jahre nach diesem Test, sieben Jahre nach dem Beginn der Entwicklung atomarer Superwaffen, die den »zivilisierten« Menschen in die Lage versetzen würden, seinen Heimatplaneten vollkommen zu zerstören und auf ewige Zeiten unbewohnbar zu machen, hielt Dr. Oppenheimer einen Vortrag an der Universität von Rochester. Anschließend gab es eine Diskussion. Ein Student wollte wissen, ob die Atombombe von Alamogordo die erste gewesen sei, die man gezündet habe. Ohne Zweifel wollte der Fragesteller erfahren, ob es nicht frühere, verheimlichte Tests gegeben habe. Dr. Oppenheimers Antwort mutet seltsam an: »Well, es war die erste, ja. Jedenfalls in moderner Zeit!«

Ging der Wissenschaftler, der sich intensiv mit den altindischen Texten auseinandersetzte, also davon aus, daß es bereits in vorgeschichtlichen Zeiten atomare Explosionen gegeben hat – solche, wie sie in altindischen Epen und heiligen Büchern beschrieben werden?

Wer altindische Texte so versteht, daß die Götter der Vorzeit über atomare Waffen verfügten, muß sich eine Frage gefallen lassen. Wenn solche furchteinflößenden Waffen in Indien bereits vor Jahrtausenden eingesetzt wurden, gibt es dann heute noch Spuren davon? Es gibt sie.

Als Dr. Oppenheimers Atombomben in New Mexicos Wüste detonierten, erzeugten sie dabei so hohe Temperaturen, daß der Wüstensand verflüssigt und zu glasartigen Klumpen verbacken wurde. Auf solche Steinverglasungen stießen Archäologen auch in Indien, ohne sich erklären zu können, wer wohl bereits vor Jahrtausenden die dazu erforderlichen enorm hohen Temperaturen erzeugt haben könnte.

Im Gebiet zwischen Ganges und dem Raijmahal-Gebirge wurden die Reste von uralten menschlichen Siedlungen ausgegraben. Sie sind die Überbleibsel einer Stadt, die bei einer unvorstellbaren Katastrophe vernichtet wurde. Dabei müssen, wie der Forscher de Camp nüchtern feststellte, so hohe Temperaturen aufgetreten sein, daß Steine schmolzen und zu mit Blasen überzogenen Klumpen verbacken wurden. De Camp grub auch die Reste eines menschlichen Skeletts aus. Es war hochgradig radioaktiv verseucht.

Einer ähnlichen Katastrophe muß auch Mohenjo-Daro zum Opfer gefallen sein. Die einst blühende Metropole ist heute eine geheimnisvolle Ruinenlandschaft, 350 Kilometer nördlich von Karatschi im heutigen Pakistan gelegen. David W. Davenport, ein aus Indien gebürtiger italienischer Forscher, stellt klipp und klar fest: »Mohenjo-Daro, eine der ältesten Städte der Welt, wurde durch Atombomben vernichtet. Davon zeugen Tausende von »schwarzen Steinen«, die von Archäologen gefunden wurden.

Die Bezeichnung ist irreführend: Was heute wie »Stein« aussieht, war einst von Menschenhand getöpfert worden. Die Schalen, Tassen und Krüge waren irgendwann so fürchterlich hohen Temperaturen ausgesetzt, wie sie nur bei atomaren Explosionen auftreten. Sie schmolzen wie Butter in der Sonne.

Für Davenport gibt es keinen Zweifel: Die gewaltigen Temperaturen entstanden, als die Stadt atomar vernichtet wurde. Damals müssen mindestens 30 000 Menschen getötet worden sein. Ihre Skelette wurden verstümmelt aufgefunden, sie waren alle anscheinend entsetzlicher Hitze ausgesetzt.

Das Explosionszentrum muß in der Stadtmitte gelegen haben, wie Steinverglasungen bekunden. In den Außenbezirken waren die Auswirkungen schwächer, aber immer noch verheerend genug. Tausende Menschen wurden von einer Katastrophe »aus heiterem Himmel« überrascht. Davenport ließ einige ihrer Skelette auf Radioaktivität hin untersuchen. Sie waren extrem radioaktiv verseucht. Die gemessenen Werte glichen jenen, die man bei Toten von Hiroshima und Nagasaki festgestellt hat.

Wurden also im alten Indien Atombomben gezündet, wie die Epen berichten? Eine andere, »natürliche« Erklärung für die radioaktiv verseuchten Skelette und geschmolzenen Töpfereiwaren gibt es nicht.

Auch der russische Forscher Modest M. Agrest ist davon überzeugt, daß in Indien von den »Göttern« Atombomben eingesetzt wurden. In einem Gespräch, das ich mit ihm führen durfte, verwies er auf eine seiner frühen Publikationen: »Schon 1959 veröffentlichte ich die These, daß Atomwaffen im Altertum zum Einsatz kamen – nicht nur in Indien, sondern auch in Israel. Die biblische Beschreibung legt nahe, daß auch Sodom und Gomorrha atomar zerstört wurden!«

Die Engel von Sodom

Sodom und Gomorrha wurden planmäßig von Gott Jahwe zerstört – und zwar allem Anschein nach mit Atombomben.

Im 1. Buch Mose (Kapitel 18, Vers 20) lesen wir: »Und Jahwe sprach: Es ist ein Geschrei zu Sodom und Gomorrha, das ist groß, und ihre Sünden sind schwer. Darum will ich hinabfahren und sehen, ob sie alles getan haben gemäß des Geschreis.«

Jahwe ist also alles andere als allwissend. Er muß sich vor Ort begeben, um den Sachverhalt zu überprüfen. Wie die »Göttersöhne« muß er zu diesem Zweck »hinabfahren«. Bei seiner Erkundung wurde er von einer nicht näher beschriebenen Gruppe von Männern begleitet. Abraham, der als junger Mann bereits ins All geflogen worden war, gehörte mit dazu. Schließlich »lugten die Männer über die Ebene von Sodom hinab« (1. Buch Mose, Kapitel 18, Vers 16). Jahwe wird interessanterweise nicht als Gott bezeichnet, sondern zu den »Männern« gezählt. Er beschließt, die Städte Sodom und Gomorrha zu vernichten.

Zunächst allerdings ließ er mit sich handeln. Abraham feilschte mit ihm. Wenn 50 »Gerechte« in der Stadt aufgetrieben werden könnten, wolle er von seinem Vorhaben absehen. Schließlich erklärte sich Jahwe sogar bereit, von seinem Plan abzurücken, wenn es gelänge, »zehn Gerechte« zu finden. Allem Anschein nach verlief die Suche ergebnislos. Der Countdown der Vernichtung war nicht aufzuhalten.

Zwei Engel wurden geschickt, sie sollten Lot warnen – und retten. Wieder wird deutlich, daß Jahwe nicht als allmächtiger Gott gesehen wurde. Er war so etwas wie der Planer der Vernichtung, der Boten aussenden mußte, um einzelne Menschen aus der Stadt hinauszudirigieren. Er hatte die Vernichtungsmaschinerie in Gang gesetzt und konnte sie nun nicht mehr aufhalten. Auch die beiden Engel bekamen es mit der Angst zu tun. Sie drängten Lot nebst Familie zur Eile und wollten sich dann wohl selbst in Sicherheit bringen. Die Engel waren demnach körperliche Wesen mit einem höchst realen Leib – und bangten um das eigene Leben. Auch sie waren in der Stadt in höchster Gefahr, ebenso wie die Menschen.

Lot reagierte zögerlich, er glaubte nicht so recht daran, wirklich in höchster Gefahr zu sein. »Da nun die Morgenröte aufging, hießen die Engel den Lot eilen und sprachen: ›Mache dich auf, nimm dein Weib und deine zwei Töchter, daß du nicht umkommst‹« (1. Buch Mose, Kapitel 19, Vers 16). Sie mußten schließlich sogar handgreiflich werden: »Da er noch zögerte, griffen ihn die Engel, ihn und sein Weib und seine zwei Töchter, und führten ihn hinaus und ließen ihn vor der Stadt.«

Der Fluchtweg wurde genau vorgeschrieben: ins schützende Gebirge, in die Gegend von Zoar sollten sich die Menschen so schnell wie möglich begeben.

Die Katastrophe selbst wird im Alten Testament wie folgt beschrieben: »Er aber ließ auf Sodom und Gomorrha Schwefel und Feuer regnen, von Jahwe her, vom Himmel, und er stürzte diese Städte und all den Gau, alle Insassen der Städte und das Gewächs des Ackers.« (1. Buch Mose, Kapitel 19, Verse 24 und 25)

Wieder war es Abraham, der später aus der Distanz beobachtete: »Abraham aber machte sich des Morgens früh auf an den Ort, da er gestanden hatte mit Jahwe. Und wandte sein Angesicht gegen Sodom und Gomorrha. Und siehe da, da ging ein Rauch von dem Lande wie ein Rauch von einem Ofen.«

1966 griff der US-Astronom Carl Sagan, ein Mann, der ansonsten der Theorie von vorzeitlichen Astronautenbesuchen auf der Erde ablehnend gegenübersteht, die Idee der atomaren Vernichtung von Sodom und Gomorrha auf, bezeichnete sie als »völlig vernünftig und der sorgfältigen Analyse wert«. Und selbst Gunnar von Schlippe, ein Wissenschaftler, der die Präsenz Außerirdischer auf der Erde vor Jahrtausenden ablehnt, mußte zugeben: »Für den Untergang von Sodom und Gomorrha liegt ein Vergleich mit den uns bekannten Auswirkungen einer Atombombenexplosion zunächst durchaus nahe.« Seiner Argumentation, tatsächlich habe es sich aber um einen natürlichen Vorgang, etwa »ein Erdbeben oder eine durch Naturkatastrophen hervorgerufene Talsenke«, gehandelt, kann ich nicht folgen. Solche Ereignisse werden nicht vorher angekündigt und wären vom biblischen Verfasser ohne Zweifel auch als solche erkannt und beschrieben worden.

Die Version »atomare Vernichtung« ist schlüssig. Die Begleiterscheinungen werden korrekt beschrieben. Lots Flucht ins Gebirge, wo er und seine Familie am sichersten vor atomarer Verstrahlung waren, die von Jahwe durch Engel befohlen wurde, ist logisch.

Modest M. Agrest: »Im Zentrum des religiösen Kults des Alten Testaments stand ein allmächtiger Gott. Um ihn als möglichst imposant erscheinen zu lassen, wurde auf überlieferte Texte zurückgegriffen, in denen die atomare Vernichtung von Städten beschrieben wurde. Dem allmächtigen, gütigen Gott, an den die Christen glauben, liegt ein reales, körperliches Wesen zugrunde. Jeglicher Kult des Alten Testaments basiert letztlich auf realen Kontakten mit diesem außerirdischen Wesen. Ähnliche Wesen begegnen uns, höchst real, in allen heiligen Büchern der Welt, etwa jenen der Inder.«

Mehrere Wochen reise ich durch Indien. Eines meiner wichtigsten Reiseziele war der Ort, an dem in grauer Vorzeit Götter zur Erde hinabgestiegen sein sollen, just so, wie das die »Göttersöhne« und »Engel« des Alten Testaments auch taten.

Das Geheimnis von Vijayanagara

Abraham wurde von den Göttern per Zubringerraumschiff in eine Orbitalstation, die um die Erde kreiste, gebracht. Wenn es in Indien auch solchen Pendelverkehr zwischen All und Erde gegeben haben sollte, dann kommt dafür eigentlich nur ein Ort in Frage: Vijayanagara. Hier sollen sich einst Götter und Menschen regelmäßig getroffen haben. Lag dann nicht zumindest die Vermutung nahe, daß sich eben dort in der Stadt eine Bodenstation der Außerirdischen vom Typ Hesekiel befunden hat?

Der Sache mußte ich auf den Grund gehen, und zwar vor Ort. Also reise ich nach Indien. Leider wurde ich nicht von einem außerirdischen Flugvehikel an der Haustüre abgeholt. Auf einen solchen Service, der Hesekiel zuteil wurde, mußte ich verzichten. Ich war auf einen Linienflug Frankfurt – Neu-Delhi angewiesen und auf weitere Flüge im Inneren des Landes der Tempel und heiligen Texte.

Nördlich vom heutigen Hospet, zwischen Penukonda und Bijapur, entstand in grauer Vorzeit – niemand weiß, wann genau – eine der rätselhaftesten Städte unseres Globus: Vijayanagara. Sie liegt in Ruinen und läßt nur noch erahnen, welche Ausmaße diese einstige Metropole gehabt haben muß. Über die

Gründungszeit dieser Stadt wissen wir so gut wie nichts. Bekannt ist allerdings, daß sie noch 1443 n. Chr. in voller Blüte stand. In jenem Jahr beschrieb sie der berühmte persische Reisende Abdul Razzaq wie folgt: »Ich sah, daß es eine Stadt von enormer Größe mit einer riesigen Bevölkerung war, mit einem König von perfekter Herrschaft. Er besaß tausend Elefanten. Die Stadt von Vijayanagara findet nicht ihresgleichen in der Welt.« 1565 fielen zerstörungswütige, plündernde muslimische Armeen ein und löschten die einst blühende Metropole aus.

Es war eine ungewöhnliche Stadt, deren monströse Mauern, zusammengesetzt aus tonnenschweren Steingiganten, mich an die frühen Kulturen etwa der Türkei, Ägyptens, aber auch Perus, Boliviens und der Osterinsel erinnerten. Stundenlang schlenderte ich an den Resten der einst perfekten Wehranlage entlang, stand staunend vor riesigen Steinblöcken, die millimetergenau aufeinandergefügt worden sind – ohne Bindemittel wohlgemerkt. Riesige, tonnenschwere Steintüren liegen heute im Staub, dienen lustigen kleinen Äffchen als Versammlungsort und werden nicht von Touristen besucht. Es muß schon eine enorme Leistung gewesen sein, die gigantischen Türflügel hochzuwuchten und einzuhängen. In jene staubige Wüstenlandschaft verirren sich höchst selten Fremde, was vor Jahrtausenden ganz anders gewesen sein muß. Denn einst, so halten es altehrwürdige Überlieferungen fest, war die Metropole »eine Stadt sowohl von Königen wie von Göttern«.

Man trennte damals nicht zwischen weltlichem und göttlichem Teil. Profane Alltagsgebäude, wie etwa gewaltige Elefantenställe, die noch heute erstaunlich gut erhalten sind, und sakrale Tempelanlagen fügten sich harmonisch ins Stadtbild. Harmonie herrschte auch zwischen den göttlichen Besuchern, die vom Himmel in Fahrzeugen, die die Erde erzittern ließen, herabstiegen, und dem mächtigen König mit seinem Gefolge. Der König und der königliche Haushalt standen in täglichem Kontakt miteinander. Die himmlischen Besucher würdigten die Machtposition des irdischen Herrschers. Der Hauptgott Schiwa selbst, er trägt auch den Lokalnamen Virupaska, ließ es sich nicht nehmen, persönlich nach Vijayanagara zu kommen. Hier heiratete er die bildschöne Pampa in der wohl geheimnisvollsten Stadt Indiens.

Tatsächlich wurde ich in Vijayanagara fündig. Es gibt hier eine mehr als geheimnisvolle Anlage, die erst »kürzlich« ausgegraben worden sein soll. (In sämtlichen archäologischen Werken, die ich konsultierte, wird sie mit keinem Wort erwähnt.) Sie sieht aus wie ein ins Erdreich eingelassenes Stadion, quadratisch angelegt, und erinnert stark an die Rekonstruktion des »Hesekiel-Tempels« des Ingenieurs Beier. Sie ist aber wesentlich kleiner als die in der Bibel beschriebene Wartungsstation. Während es der biblische Komplex auf ein Quadrat von 275 mal 275 Meter brachte, mutet das Rätsel von Vijayanagara im Vergleich dazu geradezu zierlich an. An der Außenkante der Oberkante mißt sie exakt 22,50 mal 22,50 Meter. Vier Stufen, jeweils 0,90 Meter hoch, führen zu einem »Quadrat« von 6,13 Meter Kantenlänge.

Wie tief wohl die unterste Stufe ist? Das war nicht festzustellen. Im tiefsten Bereich steht muffiges, modriges Wasser. Munter und behende schwammen kleine Frösche darin umher. Mit einem starken Ast stocherte ich im Wasser herum. Am Boden machte ich hart gewordene Schlammablagerungen aus. Wie tief sie sind, konnte ich nicht feststellen. Vereinzelt liegen Steinklumpen im Schlamm.

In den vergangenen Jahren wurde der unterirdische Teil, das »Stadion«, freigelegt. Niemand vermag zu sagen, wie wohl einst der oberirdische Teil ausgesehen hat, der heute vollkommen und spurlos verschwunden ist. Vijayanagara war vermutlich übe Jahrtausende hinweg eine wichtige Metropole. Nachweislich wurden ältere Gebäude wieder abgerissen und die so gewonnenen Steine an anderen Stellen des Stadtgebiets wieder verbaut. Wird man jemals die seltsame Anlage, die einzigartig in ganz Indien ist, vollständig rekonstruieren können? Und wird man ihren ursprünglichen Zweck in Erfahrung bringen? Diente das ins Erdreich eingelassene »Stadion« technischen Zwecken? Landeten darin kleinere Zubringerraumschiffe vom Typ Hesekiel? Handelt es sich um ein Original oder eine Kopie einer Kopie einer Kopie, vielleicht in verkleinertem Maßstab? Fragen über Fragen ergeben sich, deren Beantwortung dringend weitere archäologische Ausgrabungen vor Ort erforderlich macht.

Läßt sich vielleicht in mühsamer Kleinarbeit rekonstruieren, wie der Gesamtkomplex von Vijayanagara aussah? Hat er den Beschreibungen Hesekiels entsprochen? War Hesekiel in Indien?

VIII. Salamo und der Diebstahl der Bundeslade

Bei den umfangreichen Vorbereitungen für meine Indienreise, die mich zu den rätselhaftesten Orten zwischen Neu-Delhi und der Südspitze des geheimnisvollen Landes führte, machte ich eine bemerkenswerte Entdeckung: Auf Abbildungen von verschiedenen indischen Tempeln prangte ein Zeichen, ein Symbol, das ich in Indien nicht erwartet hätte – der Davidstern, das Zeichen des Volkes Israel. Vor Ort fand ich es immer wieder, so etwa, besonders schön, in Neu-Delhi am berühmten Grab Tompes. Es wurde von der Witwe des Verstorbenen errichtet und diente später dem legendären Taj Mahal als Vorbild.

Wie ist der Davidstern nach Indien gekommen? Sollte es tatsächlich eine Verbindung zwischen dem alten Israel und dem alten Indien geben?

David (1012–972 v. Chr.?) war ein Hirte und Zitherspieler aus Bethlehem, dem ein glanzvoller Aufstieg gelang. Immerhin wurde er zum Begründer und König von Großisrael. In der Bibel kommt sein Name mehr als 1000mal vor, nur die Namen Moses und Abraham werden häufiger erwähnt.

Auch im Islam wird David als weiser König sehr geachtet und als Prophet hoch geschätzt. Im Arabischen hat er den Ehrentitel eines Nabi verliehen bekommen, der im Namen Gottes zu den Menschen spricht. Dank dieser Verbindung zum Höchsten hielt man ihn für fähig, Wundertaten zu vollbringen. Gott selbst soll, so heißt es, mit Hilfe von Engeln mit dem weisen Mann kommuniziert haben. Anscheinend wollte Gott seine

Klugheit testen und ließ ihm von einem Engel zehn Rätselfragen überbringen. Die sollen aber so schwierig gewesen sein, daß David überfordert war. Er hinterließ sie Sulaiman, seinem Sohn, der die »Nüsse knackte«.

Sulaiman war der Shelomo des Alten Testaments, wie er im hebräischen Original der alten Texte heißt. Uns ist er mehr in der griechischen Version seines Namens bekannt: Salomo(n).

Salomo, jüdischer König von Großisrael, gilt noch heute als einer der wichtigsten Männer des religiösen Kults des Alten Testaments. Er wird als Bauherr des Tempels in Jerusalem angesehen. Die Lebensdaten des weisen Königs sind umstritten.

Das »Lexikon alter Kulturen« (Mannheim 1993, S. 316) nennt »um 965–926 v. Chr.«, »Einsichten über die Heilige Schrift« (Selters 1992, S. 760) schreibt »von 1037 bis 998 v. Chr.«, während das »Lexikon der Mythologie« (Augsburg 1996, S. 429) »972 bis 932 v. Chr.« angibt. Das »Who's who in der Bibel« (Stuttgart 1993, S. 204) kommt wieder auf andere Daten: »etwa 968 bis 928 v. Chr.«.

Das Beispiel Salomo verdeutlicht so in sehr anschaulicher Weise, wie skeptisch selbst Jahreszahlen angegeben werden müssen, die in wissenschaftlichen Standardwerken genannt werden. Jeder Autor trägt mit dem Brustton absoluter Überzeugung Jahreszahlen vor und verschleiert so, daß man sich selbst in der Fachwelt vollkommen uneinig ist, wann genau Salomo nun gelebt und regiert hat.

Salomo und Schiwa

Keinen Zweifel kann es aber daran geben, daß es eine Beziehung gab zwischen dem Großkönigreich Israel von Salomo und dem alten Indien. Salomo war, darüber berichtet das Alte Testament eher verschämt und am Rande, Anhänger eines Kults, der eindeutig indischen Ursprungs ist. Und zu Salomos Zeiten wurde das wohl wichtigste Kultobjekt des Alten Testaments gestohlen und vermutlich nach Indien geschafft: die Bundeslade.

Gemäß den Werken des Geschichtsschreibers Josephus Flavius ließ Salomo auf einer Erdanschüttung an der Ostseite des Tempels eine Säulenhalle errichten. Von Salomo stammten aber auch zwei seltsame Säulen vor der Eingangshalle. Barbara G. Walker stellt dazu unverblümt fest (»Das Geheimnis der Frauen«, Frankfurt 1993): »Eine Besonderheit im Tempel des Salomo war ein Paar phallischer Säulen vor der Eingangshalle. Sie trugen den Namen Boaz (›In ihm ist Stärke‹) und Joachim (›Gott läßt ihn aufstehen‹), und ihre Kapitele waren mit weiblichen Symbolen in Form von Lilien und Granatäpfeln geschmückt.« Phallische Säulen sind fester Bestandteil des altindischen Tempelkults: Die »Lingams« begegnen uns in oft drastischer Eindeutigkeit in zahlreichen Tempeln, und sie gelten als Zeichen des Gottes Schiwa. »Phallische Säulen« passen kaum in den Zusammenhang eines altjüdischen Jahwekults, sehr wohl aber in die Tempelwelt Indiens, wo Tausende oft sehr gewagte Sexszenen in erstaunlicher Detailfreude in Stein gemeißelt wurden.

Sollte also Salomo ein Anhänger Schiwas gewesen sein? Praktizierte er einen Kult, in dessen Zentrum der männliche Phallus stand? Die Vorliebe Salomos für pralle Weiblichkeit bleibt selbst dem Bibelleser unserer Tage nicht verborgen. So preist Salomo (Hoheslied, Kapitel 4, Vers 5) die Reize einer unbekannten Schönen: »Deine beiden Brüste sind wie junge Zwillinge von Gazellen . . .«

Dem Verfasser des 1. Buches der Könige ist die Zuwendung Salomos zum fremden, sexbetonten Kult alles andere als angenehm. Er rügt (Kapitel 11, Vers 6): »Und König Salomo tat, was Jahwe mißfiel, und folgte nicht Jahwe wie sein Vater David.«

Kein anderer Forscher unserer Tage hat sich so intensiv mit dem wohl wichtigsten Kultobjekt des Alten Testaments auseinandergesetzt wie Graham Hancock. Der Journalist und Schriftsteller fand bei seinen sorgsamen Recherchen immer wieder Hinweise auf eine Verbindung zwischen Salomo und Indien. Zu Zeiten Salomos nämlich soll die Bundeslade gestohlen und ins Ausland geschafft worden sein – ins Reich der Königin von Saba. Das aber lag nach Überzeugung der führenden Denker des 12. und 13. nachchristlichen Jahrhunderts eindeutig in Indien.

Salomo und die Bundeslade

Die Bundeslade ist das wichtigste Kultobjekt des Alten Testaments. Sie wurde zunächst im Allerheiligsten der Stiftshütte verwahrt und kam dann in den Tempel von Jerusalem. 20 verschiedene Ausdrücke wurden von den verschiedenen Autoren des Alten Testaments benützt. Josua (Kapitel 3, Vers 6) verwendet besonders häufig »Lade des Bundes« (im Hebräischen: ARON HABBERITH), in den Schriften Moses begegnet uns »Lade des Zeugnisses« (2. Buch Mose, Kapitel 25, Vers 22).

Die Lade selbst wurde nach Anweisungen Jahwes hergestellt. Es dürfte sich dabei um einen truhenähnlichen Kasten gehandelt haben. Er maß etwa 111 mal 67 mal 67 Zentimeter, war aus Akazienholz gefertigt und innen und außen mit purem Gold überzogen. Der Deckel der Lade bestand aus massivem Gold. Das Kultobjekt dürfte also relativ schwer gewesen sein.

An jeder der Längsseiten der Lade waren zwei Ringe angebracht, durch die je eine Stange geschoben wurde. Mehrere Männer konnten so den als heilig angesehenen »Kasten« tragen. Wenn sie ermüdeten, konnten sie ihn abstellen: an den Ekken – vermutlich direkt unter den Ringen – befanden sich »Schreitfüße, wie zum Schreiten ausgebogene Füße«. Die Tragestangen durften zu keinem Zeitpunkt aus den Ringen herausgezogen werden. So sollte verhindert werden, daß der heilige Gegenstand direkt von profanen Menschenhänden berührt wurde.

Auf der Lade thronten zwei goldene Engel. Aus verschiedenen Bibeltexten (2. Buch Mose, Kapitel 25, Verse 10 und 11, 17 bis 22, Kapitel 36, Verse 6 bis 9) wissen wir, daß diese Cherube aus »getriebenem Gold« bestanden und einander »zugewandt« waren. Sie hatten die Häupter gesenkt und die Flügel erhoben und dienten wohl als Beschützer des kostbaren Kultobjekts.

Wir wissen also aus den Beschreibungen des Alten Testaments, wie in etwa die Bundeslade ausgesehen hat, eine präzise Rekonstruktion ist aber nicht mehr möglich. So sind uns die Größe und das genaue Aussehen der auf dem Deckel wachenden Engel unbekannt.

Die Bundeslade galt als heilig, weil sie sakrale Gegenstände von höchster Bedeutung enthielt: die beiden Tafeln mit den Zehn Geboten, die Moses von Gott selbst entgegengenommen haben soll, ein Krug mit Manna, jener geheimnisvollen Nahrung, von der das Volk Israel bei der Flucht aus Ägypten 40 Jahre lang gelebt haben soll, und der »Stab Aarons« sollen sich darin befunden haben.

Zur Zeit Salomos befand sich die Bundeslade im Allerheiligsten des Tempels von Jerusalem. Zu eben jener Zeit verschwand sie aber auch mit großer Wahrscheinlichkeit. Sie wurde ins Ausland gebracht. Der heilige Kultgegenstand steht im Zentrum eines spannenden Krimis, den das Alte Testament freilich weitestgehend verschweigt. Wir sind bei der Rekonstruktion des Sachverhalts auf eine außerbiblische Quelle angewiesen.

Von Ägypten aus kam das Kultobjekt Bundeslade in das »Gelobte Land« und wurde lange Zeit in Silo aufbewahrt. In den kriegerischen Auseinandersetzungen mit den Philistern wechselte es den Besitzer, wurde aber wieder an die Israeliten zurückgegeben, schien es doch mit dem Fluch beladen zu sein, schlimme Plagen auszulösen. Die Bundeslade kam zunächst nach Beth-Schemesch, wurde dann nach Kirjath-Jearim gebracht, wo sie etwa 70 Jahre lang blieb.

König David holte sie schließlich um 1000 v. Chr. nach Jerusalem. 955 v. Chr. wurde der Bau des Tempels in Jerusalem abgeschlossen, und die Lade erhielt einen Ehrenplatz im Tempelheiligtum (1. Buch Könige, Kapitel 8, Vers 2 und 2. Chronik, Kapitel 5, Verse 2–10). Um 941 wurde sie laut »Kebra Negest« gestohlen. In der Bibel finden wir keinen präzisen Hinweis auf diesen Diebstahl, im Kebra Negest hingegen steht er im Zentrum ausführlicher Beschreibungen. Offensichtlich war den Priestern Israels das Verschwinden ihres heiligen Kultobjekts mehr als peinlich. Besonders unangenehm muß ihnen freilich die Tatsache gewesen sein, daß ihr angesehener König Salomo selbst in das Geschehen verwickelt war.

Gegen Ende des 19. Jahrhunderts erhielt der Assyrologe Carl A. Bezold (1859–1922) von der Königlich-Bayerischen Akademie der Wissenschaften den Auftrag, eine deutsche Übersetzung jenes geheimnisvollen Texts zu erstellen. Er reiste durch Europa und fand in den Museumssammlungen von Paris, Oxford, London und Paris uralte Handschriften des Kebra Negest.

Wann die Urform des heiligen Buches entstand, ist umstritten. Anfang des 14. Jahrhunderts stellte Neburäed Jeshak aus älteren Teiltexten eine Gesamtfassung zusammen. Doch schon 408 n. Chr. hatte den Äthiopiern Isaak und Jehemharna-Ab eine ältere Fassung vorgelegen, die weit ins erste vorchristliche Jahrtausend zurückdatiert werden muß und vielleicht um 850 v. Chr. entstanden war. Sie übersetzten das Buch ins Arabische.

Für die Äthiopier heute ist das Kebra Negest eine Art Bibel. Eine der Zentralfiguren des Werkes ist die Königin von Saba. Die attraktive Regentin, so heißt es, habe von einem reisenden Handelsmann von einem Herrscher erfahren, der nicht nur besonders attraktiv, sondern zugleich auch noch unglaublich weise sei. Von keinem Geringeren als König Salomo war die Rede.

Die Königin von Saba faßte überstürzt einen Entschluß: Der mächtige Mann in dem fernen Land erschien ihr interessant genug, um rasch einen Staatsbesuch zu organisieren. 300 Edle und Bedienstete begleiteten sie. 797 Kamele, zahllose Esel und Maultiere wurden in Marsch gesetzt, schwer bepackt mit wertvollen, edlen Geschenken. Allein das Gold, das die Königin von Saba dem König der Juden schenkte, hatte – auf heutige Verhältnisse umgerechnet – einen Wert von 85 Millionen Mark. Da sage noch jemand, unsere heutigen Politiker gingen mit Geschenken bei staatspolitischen Besuchen zu verschwenderisch mit der Staatskasse um. Eines hat sich aber nicht geändert. Wenn heutige Politiker einander Präsente machen, dann bezahlen sie die nicht aus eigener Tasche, es wird vielmehr der Steuerzahler belastet. Ähnlich wurden wohl auch die Präsente für Salomo finanziert.

Bild 1: Die ersten Menschen waren Anhänger des Vielgottglaubens. Eva, die Schlange und Adam im Paradies. Illustration zu einem spanischen Manuskript aus dem 12. Jahrhundert.

Bild 2: Das Bild vom alleinigen Gott als Weltschöpfer ist jüngeren Datums. Fromme Darstellung aus Frankreich, frühes 15. Jahrhundert.

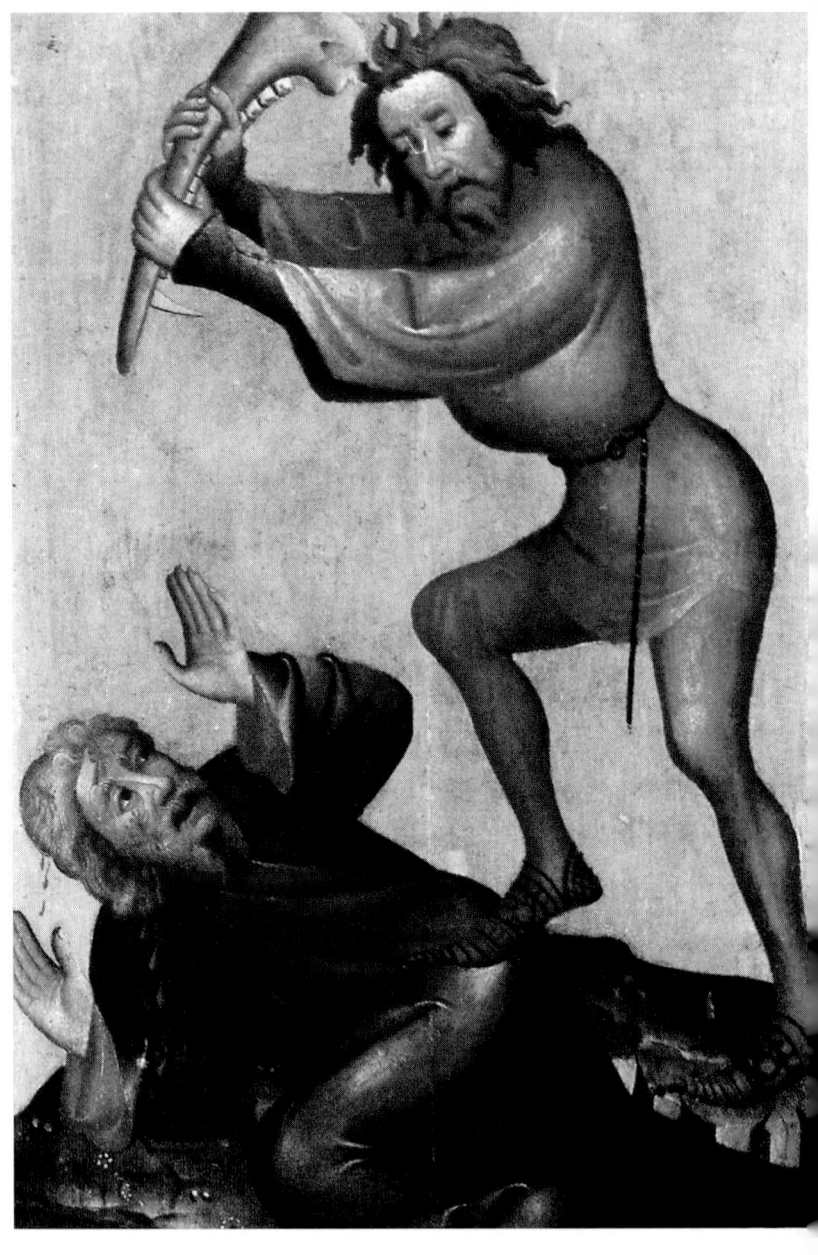

Bild 3: Kain erschlägt Abel – frühe mittelalterliche Darstellung. Die Bibelepisode symbolisiert die Abwendung vom kultischen Menschenopfer.

Bild 4: Engel, die vom Himmel steigen, spielen eine zentrale Rolle in den ältesten biblischen Schriften. Jakob und die Himmelsleiter in einer mittelalterlichen Illustration.

Bild 5: Wie viele indische Tempel stellt auch die Kultanlage von Brhadisvara, im Westen von Tanjore, ein »Raumschiff« der Götter aus Stein dar.

Bild 6 unten: Weitere indische »Götterwagen« in Stein: Der Rajarani-Tempel (Tanjore) . . .

Bild 7: . . . und einer der Kuppelbauten von Sanci.

Bild 8: Engel warnen Lot vor der Zerstörung von Sodom und Gomorrha. Französische Bibelillustration aus dem späten 13. Jahrhundert.

Bild 9: Auch verschiedene indische Götter sollen Atomwaffen eingesetzt haben, um menschliche Städte zu zerstören. (Tempel von Rajarani)
(Foto: Walter-Jörg Langbein)

Bild 10: Lot flieht mit seiner Familie aus Sodom. Bibelillustration, etwa 1500.

Bild 11 unten: Landeten hier einst Vehikel vom »Hesekieltyp«?

Bild 12: Radkonstruktion des Hesekiel-Vehikels nach mittelalterlicher Bibelillustration.

Bild 13: Das Hesekiel-Raumschiff im Anflug auf den Tempel.

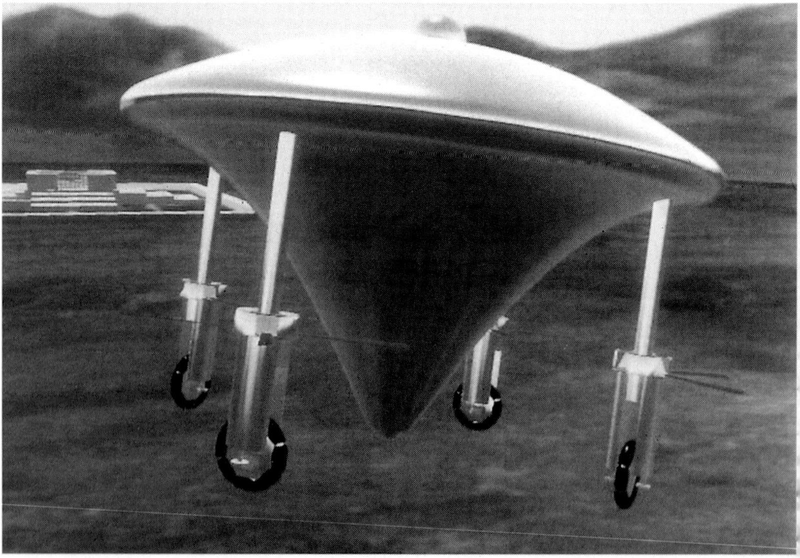

Bild 14: Das »Hesekiel-Vehikel« als Computer-Rekonstruktion – aus der Perspektive Hesekiels.

Bild 15: Raumschiffe vom Typ Hesekiel pendeln zwischen einem Mutterraumschiff im Erdorbit und dem Planeten Erde.

Bild 16: Salomo diktiert seine Schriften. Französische Bibelillustration aus dem Mittelalter.

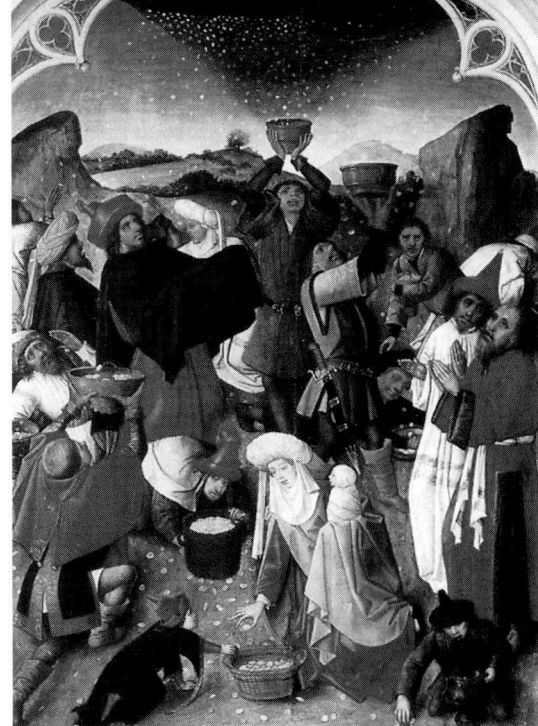

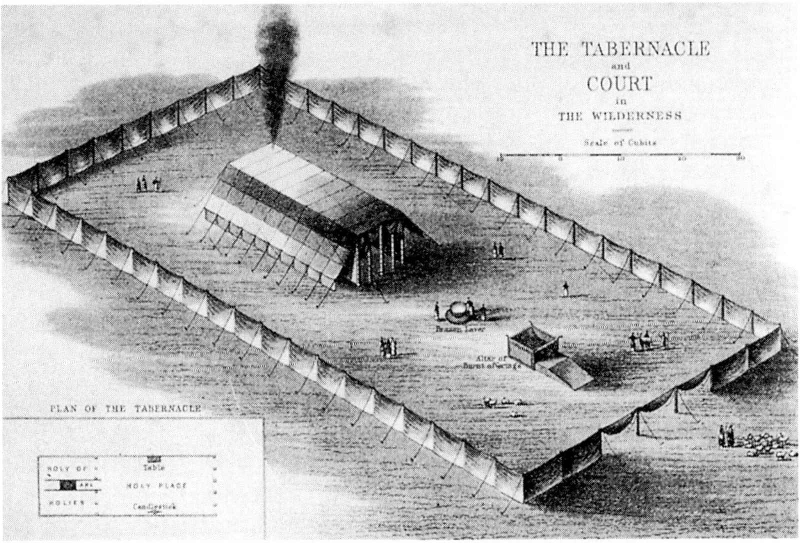
THE TABERNACLE
and
COURT
in
THE WILDERNESS
Scale of Cubits
PLAN OF THE TABERNACLE
Table
HOLY PLACE
Candlestick

Bild 17 oben: Während des Zuges durch die Wüste wurde die Bundeslade im »Tabernakel«, einem Zelt, aufbewahrt. Zeichnerische Rekonstruktion aus dem 19. Jahrhundert.

Bild 18: Aufsammeln des himmlischen Manna nach einer phantasievollen Darstellung eines anonymen Künstlers aus der zweiten Hälfte des 15. Jahrhunderts.

Bild 19: Hermann Oberth, der »Vater der Weltraumfahrt«, und Autor Walter-Jörg Langbein im Gespräch.

Bild 20: Die einstmals prachtvolle Tempelanlage von Pachacamac befindet sich heute in einem beklagenswerten Zustand.

Bild 21 oben und Bild 22: Nur ein kleiner Teil der Bauten wurde teilweise rekonstruiert.

Bild 23: Wie durch ein Wunder entging das hölzerne Götter-Idol von Pachacamac der blinden Zerstörungswut der spanischen Eroberer.

Bild 24: So soll die Manna-Maschine ausgesehen haben.

Bild 25: Wo lag das Paradies? Mittelalterliche Bibelillustration.

Im 25. Kapitel des Kebra Negest heißt es: »Aber auch der (Salomo, Ergänzung des Autors) ehrte sie und freute sich und gab ihr Wohnung in seinem königlichen Palast nahe bei sich.« Langatmig, die Geduld des Lesers arg strapazierend, wird aufgelistet, was die Königin alles an Geschenken erhielt: »Augenfesselnde schöne Kleider und alle im Lande Äthiopien erwünschten Herrlichkeiten, Kamele und Wagen an 6000, die mit kostbaren wünschenswerten Geräten beladen waren.«

Man muß den zunächst langweilig wirkenden Text sorgsam und Wort für Wort lesen, um in Kapitel 30 das wohl wichtigste Geschenk nicht zu übersehen. Da heißt es nämlich: »Er gab ihr . . . einen Wagen, der durch die Lüfte fuhr, den er gemäß der ihm von Gott verliehenen Weisheit angefertigt hatte.« Salomo schenkte also – ich muß diesen Sachverhalt hervorheben und wiederholen – der Königin von Saba eine Flugmaschine. Just jener Flugapparat war es, der dann später in einer für Salomo selbst höchst peinlichen Aktion zum Einsatz kam.

Doch zurück zum Alten Testament. Auch hier wird die liebreizende Königin von Saba erwähnt – und das gleich zweimal. Merkwürdigerweise wurde der sehr kurze Text wortwörtlich doppelt wiedergegeben. Einmal beim 1. Buch Könige, Kapitel 10, Verse 1 bis 13. Ein zweites Mal bei 2. Chronik, Kapitel 9, Verse 1 bis 12. Der biblische Autor erinnert an einen Politiker der Opposition, der dem Regierungschef Verschwendung vorwirft. Notiert doch der biblische Verfasser leicht säuerlich: »Und der König Salomo gab der Königin von Saba alles, was ihr gefiel und was sie erbat, außer dem, was er von sich aus gab. Und sie wandte sich und zog in ihr Land mit ihrem Gefolge.«

Deutlich kann man einen Vorwurf herauslesen im Sinne von »außer Spesen nichts gewesen«. Da kam eine fremde Königin zu Besuch, wurde mit Geschenken überhäuft, verlangte noch mehr, als man zunächst bereit war, ihr zu geben, um dann wieder in die ferne Heimat zu entschwinden.

Altes Testament und Kebra Negest unterscheiden sich in der jeweiligen Berichterstattung in einem wesentlichen Punkt. Folgt man den Aussagen des biblischen Autors, dann gab es zwischen den beiden Herrschern einen Wettstreit in Sachen

Weisheit, wobei über hochphilosophische Themen disputiert wurde. Das Kebra Negest indes vermeldet Irdischeres. Demnach hatten die beiden handfesten Sex miteinander. Und der hatte Folgen: Neun Monate und fünf Tage nach der Rückkehr in die Heimat bekam die Königin von Saba Nachwuchs – einen Sohn von Salomo. Sie nannte ihn Baina-lekhem.

Der wuchs rasch zu einem gewitzten Burschen heran, und die stolze Mama beobachtete mit Freuden, wie sehr er schon bald seinem Papa im fernen Königreich Israel ähnelte. Das Kebra Negest berichtet im Kapitel 32: »Er aber, der Sohn Baina-lekhem, war schön, seine ganze Statur, sein Körper und die Haltung seines Nackens glichen Salomo, dem König, seinem Vater, seine Beine und seine Art glich dem Salomo.«

Mama überhäufte den Sprößling mit Liebe und Geschenken – und der wollte unbedingt seinen Vater kennenlernen. Mit 22 reiste er schließlich mit großem Gefolge nach Jerusalem und stellte sich beim königlichen Papa vor. Er wurde freudig begrüßt und mit reichen Gaben bedacht. Er bedankte sich zunächst formvollendet beim mächtigen Vater, erwies sich dann aber rasch als höchst unbescheiden. Vermutlich hatte ihm seine Mutter vom wertvollsten Besitz berichtet, über den man in Israel verfügte. Just dieses Kleinod, eben diesen Kultgegenstand von höchster Wichtigkeit, forderte Salomos Sohn mit penetranter Unverforenheit. Salomo war zunächst entsetzt, konnte seinem Sohn den anmaßenden Wunsch aber nicht abschlagen. Er willigte also ein, stellte aber zwei Bedingungen. Zum einen sollte die Übergabe des Geschenks heimlich bei Nacht erfolgen. Zum anderen mußte der heilige Kultgegenstand ohne sein offizielles Wissen verschwinden. Niemals würde er zugeben können, die Bundeslade verschenkt zu haben, es müsse, sobald der unersetzbare Verlust bekannt würde, von »Diebstahl« die Rede sein.

Salomos Sohn ging auf die Bedingungen ein und tüftelte rasch einen Plan aus. Seine besten Handwerker stellten so schnell wie möglich eine möglichst perfekte Kopie der Bundeslade her, die vom Original kaum zu unterscheiden war. Dann wurde bei Nacht und Nebel die echte Bundeslade aus dem Tempel getragen und durch die Kopie ersetzt.

Ins heimische Reich wurde das heilige Original dann ausgerechnet auf jener Flugmaschine gebracht, die Salomo der Königin von Saba geschenkt hatte.

Im 52. Kapitel des Kebra Negest lesen wir: »Von der Lade ging eine Wolke aus wie ein Schleier und umhüllte sie damit schützend gegen die Sonnenhitze. Es war niemand, der ihren Wagenpark gezogen hätte, sondern er selbst, Erzengel Michael, zog den Wagen, indem sich von der Erde eine Elle hoch erhoben sowohl Menschen als Pferde, Maultiere und Kamele, und alle Leute, die auf den Tieren ritten, wurden eine Mannesspanne von ihren Rücken gehoben, aber auch alle die aufgeladenen Arten ihrer Gerätschaften wurden eine Mannesspanne hoch erhoben. Und alles eilte auf dem Wagen dahin wie ein Schiff auf dem Meere, wenn es der Wind hebt, und wie ein Adler, wenn er auf dem Winde leicht dahinfliegt. So eilten sie auf dem Wagen dahin, ohne nach vorn oder nach hinten, nach rechts oder nach links zu schwenken.«

Selbst über die Flugroute gibt das Kebra Negest Auskunft – in den Kapiteln 58 und 59. Als nämlich die Priesterschaft in Jerusalem vom Diebstahl des Kultobjekts erfuhr, wurde Salomo sofort informiert. Der gab sich, so wie er das mit seinem Sohn abgesprochen hatte, empört und entsetzt. Widerwillig ließ er die Verfolgung der »Diebe« aufnehmen, ein Troß Berittener hetzte hinterher. In Ägypten wurde den Jägern des gestohlenen Schatzes mitgeteilt, man habe die fliehenden Diebe durch die Lüfte sausen sehen, »indem sie auf einem Wagen fuhren wie die Engel, und sie waren schneller als die Adler am Himmel«.

Mit Nachdruck wurden die Ägypter befragt. Entsetzt berichteten die Zeugen von Begleiterscheinungen des Flugs des himmlischen Objekts. Statuen und Obelisken seien durch die Flugmaschine umgestürzt worden, so daß sie teils zerbrachen, teils völlig zerstört wurden. Ob dieses Frevels zeigten sich die Ägypter empört.

In Jerusalem bekam es die Priesterschaft mit der Angst zu tun. Ihr war natürlich klar, welche Bedeutung die Bundeslade für das Volk hatte. Der Mann auf der Straße anerkannte die Priester letztlich auch deshalb als Vertreter des allmächtigen

Jahwegottes, weil sich die heilige Bundeslade in ihrem Besitz befand. Wenn nun das Volk erführe, daß die Bundeslade außer Landes geschafft worden war, würden sie die Priester absetzen?

Salomo hörte sich das Jammern und Wehklagen der hohen Geistlichkeit eine Zeitlang an, wurde schließlich energisch und befahl lautstark, man solle die Sache mit der Bundeslade dem gemeinen Volk verschweigen. Für die tumben Massen müsse man so tun, als sei man weiterhin im Besitz der Bundeslade, als handele es sich bei der Imitation um das Original – so jedenfalls steht es im 62. Kapitel des Kebra Negest.

Die Priester, so behauptet das Kebra Negest, machten gute Miene zum bösen Spiel. Sie wollten lieber eine falsche Bundeslade als echt verehren und in Amt und Würden bleiben. Die Alternative wäre gewesen: die Wahrheit zuzugeben und an Ansehen und Macht zu verlieren.

Bestohlene Diebe

So entrüstet sich die Priesterschaft auch ob des »Diebstahls« der Bundeslade gab, gerade die Israeliten nahmen es mit der Unterscheidung zwischen fremdem und eigenem Besitz nicht so genau, wenn es um wertvolle Kultgegenstände ging. So raubten die Israeliten selbst, als sie unter der Anleitung von Moses aus Ägyptenland flohen, heilige Gegenstände. Im 2. Buch Mose (Kapitel 12, Vers 35) wird zunächst recht beschönigend festgestellt: »Und die Israeliten taten nach dem Wort Moses und liehen sich von den Ägyptern silberne Geräte.« In Vers 36 heißt es dann realistischer: »Sie beraubten die Ägypter.« Ohne Zweifel bestand zu keinem Zeitpunkt die Absicht, den Ägyptern ihre Kultobjekte jemals wieder zurückzugeben. In diesem Zusammenhang von »sie liehen sich silberne Geräte« zu sprechen, muß als zynisch bezeichnet werden.

Louis Ginzberg macht klar, daß die eigene Priesterschaft nicht so recht begeistert war ob der Diebstähle (Legends of the Bible, Philadelphia 1968). Man hatte zwar keine moralischen

Skrupel, registrierte aber mit Besorgnis, daß sich nicht wenige Menschen den gestohlenen Idolen zuwandten. In einem altjüdischen Text, der nicht in das Alte Testament aufgenommen wurde, heißt es: »Das Volk aber blieb weiterhin uneinsichtig und schenkte Moses keine Beachtung. Angeführt wurde es von einem Idol, das man aus Ägypten mitgenommen hatte.«

Der Forscher Jörg Dendl ist davon überzeugt, daß die Hebräer eine »heilige Götterbarke« der Ägypter mitgehen ließen, wohl eines der wichtigsten Kultobjekte überhaupt. Vermutlich wegen dieses wertvollen Diebesguts ließ der Pharao die fliehenden Hebräer verfolgen. Zunächst hatte ja der Pharao das Volk Israel abziehen lassen. Warum erfolgte dann ein militärischer Großeinsatz? Was löste den Meinungsumschwung beim Pharao aus? Hatte man den Diebstahl entdeckt?

Für Salomo blieb die Sache mit der Bundeslade nicht ohne Folgen. Er interessierte sich von nun an kaum noch für Politik oder gar fromme Theologie, er führte ein weltliches Leben mit irdischen Freuden, genoß »ein Leben der Fülle und der Liebe zu den Weibern«. Elf Jahre später starb er, verbittert und enttäuscht.

In der Zeit nach Salomo fehlt im Alten Testament jegliche Erwähnung der Bundeslade. Verschwand sie also, so wie das Kebra Negest es behauptet, zur Zeit Salomos?

587 v. Chr. belagerte König Nebukadnezar die Stadt Jerusalem. Seine Truppen eroberten die Stadt und drangen in den Tempel ein, dessen Schätze sie raubten. Die Bundeslade, heiligstes Objekt der Juden, wäre mit Sicherheit eine wichtige Kriegstrophäe gewesen. Sie wird aber mit keinem Wort erwähnt. Warum nicht? Weil der heilige Kultgegenstand nur als wertlose Kopie im Tempel vorgefunden worden ist? Es kann keinen Zweifel geben: Hätte sich die Bundeslade damals noch im Tempel befunden, sie wäre erwähnt worden. Man hätte sie stolz als Kriegsbeute aufgelistet. Oder man hätte darauf hingewiesen, daß sie beim Brand des Tempels zerstört wurde . . . die heilige Relique des Judentums!

Völlig korrekt weist Jörg Dendl darauf hin (Herkunft und Verbleib der Bundeslade aus historischer Sicht, GRAL-Sonderband Nr. 1, 3. Auflage, Berlin 1993): »Sämtliche Behauptungen, die ein Weiterbestehen des Heiligtums voraussetzen, basieren . . . auf einer ganzen Reihe von Annahmen, ungesicherten Sagen und Verknüpfungen und Fakten, die so nicht unbedingt in Zusammenhang gebracht werden können.«

Wohin wurde die Bundeslade gebracht? Wo lag das Reich der legendären Königin von Saba? In Äthiopien, behauptet man dort in höchsten Regierungskreisen. Die Bundeslade sei von Salomos Sohn auf Umwegen in die Landeshauptstadt Axum geschafft worden, wo sie noch heute in der Marienkathedrale als Haupheiligtum des dortigen Christentums (koptisch) aufbewahrt werde. Vor jener Kirche sitzt ein moderner Zerberus, der das Kultobjekt bewachen soll. Freilich kann das alte Äthiopien gar nicht das legendäre Reich der Königin von Saba gewesen sein – zumindest nicht zu Salomos Zeiten.

In zahlreichen verschlüsselten Romanen aus dem 12. und 13. Jahrhundert finden sich viele Hinweise auf das Reich der Königin von Saba – es wurde in Indien angesiedelt. Autoren wie Albrecht von Scharfenberg (»Der Jüngere Titurel«) und Wolfram von Eschenbach müssen in diesem Zusammenhang genannt werden. Sie verfügten allem Anschein nach über geheimes Wissen über die Königin von Saba, deren Reich in Indien lokalisiert wurde.

1165 tauchte in Europa ein Brief eines Prester John auf, eines Nachfolgers der legendären Königin aus »Indien«. Und 1177 schrieb Papst Alexander III. eben jenem John einen Brief – an seinen »liebsten Sohn in Christo, John, illustren und erhabenen König der Inder«.

Auch der Weltreisende David Hatcher Childress, der sich in unseren Tagen den großen Geheimnissen der Vergangenheit annimmt, kommt zu der Überzeugung: Die Bundeslade könnte sehr wohl nach Indien entführt worden sein. Ein ähnlicher »himmlischer Wagen«, wie er zum Abtransport des heiligen Kultgegenstands benutzt wurde, wird auch im altindischen Epos Mahabharata beschrieben (Kapitel 15, Verse 20–24). Da lesen wir: »Während er dies zu der Göttin sagte und sich von ihr und den Weisen verabschiedete, ging er an Bord des Flugzeugs.

Während er die Elefanten, Pferde, Wagen und Waffen sowie mechanische Vorrichtungen zusammenholte, machte er sich auf den Weg.«

IX. Das Geheimnis der Teraphim

Welch zentrale Rolle die Bundeslade für den religiösen Kult im alten Israel spielte, verrät das 2. Buch Mose. Da heißt es (Kapitel 25, Vers 22): »Und ich, Jahwe, will mich dort bei dir einfinden und mit dir reden von der Stelle über dem Deckel, von der Stelle zwischen den beiden Engeln, die auf der Lade des Zeugnisses sind.«

Jahwe selbst benutzte also die Bundeslade als Kommunikationsmittel, um in Verbindung mit seinem Volk zu treten. Bedeutete dann der Diebstahl des heiligen Kultobjekts eine Unterbrechung des Dialogs zwischen Jahwe und auserwählten Menschen? Die Kommunikation war keineswegs abgebrochen. Werden doch im Alten Testament weitere Kultobjekte beschrieben, die eben diesem Dialog dienten. Sie werden als Teraphim bezeichnet und in christlicher Literatur meist als »Götzen« abgetan (Einsichten über die Heilige Schrift, Selters 1992, S. 1110).

Im 1. Buch Mose (Kapitel 31, Vers 34) wird darauf hingewiesen, daß Rahel eine solche Figur entwendet haben soll: »Rahel hatte den Hausgott genommen und unter den Kamelsattel gelegt . . .« Im 1. Buch Samuel (Kapitel 19, Verse 13 und 16) ist ebenfalls eine Teraphim-Figur beschrieben: »Dann nahm Michal das Götzenbild und legte es aufs Bett und ein Geflecht von Ziegenhaaren zu seinen Häupten und deckte ein Kleid darauf . . . Als nun die Boten kamen, siehe da lag das Götzenbild im Bett und das Geflecht von Ziegenhaaren zu seinen Häupten.«

Offensichtlich gab es Teraphim in unterschiedlichen Größen und Ausführungen, manche mögen die Größe und Form eines Menschen gehabt haben, andere waren verhältnismäßig klein, so daß sie in die Taschen eines Frauensattels paßten. Sie dienten aber stets dem gleichen Zweck: der Verständigung mit

Jahwe. Aus den Teraphim ertönte die Stimme des Herrn (1. Buch Samuel, Kapitel 15, Vers 22): »Hat Jahwe ebensoviel Gefallen an Brandopfern und Schlachtopfern wie daran, daß man der Stimme Jahwes gehorcht.«

Gelegentlich tauchten auch Zweifel auf. War es wirklich Gott, der aus den Kultfiguren sprach? Das wurde gelegentlich bezweifelt. So heißt es beim Propheten Sacharja (Kapitel 10, Vers 2): »Denn die Götzen reden Lüge, und die Wahrsager schauen Trug und erzählen richtige Träume und ihr Trösten ist nichts. Darum geht das Volk in die Irre wie eine Herde und ist verschmachtet, weil kein Hirte da ist.«

Interessanterweise waren teraphimähnliche Figuren keineswegs nur im alten Israel bekannt. Auch andere Völker verfügten über ähnliche Statuen. So nahmen auch die Azteken über ein »Standbild« Kontakt mit den Göttern auf.

Professor Julian Jaynes von der Princeton-Universität: »Das Standbild befahl ihnen aufzubrechen, den vor ihnen liegenden See zu überqueren und es auf ihre Reise überall mitzunehmen. Es lenkte sie hierhin und dorthin.«

Die Parallele ist unübersehbar: So wie der Gott des Alten Testaments Jahwe eine Gruppe von Juden 40 Jahre lang durch die Wüste lotste, so wurden auch die Azteken zu einer kaum weniger strapaziösen Reise veranlaßt, die sie immerhin von Aztlan am See Mexaltitlan nach Tula führte.

Die Teraphim des Alten Testaments sollen von Abrahams Vater hergestellt worden sein. Bei den Sumerern hießen die Kultfiguren »gistugpis« – auch aus ihnen sprachen die Götter zu den Menschen. In uralten Keilschrifttexten, die vor gut 4000 Jahren entstanden sein dürften, ist von speziellen Werkstätten die Rede, in denen die Figuren hergestellt wurden. »Bimummu« heißen die Manufakturen, in denen unter Anleitung von Gott Nummu persönlich die technischen Wunderwerke zusammengesetzt wurden. Benutzt werden durften sie in der Regel nur von Königen und höchsten Beamten. Nur in Ausnahmefällen war es Normalsterblichen gestattet, Kontakt mit den Himmlischen aufzunehmen. Einzelne Rollsiegel zeigen, wie sprechende Statuen genutzt wurden, um in Verbindung mit den

Göttern zu treten. Könige hatten direkten Zugang zu den Kultobjekten, Normalsterbliche indes mußten Mittelsleute kennen, die Zugang zu den Figuren hatten.

So wie heutige Forscher zu ergründen suchen, wo denn die Bundeslade verblieben ist, so stellt sich gleichfalls die Frage, was denn aus den mysteriösen Teraphim wurde. Seltsam ist, daß, als die plündernden Spanier das Reich der Inkas eroberten und planmäßig zerstörten, es in Tempeln noch immer die Gegenstücke zu den biblischen »Götzenfiguren« gegeben haben soll: sprechende Köpfe, die als heilige Kultobjekte verehrt, gepflegt und angebetet wurden.

Den christlichen Eroberern waren diese Objekte unheimlich. So schrieb ein anonymer Zeuge aus jenen Tagen blinder Zerstörungswut: »Im Tempel des Pachacamac hielt sich ein Teufel auf, der in einem finsteren Raum . . . zu den Indianern zu sprechen pflegte.« Ähnliches wußte Pater Joseph de Acosta aus Zentralamerika zu vermelden: Indianer unterhielten sich in ihren Heiligtümern mit »Götzen«, mit sprechenden Köpfen, die höchstes Ansehen genossen und konkrete Fragen beantworteten, die aber auch gezielte Befehle erteilten.

Noch besteht Hoffnung, daß in Südamerika »sprechende Köpfe« oder Figuren, so wie sie auch im Alten Testament beschrieben sind, gefunden werden. Und das, obwohl diese Kultobjekte von den Eroberern aus dem christlichen Abendland systematisch als »Teufelswerk« zerstört wurden.

Gesucht: Pachacamacs sprechende Köpfe

Die Suche muß in der Ruinenstadt Pachacamac beginnen. Man erreicht sie von Lima, Peru, aus bequem mit dem Taxi. In der unwirtlichen Wüstenlandschaft direkt an der Pazifikküste gelegen, war sie einst eine wohlhabende Metropole, deren Ursprung sich in vorinkaischen Zeiten verliert. Ihr ursprünglicher Name ist nicht überliefert. Sie wurde von den Inkas nach dem mythologischen Erschaffer der Erde Pachacamac benannt, einem Gott, der in Israels Jahwe seine Entsprechung findet.

Ein Großteil des Lösegeldes, das für den Inka-Herrscher Atahualpa gezahlt wurde, stammte angeblich aus dieser Stadt. Das wurde zumindest den Spaniern berichtet, die in die Stadt einfielen und die blühende Metropole in Schutt und Asche legten.

Heute ist Pachacamac eine triste Ruinenstadt, die durch ihre immer noch erkennbare einstige Größe besticht. Bei Ausgrabungen wurden wertvolle, erstaunlich gut erhaltene Teppiche mit seltsamen Motiven gefunden. Erhalten ist auch ein hölzernes Idol, das eine mysteriöse Gottheit darstellt. Sie hat, ähnlich wie Janus, zwei Gesichter, blickt nach vorn und hinten bzw. in die Vergangenheit und Zukunft. Zu Ehren des geheimnisvollen Gottes wurden – wie im alten Israel des Vielgottglaubens – Menschenopfer dargebracht. Pilger strömten oft aus den entferntesten Regionen herbei und nahmen strapaziöse Gewaltmärsche auf sich, um von den Priestern zu erfahren, was Pachacamac mitzuteilen hatte. Dafür bezahlten sie mit Gold und Silber, so daß gewaltige Reichtümer angehäuft wurden.

Die Inkas führten zwar eine neue Religion ein, mit dem Sonnengott Inti als höchster Autorität, sie duldeten aber das Pachacamac-Orakel, das emsig weiterbefragt wurde. Noch als die Spanier bereits im Lande waren, sprach die Kultfigur. Gelang es den Anhängern dieses uralten Kults, ihr Hauptidol vor dem Zugriff der Spanier zu retten?

1533 befand sich der Inka-Herrscher Atahualpa als Gefangener in den Händen der Spanier. Sie erklärten sich bereit, den Regenten freizulassen, wenn ein Raum von sechs Metern Länge und fünf Metern Breite mannshoch mit Gold angefüllt werde. Rasch verbreitete sich die Kunde im ganzen Reich, Karawanen, bepackt mit dem Wertvollsten, was das Land aufzubieten hatte, wurden in Bewegung gesetzt. So kamen etwa 600 Tonnen zum Teil herrlicher Schmuckstücke aus Gold zusammen. Alles wude von den Spaniern sofort eingestampft, verflüssigt und in Barren gegossen.

Schließlich wurde Atahualpa feierlich für frei erklärt, man wolle ihn, so hieß es, nur noch als »Gast in Gewahrsam« behalten, bis mehr Spanier eingetroffen seien. Das Versprechen wurde nicht eingehalten, Atahualpa wurde in einem Scheinprozeß, dessen Ausgang schon von Anfang an feststand, zum Tode verurteilt und ermordet. Weil er sich, den sicheren Tod vor Augen, zum Christentum bekehren ließ und von Padre Vincente de Valverde auf den Namen Don Francisci de Atahualpa taufen ließ, wurde er »nur« erdrosselt, so daß ihm der Tod auf dem Scheiterhaufen erspart blieb.

Die Mörder des Herrschers erwiesen sich als in höchstem Maße heuchlerisch: Scheinheilig legten sie Trauerkleidung an und bereiteten ihrem Opfer ein feierliches Begräbnis mit viel Pomp.

Die Nachricht vom Tode Atahualpas verbreitete sich mit Verzögerung im Lande. Nach wie vor waren Karawanen unterwegs, die weiterhin Kostbarkeiten als Lösegeld antransportierten – unter anderem aus der Stadt Pachacamac. Atahualpas Witwe ließ die Transporte noch rechtzeitig stoppen und lenkte sie in das Gebiet von Cuzco um, bevor sie den Spaniern in die Hände fielen. Schätze unvorstellbaren Ausmaßes wurden in gigantischen unterirdischen Tunnelanlagen versteckt.

Der Name des heute vergessenen Eingangs in die Unterwelt ist noch überliefert: »Ort, an dem man verlorengeht«. Im Jahre 1700 soll eine Schar von Abenteurern in das verwirrende unterirdische System von Gängen eingedrungen sein. Nur einer der Männer kehrte zurück. Er war wahnsinnig geworden und konnte nur noch unverständliche Laute lallen.

1814 führte Brigadier Matieo Garcia Pamakahua, ein Nachfahre des stolzen Inkageschlechts, seinen Vorgesetzten mit verbundenen Augen vom Hauptplatz in Cuzco aus zu einem Wasserlauf, wälzte einen Stein zur Seite und geleitete ihn eine Treppe hinab. Irgendwo unter der Erde sah der Offizier »Backsteine« aus purem Gold, edelstes Geschmeide und Tierfiguren aus Silber. Später erinnerte sich der Spanier: »Deutlich hörte ich die Uhr der Kathedrale von Cuzco schlagen. Die Schätze, die ich sah, müssen sich irgendwo unter der Stadt Cuzco selbst befinden.«

Mitte des 19. Jahrhunderts will der Abenteurer Bill McGovern ebenfalls unterirdische Gänge gesehen haben. Ihre Eingänge sollen sich außerhalb von Cuzco, bei Sacsayhuaman, befunden haben. »Hier hat man Altäre zu Ehren der Götter der unterirdischen Gefilde in Stein geschlagen.«

Wurde das sprechende und weissagende Idol aus Pachacamac mit den legendären Schätzen ebenfalls in die unterirdische Welt geschafft? Atahualpas Witwe soll ein Kultobjekt besessen haben, das die Zukunft enthüllte. Handelte es sich dabei um den sprechenden Kopf Pachacamacs, das Gegenstück der Inkas zu den Teraphim der Hebräer? Besteht also noch Hoffnung? Wird man den heiligen Kultgegenstand irgendwann entdekken?

In den Jahren 1992 und 1995 reiste ich zu Recherchen nach Cuzco. Ich fand konkrete Hinweise auf das legendäre Tunnelsystem. So gibt es, den Einheimischen wohlbekannt, unter dem Hauptaltar der Kirche von Santo Domingo einen primitiven Holzverschlag, der einen Eingang verschließt. Und noch weitere christliche Gebäude wurden auf Inka-Bauten errichtet, die einst ebenfalls den direkten Zugang zur unterirdischen Anlage ermöglichten: Es sind die Kirche von San Cristobal, die Kathedrale von Cuzco, die Kirche von Santa Catalina sowie die Kapelle von Santa Rosa. Diese sakralen Gebäude sind nicht willkürlich angelegt worden. Verbindet man sie auf dem Stadtplan von Cuzco miteinander, so ergibt sich eine schnurgerade Linie, deren Verlängerung nach Sacsayhuaman führt. Sollten die genannten Gebäude tatsächlich unterirdisch mit einem Tunnel verbunden sein, der zu einer komplexen, riesigen Anlage gehört? Kurios mutet die Antwort an, die mir ein Geistlicher vor Ort gab: »Nein! Und außerdem sind die unterirdischen Gänge heute viel zu gefährlich. Man darf sie nicht betreten!«

Bedenkt man, mit welch zerstörerischer Wut die Spanier einst über das Inka-Reich herfielen, ist es nur zu verständlich, wenn die Nachfahren einer glorreichen Vergangenheit auch heute noch die Geheimnisse ihrer Vorfahren zu hüten versuchen. Viele Einheimische sind davon überzeugt, daß nur ein echter Inka-Nachfahre dazu in der Lage sein wird, den legendären »sprechenden Kopf« Atahualpas zu finden. Wird er je entdeckt werden?

Im Spätsommer des Jahres 1996 gingen Pressemeldungen um

die Welt, wonach weitere uralte unterirdische Tunnelsysteme unter Cuzco erschlossen worden seien. Ist man dem Geheimnis des Pachacamac auf die Spur gekommen?

Den Teraphim auf der Spur

Die Hinweise auf die sprechenden Köpfe im Alten Testament haben auch die Anhänger des Kabbala-Kults brennend interessiert. Sie beschäftigten sich freilich nicht nur theoretisch mit den geheimnisvollen Kultobjekten, sie versuchten auch herauszufinden, ob die Figuren, mit deren Hilfe direkte Kommunikation mit Gott möglich gewesen sein soll, noch existierten. Wurden sie fündig? Fast sieht es so aus.

Möglicherweise war sogar einer der großen Wissenschaftler des 13. Jahrhunderts im Besitz einer Teraphim-Figur: Albert von Bollstädt, bekannt unter seinem Pseudonym Albertus Magnus (1193–1280). Von Bollstädt wechselte nach Beendigung seiner Studien im heimatlichen Bayern an die Universität von Padua.

Professor Dr. Alfred Lehmann (Aberglaube und Zauberei, 3. Auflage, Stuttgart 1925) schreibt hierzu: »Hier beschäftigte er sich wahrscheinlich zuerst mit den in jener Zeit allgemein gepflegten Wissenschaften, Grammatik, Dialektik, Rhetorik und Logik; zugleich aber erwarb er sich die mathematischen und naturwissenschaftlichen Kenntnisse, die ihm später den Namen eines ›Meisters in der schwarzen Kunst‹ verschafften. In Padua trat Albert in den kürzlich errichteten Dominikanerorden ein, und von diesem Augenblick an wurde sein Leben mehr oder weniger ein unausgesetztes Wandern nach Orten, wo seine Ordenspflichten ihn hinriefen. Zuerst studierte er eine Zeitlang Theologie in Bologna, und dann zog er in verschiedenen deutschen Städten als Lehrer an neu errichteten Dominikanerschulen umher; 1230 treffen wir ihn in Paris als Professor an der dortigen Universität, wo die Dominikaner zwei Plätze zu besetzen hatten. Hier soll er schon einen solchen Ruf als Gelehrter gehabt haben, daß kein Saal in der Stadt seine zahlreichen Zuhörer zu fassen vermochte, so daß er seine Vorlesungen unter freiem Himmel halten mußte.«

Das Forscherleben von Bollstädts glich ständig mehr oder minder einer gefährlichen Gratwanderung, denn immer wieder geriet er in den Verdacht, sich mit verbotenen Überlieferungen auseinanderzusetzen. Was über den geistigen Horizont seiner Konkurrenten ging, war für von Bollstädt nur die konsequente Anwendung von Logik, in den Augen seiner argwöhnischen Neider aber hatte es mit Zauberei zu tun. Setzte er sich doch zum Beispiel mit künstlichen Lebewesen, sprechenden Statuen, auseinander. Erst 1651 erschienen in Lyon 21 Foliobände aus der Feder des wahrhaft großen Wissenschaftlers. Allem Anschein nach handelt es sich dabei nur um sein »offizielles Werk«. Es enthält unter anderem konkrete Beschreibungen von »Automaten und ähnlichen Einrichtungen«, die in verblüffender Weise an die Teraphim des Alten Testaments erinnern. Sollte von Bollstädt – auf welche Weise auch immer – in den Besitz eines solchen Kultobjekts gelangt sein?

Kein Geringerer als Thomas von Aquin soll von Bollstädt in seiner »geheimen Werkstatt« aufgesucht haben. Dort traf er auf eine »schöne weibliche Gestalt, die ihn mit menschlicher Stimme bewillkommte. Um sich gegen die teuflische Versuchung zu wehren, schlug er mit einem Stocke auf sie los, worauf die Figur unter Rasseln und eigentümlichen Lauten zusammenfiel« (Aberglaube und Zauberei, 3. Auflage, Stuttgart 1925, S. 116).

Was hatte der fromme Thomas da angerichtet? Er hatte so etwas wie einen künstlichen Menschen, einen Roboter, zerschlagen. Handelte es sich dabei um eine Teraphim-Figur? Oder hatte von Bollstädt nach geheimen Kabbala-Texten eine solche Figur rekonstruiert? Wie hätte er in den Besitz des biblischen Kultobjekts gelangen können? Hinweise aus der geheimnisvollen Geschichte des Templerordens können so verstanden werden, daß die wißbegierigen Ritter und Studenten der Kabbala um 1200 n. Chr. in Jerusalem Teraphim-Figuren fanden und nach Europa brachten. Bekam von Bollstädt ein Exemplar? Gelangten andere Exemplare in den Besitz des Vatikans? Immerhin soll Gerbert von Aurillac (etwa 940 bis 1003), bekannt als Papst Sylvester II., einen »sprechenden Kopf« besessen haben.

Es besteht also durchaus die Möglichkeit, daß in unterirdischen Schatzkammern Perus, aber auch in Geheimsammlungen des Vatikans »sprechende Köpfe« noch immer ihrer Wiederentdeckung harren.

X. Die Kabbala und die Manna-Maschine

Kehren wir zum Alten Testament, zur Bundeslade zurück. Jenes wichtigste Kultobjekt wurde nicht nur deshalb als besonderes Heiligtum verehrt, weil es die Kommunikation mit Jahwe ermöglichte. Es soll neben den von Gott selbst übermittelten Gesetzestafeln mit den Zehn Geboten auch einen Krug mit Manna enthalten haben. Was aber war Manna eigentlich?

Manna soll den Israeliten während der 40 Jahre währenden Reise aus dem Land der Pharaonen durch die Wüste als einzige Nahrung gedient haben. Doch schon der Name der göttlichen Speise ist letztlich ungeklärt. Im Alten Testament selbst wird eine Herleitung versucht. Als die Israeliten die ihnen unbekannte Nahrung zum ersten Male sahen, fragten sie: »Was ist das?« – »man hu« im Hebräischen. Daraus habe sich die Bezeichnung »Manna« entwickelt (siehe hierzu 2. Buch Mose, Kapitel 16, Vers 15).

Man(n)a ist freilich auch im Melanesischen bekannt als Bezeichnung für die »übernatürliche göttliche Hilfe«. Für die Osterinsulaner war »mana« die »Kraft«, mit der die fliegenden Götter, vergleichbar mit den Himmelssöhnen, Engeln und Dämonen des Alten Testaments, den Menschen halfen.

Gemäß der Bibel (2. Buch Mose, Kapitel 16, Vers 14) sah Manna »fein flockig, wie Reif« aus. Sein Geschmack wird mit dem von Flachkuchen und Honig verglichen (2. Buch Mose, Kapitel 16, Vers 31). Das Werk »Einsichten über die Heilige Schrift« (Selters 1992, S. 271) hält treffend fest: »Kein heute bekannter natürlicher Stoff entspricht völlig der biblischen Beschreibung des Mannas, es ist also kaum möglich, es mit einem bekannten Produkt zu identifizieren.«

Just das wird aber in der modernen Theologie versucht. Man meint, daß für den Menschen des ausgehenden 20. Jahrhunderts Wundersames nicht mehr akzeptabel ist, und versucht daher allenthalben, scheinbar Übernatürliches in das Korsett des Alltäglichen zu pressen. Wen darf es da noch wundern, wenn die christlichen Kirchen in zunehmendem Maße auf steigendes Desinteresse stoßen und die Menschen in Scharen ihrer Glaubensgemeinschaft den Rücken kehren?

So wird die Vermutung geäußert, Manna könne von Coccidien, Schmarotzern an den Tamariskengewächsen, hervorgerufen werden – und zwar als weißliches, süßes Sekret. Bereits 1823 wurde diese Vermutung von Christian Gottfried Ehrenberg vorgetragen. Sie erscheint allerdings wenig glaubhaft. Einerseits müßte der Sachverhalt einem Wüstenvolk durchaus geläufig gewesen sein – von einem göttlichen Wunder hätte da niemand zu sprechen gewagt. Andererseits wird im Alten Testament ausdrücklich betont, daß das Manna am jeweils 7. Tag nicht zur Verfügung stand (siehe hierzu 2. Buch Mose, Kapitel 16, Vers 25). Damit scheidet die Erklärung, Manna komme als Naturprodukt vor, aus. Oder will man unterstellen, die Coccidien seien bereits gewerkschaftlich organisiert gewesen und hätten, vielleicht gar durch Streiks, einen Ruhetag pro Woche erkämpft?

Im Alten Testament finden sich verstreut weitere Hinweise auf Manna, die meist übersehen werden. So spricht der Psalmist (Psalm 78, Vers 24) vom »Korn des Himmels«, ein anderer Psalm (Psalm 105, Vers 40) von »Brot vom Himmel«. Im hebräischen Original erwähnt Psalm 78 (Vers 25) das »Brot der Starken«. In vielen Übersetzungen gibt man den Ausdruck freier wieder als »Brot der Engel«. Wahrscheinlich sind mit den »Starken« wirklich Engel gemeint. Werden diese Wesen doch in Psalm 103 (Vers 20) als »mächtig an Kraft« beschrieben. Ist also mit dem »Brot der Starken« tatsächlich das Manna gemeint? Das Buch »Einsichten über die Heilige Schrift« (Selters 1992, S. 271) verweist in diesem Zusammenhang auf das Neue Testament, auf Galater 3, Vers 19. »Es wurde durch Engel übermittelt«, so das beachtliche Nachschlagewerk, beziehe sich auf die himmlische Wunderspeise.

Wenn das Manna den Engeln dauerhaft als Speise diente, so können deren Anforderungen an Speisen nicht sonderlich hoch gewesen sein. Hing doch selbst den Israeliten, die auf der Flucht durch die Wüste wahrlich keine übertriebenen Forderungen an den Speiseplan hätten stellen dürfen, die monotone Kost bald zum Halse heraus. Sie sprachen von »verächtlichem Brot« und zettelten einen Aufstand gegen Jahwe an, der zur Strafe giftige Schlangen sandte, denen viele Menschen zum Opfer fielen (4. Buch Mose, Kapitel 21, Verse 5 und 6).

Nochmals sei auf »Einsichten über die Heilige Schrift« verwiesen. Dort heißt es: »Oder der Ausdruck ›das Brot von Starken‹ vermittelt lediglich den Gedanken, daß es vom Himmel stammte, denn dort ist der Wohnort der ›Starken‹.«

Die Manna-Maschine

Die Hinweise auf das biblische Manna, die wir dem Text des Alten Testaments entnehmen können, sind als eher dürftig zu bezeichnen. Wollen wir mehr über die »himmlische Speise« erfahren, so sind wir auf die Ausführungen angewiesen, die von den Vertretern des Kabbala-Kults hinterlassen wurden.

Zur Sammlung altüberlieferter Texte der Kabbala gehört das dreibändige Werk des Sepher-ha-Joachai, das von Simon bar Joachai im 2. Jahrhundert niedergeschrieben worden sein soll. Just jener Texte nahmen sich George Sassoon und Rodney Dale an.

George Sassoon, 1936 geboren, wurde in Oundle und am King's College, Cambridge, ausgebildet, wo er Naturwissenschaften studierte. Er ergriff den Beruf eines Konstruktionsingenieurs, arbeitete zunächst für W. G. Pye Ltd., gründete aber bald eine »Vertragsorganisation für Forschung und Entwicklung« in England. Er wirkte als technischer Übersetzer, richtete dann aber eine Entwicklungs- und Herstellungsabteilung für Elektronik in der Firma ein.

Rodney Dale wurde an der Prese School und am Queen's College, Cambridge, ausgebildet, studierte wie Sassoon Naturwissenschaften, wandte sich dem Maschinenbauwesen zu und betrieb eine eigene Firma. Er schloß sich der »Vertragsorganisation für Forschung und Entwicklung« von George Sassoon an.

Die beiden englischen Wissenschaftler kamen rasch zu der Erkenntnis, daß die Theologie, was die Bundeslade und die Manna-Maschine angeht, völlig überfordert ist, weil die Theologen, technisch-wissenschaftlich gänzlich unbedarft, den wahren Hintergrund des Manna-Wunders nicht verstehen können. Dank ihrer speziellen wissenschaftlichen Vorbildung meinten sie, das Rätsel des Mannas lösen zu können. Bald schon stand für beide fest, daß man von einem technischen Hintergrund ausgehen mußte.

Zunächst ungläubig staunend, bald aber immer klarer verstehend, erkannten Sassoon und Dale: In den Kabbala-Büchern »Große Heilige Versammlung«, »Kleine Heilige Versammlung« und »Das Mysterium« wurden Vorträge zusammengestellt, die Rabbi Simon bar Joachai einst seinen neun Schülern hielt. Dabei ging es um etwas Rätselhaftes, das als der »Hochbetagte« umschrieben wird. Der weise Lehrer überschüttete seine Schüler mit einer Fülle von Details, die er für unglaublich wichtig hielt. Als er seinen Tod nahen fühlte, rief er sie nochmals zusammen. Schon auf dem Sterbebett liegend, fragte er sie ab, ob sie denn auch alles, was er ihnen vorgetragen hatte, gut im Gedächtnis behalten hätten. Das rätselhafte Wissen sollte auf keinen Fall in Vergessenheit geraten. In seinen letzten Lebenstagen vermittelte der Lehrer seinen Schülern noch weitere, ergänzende Details.

Sassoon und Dale empfanden den vermittelten Lehrstoff als geradezu ungeheuerlich und gleichzeitig logisch bis ins Detail. Ihren Erkenntnissen zufolge handelte es sich bei dem »Hochbetagten« nämlich nicht um ein überirdisches mythologisches Wesen, sondern um eine komplizierte rekonstruierbare technische Maschine zur Herstellung von Manna!

Sassoon und Dale legten die Resultate ihrer bahnbrechenden Arbeit im Frühjahr 1976 der weltweit angesehenen Wissenschaftszeitschrift »New Scientist« vor. Sie wurde unter dem Titel »Deus est machina?« (»Ist Gott eine Maschine?«) publiziert. 1979 folgte die Veröffentlichung des Sachbuchs »Die Manna-Maschine«, das inzwischen als Taschenbuch neu aufgelegt wurde (Berlin 1994).

Der »Hochbetagte«, auch »Uralter der Tage« genannt, hatte zwei »Schädel«, einer saß über dem anderen. Der obere Schädel enthielt das obere Gehirn, auf dem Tau destilliert wurde. Das untere Gehirn enthielt das »himmlische Öl«. Er besaß vier Augen, eines davon leuchtete von innen heraus, drei waren nicht selbstleuchtend. Beide Schädel wurden von einem äußeren Schädel umgeben. Im oberen Teil wurde Wasser destilliert, mit einer gekühlten Oberfläche, über die Luft geführt und mittels Wasser kondensiert wurde. Das Wasser wurde in einen Behälter geleitet, in dessen Mitte sich eine starke Lichtquelle befand. Sie bestrahlte eine Algenkultur, vermutlich vom Chlorella-Typ.

Die Algenkultur produzierte eine eiweißhaltige Substanz – das Manna: Sie zirkulierte dabei in einem Röhrensystem, das einen Austausch von Sauerstoff und Kohlendioxyd mit der Atmosphäre ermöglichte und außerdem überschüssige Wärme abgab.

Der so produzierte Chlorellaschlamm wurde in ein Gefäß geleitet und behandelt. Die Stärke wandelte sich dabei teilweise in Malzzucker um, der dann – leicht gebrannt – das Produkt Manna »wie Honigkuchen« schmecken ließ (2. Buch Mose, Kapitel 16, Vers 31).

Zwei Gefäße fingen das Trockenprodukt auf. Eines davon wurde tagtäglich geleert und versorgte die Israeliten mit einer Tagesration Manna. Das zweite Gefäß füllte sich langsam auf und enthielt das Manna für den 7. Tag. Nach Sassoon und Dale mußte die Maschine alle sieben Tage gewartet und gereinigt werden. Während dieses Vorgangs konnte kein Manna produziert werden.

In diesem Zusammenhang muß auf einen merkwürdig anmutenden Vers aus dem Buch des Propheten Daniel hingewiesen werden. Da ist davon die Rede (Kapitel 7, Verse 13 und 14), daß »einer in der Nacht mit den Wolken des Himmels wie ein Menschensohn« kam und sich »zu dem, welcher hochbetagt war, näherte«. »Der gab ihm Macht, Ehre und Reich.« Sollte da von dem »Hochbetagten«, von der Manna-Maschine, die Rede sein? Und warum näherte sich ihm »mit den Wolken des Himmels . . . ein Menschensohn«? Etwa um Wartungsarbeiten vorzunehmen?

Nach den Berechnungen der britischen Wissenschaftler erzeugte die Maschine täglich eine Maßeinheit von einem »omer« für jede Familie. Täglich wurden rund eineinhalb Kubikmeter Manna produziert, ausreichend für 600 Personen. Eifrige Bibelleser werden nun einwenden, daß in der Bibel davon die Rede sei, daß 600 000 Israeliten 40 Jahre lang durch die Wüste zogen und mit Manna versorgt werden mußten. Wenn nun aber die Manna-Maschine lediglich 600 Personen mit der klebrigen Kost versorgen konnte, wären dann nicht 1000 Exemplare erforderlich gewesen? Eine solche Annahme mutet eher unglaubwürdig an. Sollte damit die Konstruktion der Maschine des »Hochbetagten« ad absurdum geführt worden sein?

Keineswegs. Offensichtlich unterlief den frommen Bibelübersetzern, die den Zug durch die Wüste besonders eindrücklich erscheinen lassen wollten, ein – nachvollziehbarer – Fehler. Das hebräische Wort für »Tausend« kann nämlich ebenso korrekt mit »Haupt« wiedergegeben werden. Vernünftigerweise müßte man dann »600 Häupter« und nicht 600 000 übersetzen. Die von Sassoon und Dale errechnete Menge Manna, die die Maschine herstellte, reichte aber exakt für 600 Menschen aus.

Es würde den Rahmen dieses Buches sprengen, wollte ich auf alle Details der komplizierten Maschine eingehen. Leserinnen und Leser, die sich intensiver mit der hochinteressanten Thematik auseinandersetzen wollen, seien auf das Buch »Die Manna-Maschine« verwiesen. Es liegt, mit einem Vorwort von Erich von Däniken versehen, als preiswerte Taschenbuchausgabe vor (Berlin 1994).

Wo befindet sich die Manna-Maschine heute?

Nachdem die Flucht der Israeliten nach 40 Jahren endlich im »Gelobten Land« endete, war die Manna-Maschine, die ihnen so lange das »tägliche Brot« gespendet hatte, überflüssig. Man freute sich ohne Zweifel, endlich wieder auf »normale«, vor allem aber abwechslungsreichere Kost zurückgreifen zu können.

Was aber geschah mit der Manna-Maschine?

Aaron soll versucht haben, einen Krug mit etwa 2,2 Litern Manna für künftige Generationen aufzubewahren. Er stellte das Gefäß in die Bundeslade (siehe hierzu 2. Buch Mose, Kapitel 16, Verse 32 und 34). Als aber das heilige Kultobjekt in Salomos Tempel aufgestellt wurde, war besagter Krug verschwunden, und über seinen Verbleib weiß das Alte Testament nichts zu berichten (siehe hierzu 2. Buch Samuel, Kapitel 6, Vers 17).

Die Manna-Maschine selbst dürfte von König David nach Jerusalem geschafft worden sein. Davids Sohn, Salomo, baute für sie einen Tempel. Nur Priester und hohe Beamte bekamen den Apparat noch zu Gesicht. 587 v. Chr. wurde der Tempel zerstört – auch die Manna-Maschine? Einer jüdischen Überlieferung zufolge wurde sie gerettet und in einer unterirdischen Höhle in der Nähe von Jerusalem versteckt. Der geheime Ort war gut, anscheinend zu gut gewählt. Als Jahre später einige Priester die Maschine wieder bergen wollten, um sie zurück nach Jerusalem zu bringen, fanden sie die Höhle nicht mehr. Sollte der Apparat also noch in einer unterirdischen Höhle in der Nähe von Jerusalem zu finden sein?

Bei der Suche nach dem geheimnisvollen Objekt ist allerdings Vorsicht geboten. Nach Sassoon und Dale wurde die Energie, die für die Mannaproduktion benötigt wurde, mittels eines kleinen atomaren Reaktors gewonnen. Der Apparat war also alles andere als ungefährlich.

George Sassoon und Rodney Dale gehen davon aus, daß zumindest Teile der Manna-Maschine in der Bundeslade aufbewahrt wurden – vermutlich radioaktiv strahlende Teile. Demnach wäre von der Bundeslade eine tödliche Gefahr ausgegangen. Wer ihr zu nahe kam, mußte mit der Wirkung tödlicher Strahlen rechnen. Gibt es dafür Belege im Alten Testament?

Im 1. Buch Samuel (Kapitel 5, Verse 1 ff.) wird berichtet, daß die Philister die Bundeslade an sich gebracht hatten. »Dann nahmen sie die Lade Jahwes und brachten sie in das Haus Dagons. Sie stellten sie neben Dagon. Und als die Leute von Asdod am anderen Morgen sich früh aufmachten und in das Haus Dagons kamen, sahen sie Dagon auf seinem Antlitz liegen auf der Erde vor der Lade Jahwes.« Nicht nur Dagon selbst wurde von der Lade – oder von den Strahlen, die von ihr ausgingen – niedergestreckt. »Aber die Hand Jahwes lag schwer auf den Leuten von Asdod, und er brachte Verderben über sie und schlug sie mit bösen Beulen, Asdod und sein Gebiet.«

Der kurze Text enthält zwei Hinweise, die sehr wohl dafür sprechen können, daß radioaktive Strahlen von der Bundeslade ausgingen. Erstens: Menschen, die sich in die Nähe des Kultobjekts begaben, wurden krank, von »Beulen« heimgesucht. Zweitens: Die negative Auswirkung bezog sich nicht nur auf Menschen, sondern auch auf das Land.

Die von der Lade ausgelöste Verseuchung wurde freilich nicht nur im Alten Testament beschrieben. Sie muß so verheerend gewesen sein, daß ein wichtiger römischer Geschichtsschreiber darüber berichtete. Josephus Flavius (etwa 37 bis 100 n. Chr.), Verfasser einer »Geschichte des Jüdischen Krieges«, schreibt in seinem Werk »Alte jüdische Geschichte« (Band VI, 1,1): »Endlich sandte Gott eine tödliche Krankheit über die Stadt Asdod und die umliegende Gegend: denn die Menschen starben an der Ruhr, einer schmerzhaften Seuche, welche schleunigen Tod brachte. Ehe die Seele noch durch den Tod vom Leibe gelöst wurde, brachten sie ihre Eingeweide herauf und gaben sie, durchfressen und ganz von der Krankheit verdorben, durch Erbrechen von sich.«

Die Übersetzer von Josephus' Werk ins Deutsche, Johann Friedrich Cotta und August Gfrörer, erkannten den Zusammenhang mit dem Bibeltext. Sie fügten folgende Fußnote an: »Worin diese Krankheit bestand, läßt sich aus 1. Samuel (5, 9; 6, 5) nicht mit Gewißheit schließen. Wenn Josephus sie eine Ruhr nennt, so läßt sich nichts dagegen einwenden, schwerlich möchte aber ein Arzt ihm beistimmen in der Behauptung, daß die Eingeweide von den Kranken ausgebrochen worden seien. Whiston hat dies gefühlt und deshalb übersetzt: ›sie hätten das von sich gebrochen, was sie gegessen‹; er hat aber diese Stelle nicht getreu übersetzt. Ein verständiger Arzt, den der Herausgeber befragte, war der Meinung: ›das Erbrechen der Eingeweide sei nicht möglich; Josephus habe wahrscheinlich erzählt, wie man die Sache angesehen habe.‹« (Zitat aus Johann Friedrich Cotta und August Gförer: Die Werke des Flavius Josephus, Philadelphia 1838)

Wir müssen bedenken, daß der Kommentar des »verständigen Arztes« etwa anno 1830 erfolgte. Damals waren die tödlichen Auswirkungen radioaktiver Verstrahlung gänzlich unbekannt. Heute sind wir in des Wortes negativster Bedeutung fortgeschrittener. Wissenschaftler haben inzwischen die Atombombe nicht nur entwickelt, sondern auch bereits eingesetzt. Heute wissen wir, daß die im Alten Testament wie von Josephus beschriebenen Krankheiten in verblüffender Weise den Folgen radioaktiver Verstrahlung gleichen! Der Tod der betroffenen Menschen trat nicht sofort ein: »Ehe die Seele noch durch den Tod vom Leibe gelöst wurde, brachten sie ihre Eingeweide herauf und gaben sie, durchfressen und ganz von der Krankheit verdorben, durch Erbrechen von sich.«

Entsetzt gaben die Philister ihre Beute wieder an die Israeliten zurück. Jahwe ließ weitere Menschen sterben, die sich in ihre Nähe wagten: »Aber die Söhne Jechonias freuten sich nicht mit den Leuten von Beth-Schemesch, daß sie die Lade Jahwes sahen. Und Jahwe schlug unter ihnen siebzig Mann.« (1. Buch Samuel, Kapitel 6, Vers 19)

Keinen Anlaß zur Freude hatte auch Usa: »Und als sie zur Tenne Nachons kamen, griff Usa zu und hielt die Lade Jahwes fest . . . da entbrannte Jahwes Zorn über Usa, Jahwe schlug ihn dort, weil er seine Hand nach der Lade ausgestreckt hatte, so daß er dort starb bei der Lade Jahwes.« (2. Buch Samuel, Kapitel 6, Verse 6 und 7)

Es kann keinen Zweifel geben: Von der Manna-Maschine

ging wegen der radioaktiven Strahlung eine tödliche Gefahr aus. So war es nur vernünftig, daß das lebensgefährliche Kultobjekt in einer unterirdischen Höhle vergraben wurde, wie es im 2. Buch der Makkabäer heißt, das den Texten des Kabbala-Kults zugerechnet werden muß und das nicht in das Alte Testament aufgenommen wurde.

Dort heißt es (Kapitel 2, Vers 4): »Als sie nun an den Berg kamen, darauf Mose gewesen war, und des Herren Erbland gesehen hatte, fand Jeremias eine Höhle und den Altar des Räucheropfers und verschloß das Loch. Aber etliche, die auch mitgingen, wollten sich das Loch merken und zeichnen. Sie konnten es aber nicht finden. Da das Jeremias erfuhr, strafte er sie und sprach: Diese Stätte darf kein Mensch finden noch wissen, bis der Herr sein Volk wieder zuhauf bringen und gnädig sein wird. Dann wird es ihnen der Herr wohl offenbaren, und man wird des Herren Herrlichkeit sehen in einer Wolke, wie er zu Moses Zeiten erschien.«

Wie sind diese Worte zu verstehen? Nach Josef Blumrich bezeichnete der biblische Hesekiel den himmlischen Wagen Jahwes als »des Herrn Herrlichkeit«. Wird also einst jenes Flugvehikel zur Erde zurückkehren? Wird dann Jahwe enthüllen, wo die Manna-Maschine vergraben wurde? Dürfen wir Menschen des ausgehenden 20. Jahrhunderts versuchen, das gefährliche Kultobjekt ausfindig zu machen?

Technisch sind wir dazu in der Lage. Jeder Quadratmeter unseres blauen Planeten ist vom All aus von Satelliten erfaßbar. Nachdem nun der unselige, unsinnige kalte Krieg zwischen Ost und West zu Grabe getragen wurde, müßten doch Kapazitäten bei Spionagesatelliten frei geworden sein. Warum sollte man sie nicht nutzen, um nach der Manna-Maschine zu suchen? Es müßte doch eigentlich ein Leichtes sein, in der relativ kleinen Region des Landes Israel vom All aus eine sehr kleine, ja punktuelle unterirdische Quelle radioaktiver Strahlung ausfindig zu machen.

Wir wissen heute um die Gefahren der Radioaktivität und könnten bei einer Bergung der Manna-Maschine die notwendigen Sicherheitsvorkehrungen einhalten.

Würde sich die Suche nach dem Kultobjekt lohnen? Zweifellos! Es wäre die wohl faszinierendste wissenschaftliche Entdeckung überhaupt, wenn ein Stück außerirdischer Technologie auf unserem Planeten ausfindig gemacht werden könnte. Eine Untersuchung des Objekts würde wohl ungeahnte, ja unvorstellbare Erkenntnisse und Fortschritte mit sich bringen und der Menschheit vielleicht ans Märchenhafte grenzende Möglichkeiten eröffnen.

Ob wir dessen würdig sind? Die Suche nach dem geheimnisvollen Relikt aus biblischen Zeiten könnte einen neuen Wettlauf auslösen. Als Ziel lockt eine Technologie, die der heutigen irdischen haushoch überlegen sein dürfte.

XI. Himmel, Paradies und Hölle

Für viele Europäer von heute sind Begriffe wie »Himmel«, »Hölle« und »Paradies« fast bedeutungslos geworden. Vor etwa drei Jahrtausenden aber, zu Zeiten des Alten Testaments, waren die Menschen in Israel davon überzeugt, daß Himmel, Hölle und Paradies reale und konkrete Orte sind.

Führen wir uns zunächst einmal das Weltbild des Alten Testaments vor Augen: Man stelle sich eine käseglockenartige Kuppel vor, die auf einem Teller steht. Der Teller stellte die platte Erdscheibe dar, die Glocke den Himmel. Unmittelbar unter der Glocke wurden Sonne, Mond und Sterne angesiedelt, darüber vermutete man die Heimat der Götter. In einem Hohlraum unter der Erdscheibe, irgendwo zwischen den Säulen, auf der die Erde ruht, mußte sich die Hölle befinden.

Heimat der Götter

Die himmlischen Gefilde, so glaubte man, konnten theoretisch erreicht werden, praktisch freilich war der Mensch aus eigener Kraft dazu nicht in der Lage. An einen – von Anfang an zum Scheitern verurteilten – Versuch, in den Himmel der Götter zu

121

gelangen, erinnert die Geschichte vom »Turmbau zu Babel« (1. Buch Mose, Kapitel 11).

Nur die Götter, die Engel oder Göttersöhne vermochten es, die enormen Distanzen zwischen der Erde und den Himmelsgefilden zu überbrücken. Sie stiegen vom Himmel zur Erde herab und flogen zurück. Menschen konnten nur mit Hilfe der Götter in deren Heimat gelangen. Auserwählte durften kurzzeitig in den »Himmelswagen« mitfliegen, wurden aber wieder auf die Erde zurückgebracht. Beispiel: Abraham und Hesekiel.

Wenn sich talmudische Schriftgelehrte nicht darüber einigen konnten, wie eine bestimmte Stelle des Alten Testaments zu verstehen sei, vertagten sie eine Entscheidung »bis zur Rückkehr des Elia«. Über diesen heißt es (2. Buch der Könige, Kapitel 2, Vers 11): »Siehe, da kam ein feuriger Wagen . . . und Elia wurde entrückt.«

Die Aussage dieses Verses nahm man wörtlich: Man ging davon aus, daß Elia in die Heimat der Götter »entrückt« worden war, seine Himmelfahrt verstand man als reale, physische Reise, nicht als eine im Geiste. Der Himmel – das war für die Autoren des Alten Testaments die Heimat der Götter, eine höchst reale Welt, kein Elysium für die Seelen guter Verstorbener.

Das Bild vom Himmel als einem Aufenthaltsort der Seelen der Verstorbenen ist ein christliches. Es findet sich nicht im Alten Testament.

Übersetzt man den wohl bekanntesten Vers der Bibel überhaupt, mit dem das Alte Testament beginnt, richtig, so heißt es da: »Am Anfang schufen die Götter die Himmel und die Erde.« Da ist von Himmeln in der Mehrzahl die Rede. Im Alten Testament unterschied man deutlich zwischen dem Himmel, den wir von der Erde aus sehen (Wolken, Sonne, Mond und Sterne), und einem zweiten Himmel weit darüber, irgendwo in den Tiefen des Alls, wo man die Götter ansiedelte. Das Neue Testament fügte schließlich einen weiteren, dritten Himmel hinzu: Dort vermutete man die Seelen der Verstorbenen. Relativ jung und christlich ist auch die Vorstellung, Verstorbene würden ins Paradies eingehen (siehe hierzu den 2. Brief des Paulus an die Korinther, Kapitel 12, Verse 2 und 4).

Das Paradies war für die Autoren des Alten Testaments ein Ort auf der Erde.

Das Paradies auf Erden

Genauso real wie die Heimat der Götter war für die Autoren des Alten Testaments das Paradies. Aber wo lag es?

Wenn ein Buch Hinweise auf das Paradies enthält, dann der Schöpfungsbericht des Alten Testaments. Mit wissenschaftlicher Akribie betrachtet, zeigt es sich, daß die Bibel nicht etwa nur einen Schöpfungsmythos enthält, sondern drei.

Der älteste Schöpfungsbericht entstand zwischen 1200 und 900 v. Chr. Wir finden ihn im 1. Buch Mose, Kapitel 2 in den Versen 4 bis 25. Als er geschrieben wurde, verließen verschiedene semitische Stämme die Wüste Sinai und wanderten in das Kulturland Kanaan ein. Nach und nach entstand das Volk Israel als eine zusammengehörige Einheit. Die einzelnen Nomadengruppen waren glücklich ob ihres günstigen Schicksals. Sie waren der Wüste entronnen, und das satte Kulturland Kanaan, in das sie mit mehr oder weniger Gewalt drängten, erschien ihnen wie ein Paradies.

So entstand die Beschreibung des Gartens Eden (1. Buch Mose, Kapitel 2, Verse 8 ff.): »Und Gott der Herr pflanzte einen Garten gegen Morgen . . . und allerlei Bäume, lustig anzusehen . . . und es ging aus von Eden ein Strom zu wässern den Garten . . . und das Gold des Landes ist köstlich.«

Den zweiten Schöpfungsbericht finden wir an eigentlich unvermuteter Stelle, nämlich bei den Psalmen. Exakter: in Psalm 104, der etwa 600 v. Chr. entstand. Seit dem ersten Bericht sind Jahrhunderte verstrichen. Inzwischen gibt es längst ein Volk Israel. Der Staat Judäa hat sich gebildet. Israel ist eine völkische Einheit, das Leben wird von religiösem Kult bestimmt. Das Volk empfindet ein großes Zusammengehörigkeitsgefühl. Die Zeiten, da verschiedene Nomadengruppen erst noch zueinander finden mußten, ist vorbei.

Die Form des Textes ist sehr wichtig: Er ist als hymnischer

Lobpreis gestaltet, was Zeugnis davon ablegt, daß sich eine stabile religiöse Gemeinschaft gebildet hat. Im Gegensatz zum ersten, ältesten Schöpfungsbericht steht der Mensch jetzt nicht mehr im Zentrum. Die Schöpfung selbst spielt hier die Hauptrolle schlechthin, sie wird in ihrer Vielfältigkeit erfaßt. Es wird die Weite des Himmels gelobt, und die hohen Berge werden ebenso erwähnt wie die tiefen Täler, und zahllose Tiere werden genannt.

Der dritte, jüngste Schöpfungsbericht schließlich ist der, den die meisten Menschen als den Schöpfungsbericht schlechthin verstehen.

587 v. Chr. ist der Tempel zerstört worden, nun hat man ihn wieder aufgebaut. Die geistige Elite des Volkes Israel hat die schlimme Zeit der babylonischen Gefangenschaft hinter sich gebracht. Gerade diese trostlosen Zeiten fern der geliebten Heimat waren von enormen Einfluß auf das Volk Israel.

Während der Gefangenschaft, also in jenen Jahren, da Hesekiel seine Erlebnisse mit »seinem« Zubringerraumschiff hatte, kamen viele Israeliten mit einer neuen Denkungsart in Berührung – mit der Wissenschaft. Während im ältesten Schöpfungsbericht der einzelne Mensch Gott gegenübersteht, wird im zweiten Teil, also in Psalm 104, Gott mit der Gemeinschaft der Prediger und der Betenden konfrontiert. Im dritten Teil finden wir einen universalen Gott, einen Schöpfer, der sich in der Übersetzung des Originaltexts freilich als eine Ansammlung von Göttern entpuppt.

Wir können uns getrost auf die Suche nach dem Paradies machen. Wo mag es gelegen haben?

Das Wort »Paradies« findet sich nicht im Originaltext. Es läßt sich vom Persischen ableiten, von pardes, was soviel wie Garten heißt. Eden ist sumerischen Ursprungs und bedeutet Ebene.

Der Text des Alten Testaments läßt vermuten, daß es sich bei dem Paradies um eine Ebene handelt, in der das Grün von Wiesen dominiert. Wo aber lag dieses Eden? Wo lag das Paradies?

Die alten Sumerer waren davon überzeugt, daß es das Paradies, den Garten Eden, wirklich gegeben hat. Sie beschrieben das Paradies auf jahrtausendealten Keilschrifttafeln als »Dilmun«. »Dilmun« und »Eden« sind mit an Sicherheit grenzender Wahrscheinlichkeit identisch.

Das Alte Testament verrät, daß aus jenem Gewässer, das im Paradiese fließt, vier Flüsse werden. Im 1. Buch Mose, Kapitel 2, Verse 10 ff. steht: »Es entspringt aber ein Strom in Eden, den Garten zu bewässern, von da aus teilt er sich in vier Arme: der erste heißt Pischon, das ist der, welcher das ganze Land Chawila umfließt, wo das Gold ist. Und das Gold jenes Landes ist köstlich, auch Balsamerz und Karneolsteine sind dort vorhanden. Der zweite Fluß heißt Gischon, das ist der, welcher das ganze Land Kusch umfließt. Der dritte Fluß heißt Hildekkel, das ist der, welcher östlich von Assur fließt. Der vierte Fluß trägt den Namen Euphrat.«

Laut dem Text des Alten Testaments entspringt im Paradies also ein Fluß, der sich wiederum vierteilt, in vier Flüsse mündet. Diese vier Flüsse hat man schon viele Jahrhunderte lang gesucht.

Hildekkel wurde von verschiedenen Paradiesforschern als Tigris-Fluß identifiziert. Sie setzten den Namen, der im hebräischen Original nirgendwo auftaucht, einfach ein und ließen den alten Namen willkürlich unter den Tisch fallen. War das legitim?

Euphrat und Trigris fließen im wesentlichen von Norden nach Süden. Wenn die beiden Flüsse einer gemeinsamen Quelle entstammen, dann müßte das Paradies nördlich vom Zweistromland zu finden sein. Andererseits heißt es aber (1. Buch Mose, Kapitel 2, Vers 8), das Paradies habe sich im Osten befunden. In den Osten habe Gott die ersten Menschen gebracht. Paradoxerweise haben sich die Menschen, nachdem sie aus dem Paradies vertrieben worden waren, aber im Osten niedergelassen. Müßte es dann nicht im Westen gelegen haben? (Wo lag das Paradies? Das Neue Zeitalter, Nr. 39/1986)

Wenn das nicht verwirrend ist! Von derlei Widersprüchen läßt sich Buchautor und Theologe Holger Kersten allerdings nicht beirren.

Lag das Paradies in Kaschmir?

Kersten lenkt den Blick als Paradiessuchender gen Kaschmir.

Tatsächlich spricht manches dafür, daß Kaschmir das Paradies des Alten Testaments ist. Kaschmir bedeutet übersetzt nichts anderes als »das Paradies auf Erden«. Das Zweistromland, so Holger Kersten, könne mit dem Paradies nichts zu tun haben. Sind doch im Alten Testament vier Flüsse genannt und nicht nur zwei. Im nordindischen Raum münden noch heute fünf große Ströme aus einem gemeinsamen Gebiet. Sind es biblische Flüsse?

Im 1. Buch Mose (Kapitel 2, Verse 11 bis 13) lesen wir: »Der erste heißt Pischon, das ist der, welcher das ganze Land Chawila umfließt, wo das Gold ist. Und das Gold jenes Landes ist köstlich . . . Der zweite Fluß heißt Gischon, das ist der, welcher das ganze Land Kusch umfließt.«

Dieses Kusch, meint Holger Kersten, hat sich im Laufe der Sprachverschiebungen in Kasch verwandelt. »Mir« bedeutet im Russischen das Gebiet einer Gemeinschaft, im Türkischen ist es ein Ehrentitel, im Persischen ein Kleinod. Heißt das, daß aus dem biblischen Kusch im Laufe der Zeit durch Umwandlungen, Sprachverschiebungen Kaschmir, wurde, daß Kasch-mir etwa »Land, Gegend von Kusch« oder »Kleinod von Kusch« heißt?

Eine andere Deutung führt Kaschmir auf das hebräische Wort kascher (beziehungsweise kashir oder koscher) zurück. Es bedeutet »einwandfrei« und bezieht sich in erster Linie auf Speisen. Nur rituell geschlachtete Tiere, die man restlos ausbluten ließ, durften verwendet werden. Die Israeliten unterschieden sich durch diesen Nahrungskult von anderen Völkern – wurde ihr Land deshalb Kasher, später Kaschmir genannt?

Der Landesname Kaschmir wird aber auch auf einen indischen Seher und Propheten namens Kashyap zurückgeführt. Der weise Mann wird in manchen altindischen Texten mit dem Schöpfergott identifiziert – dann ließe sich Kaschmir ableiten von Kashyap-Mar, zu deutsch: »Land Gottes«. Genau das aber war das Paradies: der Garten oder das Land Gottes.

Ein Blick auf Kaschmirs Landkarte verrät: viele biblische Namen finden sich dort. Das Agur des Alten Testaments (siehe

Sprüche Salomos, Kapitel 30, Vers 1) findet sich als Agurn in Kaschmir in der Provinz Kulgam. Ajas in der Provinz Srinagar entspricht dem biblischen Ajah (1. Buch Mose, Kapitel 36, Vers 24). Amon (1. Buch Könige, Kapitel 22, Vers 26) liegt als Amonu in der Provinz Anantnag. Das Amariah Srinagars findet in Amariah im Alten Testament seine Entsprechung (1. Buch Chroniken, Kapitel 23, Vers 19). Aror, in der Kaschmir-Provinz Awantipur gelegen, hat ein biblisches Pendant: Aroer (siehe Josua, Kapitel 12, Vers 2). Balpura liegt in der Kaschmirprovinz Awantipur, den Ort Baalpeor finden wir im Alten Testament (4. Buch Mose, Kapitel 25, Vers 3).

Geht also die Bevölkerung von Kaschmir auf die Menschen zurück, die aus dem biblischen Paradies vertrieben wurden? Lag das Paradies, der Garten Eden, also wirklich irgendwo in Kaschmir? Holger Kersten ist felsenfest davon überzeugt. Fand hier die Sintflut statt? Sindh, darauf verweist Kersten in seinem Buch »Jesus lebte in Indien« (München 1993, S. 73), ist der alte Name des Indus. Sindh heißt aber auch ein Fluß in Kaschmir. Geht Sintflut also auf Sindh-Flut zurück? Handelte es sich um eine gewaltige Überschwemmung in Kaschmir?

Der Sindh-Fluß entspringt nicht weit von der Amarnath-Höhle. Altindischen Überlieferungen zufolge erklärte hier an diesem heiligen Ort der Gott Schiwa seiner Gemahlin die Geheimnisse der Schöpfung. Die Schöpfung des Alten Testaments wurde vom biblischen Schiwa Jahwe im Paradies zelebriert, im Garten Eden, den er zornig mit der Sintflut zerstörte.

Müssen wir also nach Kaschmir reisen, wenn wir das Paradies des Alten Testaments aufsuchen wollen?

Im Garten Eden soll sich ein Ereignis abgespielt haben, das zu den bekanntesten Episoden des Alten Testaments zählt. Gott gestattete es Adam und Eva, von allen Früchten zu essen, nur nicht vom Baum der Erkenntnis. Eva ließ sich von der Schlange überreden: »Da sprach die Schlange zum Weibe: Ihr werdet keineswegs des Todes sterben, sondern Gott weiß: an dem Tage, da ihr davon esset, werden euch die Augen aufgetan, und ihr werdet sein wie Gott und wissen, was gut und böse ist«

(1. Buch Mose, Kapitel 3, Verse 4 und 5). Die lateinische Bibel-übersetzung gab das Böse korrekt mit »malum« wieder. Malum bedeutet aber auch »Apfel«. Durch einen Übersetzungsfehler wurde aus dem lateinischen »malum« der »Apfel« – und seither geistert der Apfel durch die Bibeln, der im hebräischen Original aber nicht zu finden ist.

Vom Paradies zur Hölle. Während sich die Forscher nach wie vor streiten, wo es einst gelegen haben mag, läßt sich die Hölle exakt lokalisieren.

»Weißt du, wo die Hölle ist?«

Es klopft an der Tür. Sie rufen: »Kommen Sie doch ungeniert herein!« Das Wort »ungeniert« geht auf ein uraltes hebräisches Wort zurück: Das biblische »Gehenna« wurde im mittelalterli-chen Frankreich zu »gene«, woraus sich »geniert/ungeniert« entwickelte. Gehenna aber heißt Hölle. Wir führen also bei harmlosen Alltagsgesprächen die Hölle im Munde.

»Do you know where hell is?« (»Weißt du, wo die Hölle ist?«) fragten Lee Marvin, aber auch Elvis Presley in dem Song »I was born under a wand'ring star« – und sie gaben gleich die Antwort: »Hell is in hello« (»Die Hölle steckt in Hallo!«). Der Song enthält eine tiefere Wahrheit, die über das Wortspiel hell, hello hinausgeht. Wir führen die »Hölle« manchmal im Munde, ohne es auch nur zu ahnen.

Unter der Hölle stellen wir Menschen des 20. Jahrhunderts uns einen höchst ungastlichen Ort vor, bevölkert von Teufeln, die die Seelen von bösen Menschen peinigen. Auf schlimmste Weise werden Unholde bestraft für die Untaten, die sie auf Er-den begangen haben. Phantasien erblühten in ausufernder Weise, was die ausgefeilten Torturen der Höllenopfer angeht. Sie müssen in siedenden Kesseln hocken, werden mit glühen-den Eisen gemartert oder an Spießen über ewigen Flammen ge-braten. Feuer spielt bei solchen Torturen stets eine große Rolle.

Gehenna hatte aber ursprünglich nichts mit einer Existenz nach dem Tode zu tun. Es war ein Ort auf Erden, im Südwesten von Jerusalem gelegen: das Ge-Hinnom, das Hinnomtal. Hier geschah einst Grausiges: Dem Gott Moloch wurden Menschenopfer gebracht. Anhänger des uralten Kults verbrannten zu Ehren des gefräßigen Gottes Kinder bei lebendigem Leib (2. Buch Könige, Kapitel 23, Vers 10).

Am Anfang stand also das Menschenopfer für einen Gott: Kinder wurden verbrannt. Daraus entwickelte sich das Bild von der Hölle.

Das Hinnomtal war behaftet mit einer grausamen Vergangenheit. Sensitive Menschen mögen gespürt haben, daß sich hier einst entsetzliche Szenen abgespielt haben. In speziell konstruierten Feueröfen wurden Kinder bei lebendigem Leibe verbrannt. Das Tal mit der wahrhaft höllischen Vergangenheit war öde und verwüstet – sha'ah im Hebräischen. Daraus entwickelte sich She'ol – die Hölle.

Im alten Israel hatte freilich She'ol zunächst überhaupt nichts mit dem späteren Bild der Hölle zu tun, wenn man einmal von der Lokalisation absieht. Die »christliche« Hölle wird ja irgendwo »unten«, im Inneren der Erde angesiedelt. Ähnliches geschah im alten Israel.

Auf dem Teller, also auf der Erdscheibe, spielte sich das irdische Leben ab. Sie ruhte fest auf Säulen. Und irgendwo unter der Erdscheibe vermutete man, in einer Art Höhle, She'ol, das Totenreich. In jene Gefilde kamen nach altjüdischer Vorstellung alle Menschen, gute wie böse. In Finsternis und Schweigen mußten sie ein wahrlich tristes Dasein fristen. Gleichzeitig existierte aber in biblischen Zeiten die Vorstellung, daß jener ungastliche Ort auch so etwas wie ein Strafgefängnis sei.

Das 4. Buch Mose beschreibt im 16. Kapitel, wie ein gewisser Korach aus dem Stamme Levi zusammen mit 250 Anhängern eine Revolution gegen Moses und Aaron anzetteln wollte – freilich ohne Erfolg. Zur Strafe wurde er von Jahwe selbst in die She'ol-Welt verbannt. Die Erde riß auf »und tat ihren Mund auf und verschlang sie mit ihren Sippen, mit allen Menschen, die zu Korach gehörten, und alle mit ihrer Habe. Und sie fuhren lebendig zu den Toten hinunter mit allem, was sie hatten, und die Erde deckte sie zu ... Und ganz Israel, das um sie war, floh vor ihrem Geschrei; denn sie dachten: Daß uns die Erde nicht verschlinge.« (4. Buch Mose, Kapitel 16, Verse 32–34)

Was aber geschah mit den 250 Männern in der Totenwelt? Erstmals findet sich im Alten Testament ein klarer Hinweis, der der späteren, christlichen Vorstellung von der Hölle entspricht. In Vers 15 heißt es: »Und Feuer fuhr aus dem Herrn und fraß die zweihundert Männer.«

Die Vorstellung mutet heute eher kurios an: Feuer fuhr aus Gott und verbrannte die 250 Möchtegern-Aufständischen? Die saßen inzwischen aber in der Unterwelt. War also Jahwe auch in der Unterwelt?

Die Vorstellung, daß man als lebender Mensch in das Totenreich gelangen kann, ist wesentlich älter als die Bibel. Wir finden sie bereits im vermutlich ältesten schriftlich niedergelegten Werk der Weltliteratur – im Gilgameschepos. Es dürfte vor 4000–5000 Jahren entstanden sein. Nach babylonischer Überlieferung wurde es von einem Sin-lege-uninni verfaßt.

Gilgamesch wird von einem Höllenvogel ergriffen und in rasendem Flug sozusagen für eine Stippvisite zu den Toten gebracht. Im Gegensatz zu Korach darf nämlich Gilgamesch zu den Lebenden zurückkehren. Die Jenseitigen, so stellt Gilgamesch entsetzt fest, sitzen in Horden in peinigender Dunkelheit, nackt und bloß, und Dreck dient ihnen als Nahrung.

Gilgamesch erfährt, daß der entsetzliche Ort keineswegs das Jenseits ist, sondern eine Art Vorhölle. Riesige Tafeln sind aufgestellt, und auf ihnen ist zu lesen, wie die Toten ihr Leben gestaltet hatten. Und je nachdem, ob jemand viel oder wenig auf dem Kerbholz hat, gestaltet sich die Dauer seines Aufenthalts. Was nach der Welt der Dunkelheit folgt, darüber kann uns das Epos keine Auskunft geben. Gilgamesch wurde nicht in das letzte Geheimnis eingeweiht.

Ähnlich dachten die alten Ägypter: Nach dem Tode, davon war man überzeugt, kommt jeder Verstorbene erst einmal in ein schwarzes Zwischenreich, das es zu passieren gilt. Da drohen viele Gefahren und Ablenkungen. Um jene Welt unbeschadet überstehen zu können, lernte man zu Lebzeiten eine Vielzahl von Zauberformeln, die dann auf dem Wege durch jenen gefährlichen Raum gemurmelt werden mußten. Derlei Aufwand wurde wohl nur bei Pharaonen betrieben, um ein Weiterleben von Sklaven kümmerte man sich nicht groß. Wenn sie ins Jenseits gelangten, dann nicht, um sich von einem strapaziösen Leben zu erholen, sondern um auch dort ihren Herren dienstbar zu sein.

Es bestand höchste Gefahr in diesem Zwischenreich. Schlimmstenfalls drohte ein zweiter Tod – dann konnte der arme Mensch nicht ins ersehnte Jenseits gelangen. In Kapitel XLIV des Ägyptischen Totenbuchs lesen wir: »Als Götterkönig gekrönt werde ich nicht zum zweiten Male sterben.«

Die Vorstellung von einem Vorraum zum eigentlichen Jenseits, von einem Ort, an welchem Sünden abgebüßt werden müssen, bevor man in die andere Welt gelangen kann, wurde vom Judentum nicht übernommen. Hinweise auf eine Hölle, wo die Sünder schlimme Qualen erdulden müssen, lassen sich aber bereits im Alten Testament nachweisen. So heißt es im 5. Buch Mose (Kapitel 32, Vers 22): »Denn ein Feuer ist entbrannt durch meinen Zorn und wird brennen bis in die unterste Tiefe . . .«

Psalm 9 (Vers 18) setzt das unterirdische Totenreich mit einer Art Hölle, wie wir sie aus der christlichen Tradition kennen, gleich: »Die Gottlosen sollen zu den Toten fahren, alle Heiden, die Gott vergessen.«

Die Hölle war und blieb aber ein realer Ort, an den auch lasterhafte Lebende verbannt werden konnten, wie es im 55. Psalm heißt (Vers 16): »Der Tod übereilte sie, daß sie lebendig zu den Toten fahren, denn es ist lauter Bosheit bei ihnen.«

So wie man von einem realen, geographisch erfaßbaren Garten Eden überzeugt war, so glaubte man an eine nicht weniger reale Unterwelt, irgendwo in den Tiefen der Erde. »Unterwelt und Abgrund liegen offen vor dem Herrn.« (Sprüche Salomos, Kapitel 15, Vers 11)

Das Alte Testament ist das vielleicht rätselhafteste Buch der Weltgeschichte. Es entstand nicht in einem Guß, sondern besteht vielmehr aus einer Vielzahl von Texten, die mehr oder minder widerspruchsfrei zusammengefügt wurden. Wir finden darin deutliche Hinweise auf uralte Überzeugungen. Jahrtausendealte Glaubenslehren, etwa von den Ägyptern, aber auch von den Babyloniern, wurden übernommen: von mächtigen Göttern, die man sich durch grausame Menschenopfer gewogen machen wollte.

Allmählich wandte man sich dem Eingottglauben zu. Offensichtlich spürten die Autoren des Alten Testaments, daß die Götter in ihren fliegenden Himmelswagen, in denen sie am Himmel dahinbrausten und in denen sie gelegentlich Menschen mitnahmen, die brennendsten Fragen nicht beantworten konnten: Gibt es nur das irdische Leben, das mit dem körperlichen Tod endet? Oder erwartet den Menschen ein Leben nach dem Tod?

Düstere Vorstellungen vom Jenseits als einem Land ohne Wiederkehr, stark beeinflußt von sumerischen, aber auch babylonischen Glaubenslehren, finden sich im Bild der She'ol, der »Hölle« des Alten Testaments, wieder.

Doch das Gottesbild wandelte sich. Der Vielgottglauben wurde abgelehnt und durch den Eingottglauben ersetzt. An die Stelle der grausamen Götter trat immer mehr Jahwe – als ein liebender, zur Einsicht rufender Gott, der sich der Menschen wie ein Vater erbarmt.

Die Pharisäer waren es, die die entscheidende Wendung in Sachen Jenseitsglauben bewirkten. Es handelte sich dabei um eine religiöse, aber auch politisch orientierte Gruppe, die aus den Chassidim, den »Frommen«, hervorging, vermutlich im 2. Jahrhundert v. Chr. Zur Zeit Jesu genossen sie große Popularität. Die Pharisäer waren eine starke Laienbewegung und legten großen Wert auf eine lebensnahe Auslegung der Schriften des Alten Testaments.

Ihre Interpretation der Schriften ging über die wesentlichen

Aussagen des Alten Testaments hinaus. Ihre Theologie war von Hoffnung geprägt und stand im Gegensatz zu der der Sadduzäer. Theologisch gesehen waren die Sadduzäer konservativ; sie sahen den Erhalt alter Kultordnungen als Hauptaufgabe an. Sie ließen nur die fünf Bücher Mose gelten, lehnten mündliche Überlieferung und Weiterentwicklung des Glaubensgutes jedoch strikt ab. Sie verteidigten ihren Glauben gegen jeglichen äußeren Einfluß und leugneten die Möglichkeit der Auferstehung der Toten.

Die Theologie der Pharisäer war von der Hoffnung auf die Auferstehung der Toten und von der Erwartung des Messias geprägt. Schon im 8. und 7. vorchristlichen Jahrhundert hoffte man auf einen Idealherrscher aus dem Geschlechte Davids (Jesaja, Kapitel 9, Verse 1 ff., Kapitel 11, Verse 1 ff., Micha, Kapitel 5, Verse 1 bis 5, Jeremia, Kapitel 23, Verse 1 ff., Psalm 72). In der Zeit nach der Rückkehr aus der babylonischen Verbannung (nach 538 v. Chr.) verstärkte sich diese Hoffnung. Man erwartete ihn als würdigen Vertreter der Gottesherrschaft.

Die Pharisäer sahen im kommenden Messias weniger eine politische Kraft als einen religiösen Hoffnungsträger. Letztlich waren sie es, die dem Christentum den Weg ebneten.

Zweiter Teil
Das Neue Testament

XII. Rätsel um Jesu Herkunft

Die Bibel ist nach den Verkaufszahlen das erfolgreichste Buch aller Zeiten. Gleichzeitig wird es aber kaum wirklich gelesen. Ein wahres Mauerblümchendasein fristet das Alte Testament. Etwas häufiger wird zum Neuen Testament gegriffen. Zumindest in der Weihnachtszeit erinnert sich mancher Zeitgenosse der Evangelien und blättert darin, um etwas über Jesus zu erfahren. Trotzdem weiß man heute im allgemeinen erschreckend wenig über Jesus. Daran ändern auch modernistische Bestrebungen nichts, den Heiland »schmackhafter« zu machen. So bietet der Bibellesebund-Verlag, in 51703 Marienheide ansässig, ein Computerspiel an, das zum Beispiel eine »interaktive Reise durch das Leben Jesu« ermöglicht. »Spannend« geleitet Comicfigur Gottlieb Fromm durch biblische »Erlebniswelten«. Zur Auflockerung werden Filmsequenzen eingespielt.

Was weiß das Neue Testament von Jesu »Background«? Die Antwort sei gleich vorweggenommen: erstaunlich wenig. Das wird jeder, der sich etwas intensiver mit Jesus auseinandersetzt, feststellen. Freilich gibt es nicht nur die Texte, die wir heute in unseren Bibeln im Neuen Testament vorfinden, sondern auch sogenannte apokryphe Schriften. Sie entstanden meist später als die Evangelien selbst und sollen als ergänzende Quellen herangezogen werden.

Wie soll nun der Zeitgenosse mit Jesus umgehen? Wie soll man Weihnachten feiern? Der Kölner Psychologe Ulrich Schmitz rät, die Geschichte vom Christkind müsse Kindern mit einem »zwinkernden Auge« vermittelt, also nicht so recht ernstgenommen werden. Und Jutta Fenske vom Kinderschutzbund Frankfurt meint: »Die Weihnachtsfiguren sind Symbole, sie stehen für eine Haltung oder Überzeugung, sind aber nicht real.« Der Psychologe Schmitz rät: »Krippenfiguren sollen nicht als reale Figuren dargestellt werden, vor denen man ausschließlich in Ehrfurcht erstarren muß, sondern mit denen man umgehen kann.« Wie aber kann man mit dem Neuen Testament, mit Jesus umgehen? Ist er auch nur eine Symbolfigur? Wohl kaum. Aber wer war dieser Jesus?

Je intensiver man sich mit dem Neuen Testament auseinandersetzt, um so geheimnisvoller wird der historische Jesus. Und doch ist es möglich, ihm sehr nahezukommen. Das bedarf freilich einer gründlichen Beschäftigung mit dem Neuen Testament. Es kritisch zu lesen heißt, eine Verfälschung rückgängig zu machen, die wohl schon zu Zeiten Jesu begonnen wurde. Das Neue Testament legt weniger Zeugnis ab vom historischen Jesus als vielmehr vom theologischen Umgang mit ihm. Erkennt man aber die Absicht, die zu einer Umgestaltung des überlieferten Jesusbildes führte, dann entdeckt man Jesus, wie er wirklich war. »Wer suchet, der findet!« Dieses Motto gilt auch und gerade für den Zeitgenossen, der sich für den »echten« Jesus interessiert. Und die Suche lohnt sich wirklich! Man muß freilich unvoreingenommen ans Werk gehen und darf nicht versuchen, vorgefaßte Meinungen bestätigt zu bekommen. Denn sonst entdeckt jeder nur den Jesus, den er finden möchte.

Jesus von Nazareth oder Jeschua aus Kapernaum?

Jesu Name scheint zweifelsfrei festzustehen. »Jesus von Nazareth hieß der Messias des Neuen Testaments«, meinen Bibelleser und solche Zeitgenossen, die noch nie das Buch der Bücher zur Hand genommen haben, gleichermaßen. Diese Annahme ist jedoch falsch.

Wir Menschen an der Schwelle zwischen dem zweiten und dritten nachchristlichen Jahrtausend leben in einer Zeit, in der Fakten zählen. Wenn wir uns mit Jesus auseinandersetzen, dann wollen wir so viele knallharte Tatsachen wie nur möglich erfahren. Das war in den ersten Jahrzehnten nach der Zeitenwende, nach Jesu Geburt also, ganz anders. Damals zählte nicht die Historie, damals war tiefempfundener Glaube wichtiger als Wissen. So verbergen sich schon die fundamentalen Daten von Jesu Biographie hinter einem Schleier des Geheimnisvollen. Wir können ihn lüften, wenn wir versuchen, die Denkungsart der ersten Christen nachzuvollziehen.

Erste Unklarheiten ergeben sich schon, wenn es um den Namen Jesu geht. Im Evangelium nach Matthäus erhält Joseph folgende Kunde von einem Engel (Kapitel 1, Vers 21): »Und sie (Maria) wird einen Sohn gebären, des Namen sollst du Jesus heißen, denn er wird sein Volk retten vor ihren Sünden!«

Der unvoreingenommene Leser müßte sich eigentlich fragen, warum denn nun Josephs Sohn Jesus heißen soll. Der deutsche Text läßt keinen Zusammenhang zwischen »Jesus« und der Errettung des Volkes erkennen. Des Rätsels Lösung ist einfach: Jesus hieß gar nicht Jesus, sondern Jeschua. Das hebräische Jeschua heißt zu deutsch »Er wird erretten«. Damit wird der Bibelvers verständlich: »Und sie (Maria) wird einen Sohn gebären, des Namen sollst du Jeschua heißen (= Er wird erretten), denn er wird sein Volk retten vor den Sünden.« Damit folgt die Namensgebung ursprünglicher Tradition des Alten Testaments, wichtigen Persönlichkeiten solche Namen zu geben, die eine konkrete Aussage beinhalten. Nur wer des Hebräischen kundig ist, versteht auch die Botschaften, die sich hinter den Namen verbergen.

Ein Beispiel aus dem Alten Testament soll dies belegen (1. Buch Mose, Kapitel 17, Vers 5): »Darum sollst du Abraham heißen, denn ich habe dich zum Vater vieler Völker gemacht.« Wirklich verständlich wird dieser Satz erst, wenn man weiß, daß Abraham kein sinnloser Name ist, sondern »Vater vieler Völker« bedeutet.

Jesus wurde also mit an Sicherheit grenzender Wahrscheinlichkeit von seiner Mutter »Jeschua« gerufen. Um aber Verwirrung beim Leser zu vermeiden, werde ich im folgenden beim latinisierten Jesus bleiben. Doch kommen wir zum »Nachnamen« Jesu. Wie im europäischen Mittelalter gab es zu Jesu Zeiten keine eigentlichen Nachnamen. Sie entwickelten sich erst viel später. In deutschsprachigen Gefilden wurden häufig Ortsbezeichnungen verwendet, um zwischen Menschen gleichen Vornamens unterscheiden zu können. Ein Otto, der im Schweizer Städtchen Däniken lebte, wurde beispielsweise »Otto aus Däniken« oder »Otto von Däniken« genannt.

Bei Jesus scheint der Sachverhalt klar zu sein: Hieß er nicht Jesus von Nazareth, weil er aus Nazareth stammte? Nach dem Evangelium nach Markus (Kapitel 18, Verse 1–11) bekannte sich Jesus zweimal zum Namen »Jesus von Nazareth«. Zweimal fragte er die Kriegsknechte, die ihn verhaften sollten: »Wen suchet Ihr?« Zweimal antworteten sie: »Jesus von Nazareth«, und zweimal erwiderte er: »Ich bin's!«

Die griechischen Originalverse sind hier aber, was den Namen angeht, nicht präzise wiedergegeben. Denn da ist nicht von einem »Jesus von Nazareth«, sondern von »Jesus dem Nazoräer« die Rede. Nach Walter Bauers Werk »Griechisch-deutsches Wörterbuch zu den Schriften des Neuen Testaments und der übrigen urchristlichen Literatur« (1963, Spalte 1053) muß damit gerechnet werden, daß der Ausdruck »der Nazoräer« erst nachträglich mit einer (fiktiven?) Ortsbezeichnung »Nazareth« in Verbindung gebracht wurde.

»Jesus von Nazareth« taucht noch an anderer Stelle bei Markus auf (Kapitel 1, Vers 9): »Und es begab sich zu der Zeit, da kam Jesus von Nazareth in Galiläa und ließ sich taufen.« Dieses wichtige Ereignis aus dem Leben Jesu wird auch im Evangelium nach Matthäus beschrieben (Kapitel 3, Vers 13). Der Evangelist spricht freilich lediglich von »Jesus aus Galiläa«, einen Ort namens »Nazareth« nennt er nicht. Es ist zu vermuten, daß die Ortsangabe auch im ursprünglichen Text des Markus-Evangeliums fehlte und erst nachträglich eingefügt wurde.

Derlei nachträgliche Einfügungen in Texte des Neuen Testaments sind nicht selten. Und sie erfolgten zum Teil erst in unserem Jahrhundert. So heißt es in vielen Übersetzungen, korrekt dem griechischen Original entsprechend, im Evangelium nach Markus (Kapitel 3, Vers 20): »Und er (Jesus) kam nach Hause, und da kam abermals das Volk zusammen.« Sowohl in der katholischen »Jerusalemer Bibel« (Freiburg 1969) als auch in der evangelischen »Senfkornbibel« (Frankfurt 1971) wurde in Zwischenüberschriften klammheimlich Nazareth eingefügt, eine Angabe, die im Originaltext nicht zu finden ist.

Die zu Jesu Zeiten oder unmittelbar danach entstandenen Texte können eine solche Ortsangabe auch gar nicht enthalten, gab es doch zu Jesu Zeiten ein »Nazareth« noch gar nicht. Der verläßliche Historiker Josephus listet 63 Orte im kleinen Galiläa auf. Ein Nazareth findet sich nicht darunter. Und so unbedeutend kann der Wohnort Jesu nun doch nicht gewesen sein. So gab es eine Synagoge, in der Jesus nach den Evangelien aus den Heiligen Schriften vorlas.

Der Terminus »Nazareth« wird bis zum heutigen Tage auch unter Theologen heftig diskutiert. Er könnte auf das aramäische »Nasir« hinweisen. Ein Nasir war ein Mensch, der das Gelübde abgelegt hatte, für eine bestimmte Zeit zu fasten und keinen Wein zu konsumieren. Oder ist ein anderer Ursprung zu suchen, etwa im Syrischen? Da heißt »nasaya« »von Gott beschützt«.

Eine dritte Erklärung zielt auf das Alte Testament. Da heißt es bei Jesaja (Kapitel 11, Vers 1): »Und es wird ein Reis hervorgehen aus dem Stamm Isais und ein Zweig aus seiner Wurzel Frucht bringen.« Dieser Vers sollte der altjüdischen Hoffnung auf einen Erlöser Ausdruck verleihen. Das hebräische Wort für »Reis« oder »Sproß« ist »nezer«. Entstand aus »Jeschua nezer« »Jesus von Nazareth«?

Diese letzte Vermutung muß als die wahrscheinlichste angesehen werden. Schon die ersten Christen der ersten Jahrzehnte nach der Zeitenwende waren sehr darum bemüht, Jesus als den lang ersehnten Messias erscheinen zu lassen. Deshalb dichteten sie ihm wohl den Heimatort Nazareth an – Jesus sollte der »nezer«, der Sproß aus dem Hause Isais sein. Er sollte Prophezeiungen des Alten Testaments erfüllen. Vermutlich erfolgte die Bestätigung alttestamentarischer Prophetien in zwei Schritten. Jesus wurde, ohne daß wir diese Bezeichnung wirklich erklären können, Nazoräer genannt. Daraus wurde dann nachträglich, um die Prophezeiung des Alten Testaments zu erfüllen, Nazareth.

Die Umdeutung von Texten aus dem Alten Testament als

Hinweis auf Jesus ist stets mit Vorsicht zu genießen. Sie wird auch heute noch in weihnachtlichen Predigten vollzogen. Auch der Laie muß freilich erkennen, daß es sich dabei um Fehlinterpretationen handelt. So wird in weihnachtlichen Predigten gern Jesaja (Kapitel 7, Verse 14–16) zitiert: »Siehe, eine Jungfrau ist schwanger und wird einen Sohn gebären, den wird sie Immanuel nennen.« Ist da im Alten Testament von Jesus zu lesen? Daß das nicht der Fall ist, erkennen wir aus dem Zusammenhang. Wir lesen weiter: »Butter und Honig wird er essen, bis er weiß, Böses zu verwerfen und Gutes zu erwählen. Denn ehe der Knabe lernt, wird das Land verödet sein, von dessen zwei Königen dir graut.«

Theologische Fachkenntnisse sind nicht erforderlich, um den Text zu verstehen, wie er gemeint ist. Man muß nur den Gesamtzusammenhang zur Kenntnis nehmen: Jesaja und König Achaz unterhalten sich. Achaz hat Angst vor seinen Feinden, den Königen der Länder Syrien und Israel. Jesaja versucht, Achaz zu besänftigen. Er äußert sich ganz konkret zur Situation der Könige, wie sie unmittelbar bevorsteht. So sagt er: »Eine junge Frau ist schwanger. Sie wird ein Kind gebären. Das Kind wird Butter und Honig essen.«

Noch wird Achaz von seinen zwei Feinden bedroht. Die Lage ist ernst, das Volk hungert. Aber in wenigen Monaten wird das Kind geboren werden: Dann wird es keine Not mehr geben, das Baby wird Butter und Honig essen können. Schließlich wird man dem Baby einen erfreulichen Namen geben: Immanuel, zu deutsch »Gott hilft«. Wann wird Gott seinen positiven Einfluß wirken lassen? Schon bald, in allenfalls vier oder fünf Jahren. Dann wird es zwischen Gut und Böse unterscheiden können. Dann, so ist die Prophezeiung zu verstehen, werden die Feinde, die Achaz so bedrängen, besiegt sein.

Die beschriebene Episode spielte sich vermutlich zwischen 761 und 746 v. Chr. ab. Dem Leser wird klar: Es liegt ein Prophetenwort vor, das eindeutig situationsbezogen ist, auf die unmittelbare Zukunft abzielt, auf die zweite Hälfte des achten vorchristlichen Jahrhunderts. Von Jesus ist nicht die Rede.

Verständlich wird auch, warum Jesus zwei unterschiedliche

Stammbäume zugeschrieben wurden, die einander widersprechen und die alles andere als historisch sind. Dabei muten die Auflistungen der Vorväter Jesu zunächst geradezu historisch exakt an. Freilich müssen schon dem oberflächlichen Leser der Evangelien unüberbrückbare Widersprüche auffallen, die zwischen den Genealogien bei Matthäus (Kapitel 1, Verse 1–17) und Lukas (Kapitel 3, Verse 23–38) bestehen. Lesen wir bei Matthäus nach, so finden wir einen Stammbaum, der bis auf Abraham zurückverfolgt wird. Lukas hingegen verfolgt die Vorfahren Jesu bis in Adams Zeiten. Nun müßte man annehmen, daß die Stammbäume um so exakter rekonstruierbar waren, je jünger die gesuchten Daten waren. Aber die Stammbäume Jesu von David an sind bei Lukas und Matthäus grundverschieden. Lukas nennt 41, Matthäus 27 Generationen. Es besteht also eine Differenz von immerhin 14 Generationen. Der Unterschied macht, je nachdem, wie viele Jahre man für eine Generation anrechnet, Jahrhunderte aus. Doch damit nicht genug: Es gibt keine Übereinstimmungen bei den Namen.

Sowohl bei Matthäus als auch bei Lukas fehlen in den Auflistungen von Jesu Vorfahren Namen von Königen, die tatsächlich aus dem Hause Isais stammten. Andere wiederum, die mit dieser Dynastie nachweislich nichts zu tun haben, werden fälschlicherweise als Angehörige des Hauses David bezeichnet.

Es wird deutlich, daß es den Evangelisten, vor allem aber den Abschreibern der Texte, überhaupt nicht auf historische Korrektheit ankam. Ihnen waren theologische Aussagen wichtiger. Dabei soll den Abschreibern keine bösartige Absicht unterstellt werden. Sie waren felsenfest davon überzeugt, daß Jesus der Erlöser war. Was in ihren Augen unbezweifelbare Wahrheit war, sollte auch in den Texten des Neuen Testaments zum Ausdruck kommen. Deshalb veränderten und ergänzten sie. Hätte man sie als »Fälscher« bezeichnet, so wären sie zutiefst beleidigt gewesen. Ihrer Überzeugung nach verdeutlichten ihre Änderungen und Ergänzungen nur, was sie für die unbezweifelbare Wahrheit hielten. Sie änderten und ergänzten, denn Jesus sollte der »nezer«, der Sprößling, sein, der im Alten Testament angekündigt wird. Also ersannen sie Nazareth als seinen Geburtsort. Er sollte von nationaler Bedeutung sein, also ersannen sie gleich zwei widersprüchliche Stammbäume. Auf historische Fakten kam es dabei gar nicht an. Es sollte nur zum Ausdruck gebracht werden, daß zu Jesus kein Geringerer als der bedeutendste Herrscher Israels, König David, gehörte.

Kehren wir zu Jesus und seinem Heimatort zurück. Wo lebte Jesus also, wenn es zu seinen Lebzeiten einen Ort namens Nazareth gar nicht gegeben hat? Vermutlich lebte er bei seinen Eltern in Kapernaum am See Genezareth. Hier predigte er in der Synagoge. Von Kapernaum aus reiste er durchs Land, und dorthin kehrte er immer wieder zurück. Mit an Sicherheit grenzender Wahrscheinlichkeit ist auch von Kapernaum die Rede, wenn es bei Markus heißt: »Und er kam nach Hause.« Von dort eilten Jesu Verwandte herbei, um ihn festzuhalten. Sie wollten ihn daran hindern, weiter zu den Menschen zu sprechen, weil sie glaubten, er sei »von Sinnen« (Evangelium nach Markus, Kapitel 3, Vers 20).

Geboren von einer Jungfrau

Das Neue Testament enthält Geheimnisse, wo wir zunächst gar keine vermuten. So dürften selbst atheistische Zeitgenossen die Frage, wo Jesus das Licht der Welt erblickte, als längst geklärt erachten. Der schöne Schein aber trügt: Wo Jesus geboren wurde, ist nämlich bis heute unbekannt. In der ältesten im Neuen Testament enthaltenen Quelle, also im Evangelium nach Markus, wird kein Ortsname genannt. Erst Matthäus bringt ein Bethlehem ins Spiel (Kapitel 2, Verse 1 ff.). Die Betonung liegt auf »ein«, denn es stehen zwei Bethlehems zur Auswahl.

Matthäus erklärt auch gleich, warum er den Geburtsort in ein Bethlehem verlegt: Jesus muß seiner Ansicht nach dort zur Welt gekommen sein (Matthäus, Kapitel 2, Verse 5 und 6), »denn also steht geschrieben durch den Propheten: ›Und du Bethlehem im jüdischen Lande bist mitnichten die kleinste unter den Städten in Juda; denn aus dir soll mir kommen der Herzog, der über mein Volk Israel ein Herr sei.‹«

Damit spielt er auf den Propheten Micha an. Leider zitiert er ihn aber nicht ganz korrekt. Bei Micha heißt es nämlich (Kapitel 5, Vers 1): »Und du, Bethlehem Ephrata, die du klein bist unter den Städten in Juda, aus dir soll mir der kommen, der in Israel Herr sei, dessen Ausgang von Anfang und von Ewigkeit her gewesen ist.«

Matthäus nennt »Bethlehem«, Micha hingegen »Bethlehem Ephrata«. Und das sind zwei verschiedene Orte: Das eine Bethlehem liegt im jüdischen Land südwestlich von Jerusalem, das andere nordwestlich von Jerusalem in der Gegend von Rama. In welchem Bethlehem wurde Jesus also geboren? Diese Frage wurde schon vor Jahrhunderten intern in Theologenkreisen diskutiert. Die Öffentlichkeit erfuhr davon jedoch nichts, denn die Laienwelt sollte nicht irritiert werden. Der Erlanger Theologe Ethelbert Stauffer entschied sich für das Bethlehem südwestlich Jerusalems (Jesus, Bern 1957, S. 25). Mit historischer Forschung hat seine hypothetische Annahme freilich nichts zu tun, eher mit theologischem Wunschdenken: Jesus sollte nach Matthäus und Lukas ein Nachfahre des legendären Königs David sein. Also mußte er – so Stauffer – in jenem Bethlehem geboren werden, das auch als Geburtsort Davids angesehen wird.

Über die Eltern Jesu erfahren wir eigentlich recht wenig aus dem Neuen Testament. Vater Joseph trägt einen echten jüdischen Namen. Sein Beruf ist uns nicht bekannt. Moderne Bibelübersetzungen bezeichnen ihn zwar als Zimmermann (Matthäus, Kapitel 13, Vers 55), dabei handelt es sich aber um eine eher willkürliche Übersetzung des griechischen Wortes »tekton«. Joseph kann zwar Zimmermann, genausogut aber auch Handlanger auf dem Bau oder Maurer gewesen sein.

Der Name der Mutter Jesu ist heute auch bibelunkundigen Zeitgenossen geläufig. Aber hieß sie wirklich Maria? In den Schriften des Neuen Testaments spielt sie eine eher untergeordnete Rolle. In den Apostelbriefen finden wir sie überhaupt nicht. Der Evangelist Markus erwähnt Jesu Mutter nur am Rande, ohne ihren Namen zu nennen. Jesus behandelte sie aus heutiger Sicht eher geringschätzig (Markus, Kapitel 3, Verse 31–35). Auch beim Evangelisten Johannes kommt Jesu Mutter nur zweimal vor, in beiden Fällen (Johannes, Kapitel 2, Verse 1–12 und Kapitel 19, Verse 25–27) wird ihr Name nicht genannt.

Maria als Name taucht in der Form Mirjam gelegentlich bei Matthäus und bei Lukas auf. Die entsprechenden Verse sind bei Matthäus möglicherweise, bei Lukas aber mit großer Wahrscheinlichkeit erst später eingefügt worden. Es muß gefragt werden, ob Jesu Mutter wirklich »Maria« hieß. Oder handelte es sich ursprünglich gar nicht um einen Eigennamen, sondern um ein höchst bedeutsames Wort oder ein Wortspiel? Um das zu begreifen, benötigt man freilich einige Hintergrundinformationen.

Ein Gottesurteil: das »bittere Wasser«

Der Name Mirjam könnte sich von Marjam, von »mar jam«, herleiten. Mar jam heißt soviel wie bitteres Meer oder bitteres Wasser. Mirjam ist ein Terminus, der im Eherecht zu Zeiten Jesu von großer Wichtigkeit war. Wenn ein Mann die Befürchtung hegte, seine Frau könne ihm untreu gewesen sein, dann konnte sie der Probe des »bitteren Wassers« unterzogen werden. Als Untreue wurde keineswegs nur der Intimverkehr einer verheirateten Frau mit einem Geliebten angesehen. Die Vorschriften waren da sehr streng. Vom Zeitpunkt der Verlobung an mußte sie vollkommen keusch leben. Sie durfte weder mit fremden Männern noch mit ihrem Verlobten sexuell verkehren.

Eine Verlobung konnte nicht so leicht gelöst werden. Wie bei bereits Verheirateten mußte ein »Scheidungsbrief«, »get« genannt, vorgelegt werden, wobei mindestens zwei Zeugen die Untreue der Frau bestätigen mußten. Dann wurde sie als Ehebrecherin bestraft. Zu Jesu Zeiten war in Palästina die Todesstrafe für dieses Vergehen allerdings bereits abgeschafft. Wenn der Verdacht auf Untreue bestand, aber keine Zeugen ausfindig gemacht werden konnten, dann wurde ein Gottesurteil vollzogen. Als solches muß die merkwürdige Prozedur bezeichnet werden, wurde doch angeblich die genaue Vorgehensweise von Gott selbst seinem Propheten Moses diktiet (4. Buch Mose, Kapitel 5, Verse 12–31). Demnach wurde die verdächtigte Braut oder Ehefrau vor den örtlichen Priester gezerrt. Der füllte einen irdenen Krug mit Wasser, gab Staub vom Boden der Stiftshütte hinzu und sprach: »Hat kein Mann bei dir gelegen und bist du deinem Mann nicht untreu geworden, daß du dich unrein gemacht hast, so soll dir dies bittere Waser nicht schaden.« Dann mußte die der Untreue Beschuldigte die ekelhafte Brühe trinken. Überstand sie das, ohne Schaden zu nehmen, galt sie als unschuldig. Geprüft wurden auf die beschriebene Weise fast ausschließlich Frauen.

Sexuelle Untreue wurde offenbar schon zu Jesu Zeiten unterschiedlich bewertet, je nachdem, ob sich Frau oder Mann nach Ansicht der damaligen Moralapostel »schuldig« gemacht hatten.

Jesu Vater – der römische Legionär Panthera?

War also ursprünglich der Vorname von Jesu Mutter gar nicht mehr bekannt? Sollte das Marjam darauf hinweisen, daß sie der Probe des »bitteren Wassers« unterzogen wurde? Nach dem Evangelium nach Matthäus (Kapitel 1, Vers 19) glaubte Joseph zunächst, sein Weib sei von einem anderen Mann schwanger geworden. Diesen Verdacht konkretisierte der jüdische Talmud-Kommentar zu den biblischen Schriften. Demnach verstieß Jesu Vater sein untreues Weib, weil sie ihn mit einem römischen Soldaten namens Panthera betrogen habe. 1925 machte der französische Schriftsteller und Jesusforscher Goguel weltweit Schlagzeilen mit einer kuriosen Behauptung: Im deutschen Städtchen Bingerbrück sei der Grabstein eines römischen Soldaten namens Tiberius Iulius Abdes Panther gefunden worden. Er habe anno 9 n. Chr. in einer Garnison in Palästina seinen Dienst geleistet.

Die biblischen Evangelien enthalten keinen Hinweis darauf, daß Maria dem Test mit dem »bitteren Wasser« unterzogen wurde. Das hätte aber geschehen müssen, da Joseph Zweifel an der Unschuld der mit ihm formell verlobten jungen Frau kamen. Daß ihm erhebliche Zweifel kamen, darin sind sich sowohl die in den Kanon des Neuen Testaments aufgenommenen Evangelien wie die apokryphen Evangelien, die heute nicht mehr im Neuen Testament vorzufinden sind, einig.

Das »Protoevangelium (Erstevangelium) des Jakobus« liegt in zahlreichen griechischen Handschriften vor. Es dürfte in den ersten Jahrhunderten so etwas wie ein internationaler Bestseller gewesen sein, wurde es doch in syrischer, armenischer, georgischer, koptischer, arabischer, äthiopischer und schließlich lateinischer Sprache aufgelegt. Wann es genau entstand, ist unklar. Die älteste bekannte Fassung stammt aus dem 3. oder 4. Jahrhundert n. Chr. Dabei handelte es sich aber bereits um die Bearbeitung eines weitaus älteren Originals, das leider verlorengegangen ist. Der Verfasser behauptet, sein Opus »nach dem Tode des Herodes« niedergeschrieben zu haben. Wenn damit Herodes der Große gemeint ist, müßte das nach 4 n. Chr. geschehen sein. Ein so hohes Alter des Textes ist unwahrscheinlich. Ein erster Text lag aber mit Sicherheit in der zweiten Hälfte des 2. Jahrhunderts n. Chr. vor. Das Werk wurde nie in den Kanon des Neuen Testaments aufgenommen, zeitweise aber zu bestimmten Feiertagen regional bei Gottesdiensten vorgelesen.

Zum Inhalt: Joachim, ein wohlhabender und frommer Mann aus Israel, war mit Anna verheiratet. Beide waren sehr darüber betrübt, daß ihnen ihr sehnlichster Wunsch nach Nachwuchs nicht erfüllt wurde. Doch ihre Gebete wurden erhört. Ein Engel teilte der überglücklichen Anna mit: »Anna, Anna, der Herr hat deine Bitte erhört. Du wirst empfangen und gebären, und deine Nachkommenschaft wird in der ganzen Welt genannt werden.« Daraufhin legte Anna ein Gelübde ab: Sie werde ihr Kind dem Herrn weihen und von den Priestern des Tempels aufziehen lassen.

Bald darauf wurde Maria geboren. Sie wurde nach strengen Regeln erzogen und bekam nur »reine Speise«. Als das Mädchen 12 Jahre alt war, gaben es die Priester in die Obhut des verwitweten Joseph. Der konnte sich nicht weiter um Maria kümmern, mußte er doch durch die Lande ziehen, um auf verschiedenen Baustellen zu arbeiten. Maria lebte »mit anderen Jungfrauen« und arbeitete fleißig an einem Vorhang für den Tempel. Beim Wasserschöpfen am Brunnen verkündete ihr ein Engel, sie werde »aus dem Wort des Allmächtigen« empfangen und einen Sohn gebären. Den solle sie Jesus nennen.

Als Joseph nach Hause zurückkehrte, fand er Maria schwanger vor. Er war entsetzt, schlug sich ins Gesicht, warf sich weinend zu Boden und rief aus: »Herr, mein Gott, nimm meinen Geist, denn für mich ist es jetzt besser, zu sterben als zu leben!« Maria warf er vor: »Du von Gott Umsorgte, warum hast du das getan und hast des Herrn, deines Gottes vergessen?« Sie habe, ebenfalls bitterlich weinend, erwidert. »Rein bin ich, und von einem Mann weiß ich nicht.« Marias Freundinnen, die bei der dramatischen Szene zugegen waren, vesuchten Joseph zu beschwichtigen: »Was sprichst du, Joseph? Wir wissen, daß kein Mann sie berührt hat. Jeden Tag spricht ein Engel des Herrn mit ihr, jeden Tag erhält sie Speise aus den Händen des Engels. Wenn du willst, dann offenbaren wir dir unseren Verdacht: niemand anderer als ein Engel Gottes hat sie schwanger gemacht.«

Diese Erklärung befriedigte Joseph nicht. Er hatte einen recht weltlichen Verdacht: »Warum verspottet ihr mich und wollt mir glauben machen, daß ein Engel des Herrn sie geschwängert habe? Aber es kann sein, daß sich jemand für einen Engel des Herrn ausgegeben und sie betrogen hat.«

Empört wollte er sie wegschicken, wurde aber von einem Engel beschwichtigt. Das Kind, das Maria, inzwischen 16, erwarte, sei vom Heiligen Geist. Der Hohepriester erfuhr von der Schwangerschaft und beschuldigte Joseph und Maria der Unzucht. Das Gottesurteil mit dem »bitteren Wasser« aber ergab die Haltlosigkeit dieses Vorwurfs.

Dann erging, so berichtet das Protoevangelium des Jakobus weiter, der Befehl des Kaisers Augustus, »alle Einwohner Bethlehems in Judäa sollten sich aufschreiben lassen«. Joseph machte sich mit seinen Söhnen aus erster Ehe und der schwangeren Maria auf die Reise. Unterwegs gebar die junge Frau in einer Höhle das Jesuskind.

Die jungfräuliche Geburt ist ein zentrales Thema im Protoevangelium. So wird berichtet, daß Joseph auf der Suche nach einer Hebamme einer Frau begegnet (Kapitel 19). Sie fragt ihn: »Und wer ist die, die in der Höhle gebiert?« Joseph antwortet: »Meine Verlobte. Es ist Maria, die im Tempel des Herrn aufgezogen wurde, und ich bekam sie durchs Los zur Frau. Und doch ist sie nicht meine Frau, sondern ihre Empfängnis ist aus dem Heiligen Geist.« Die Frau hat Zweifel an der jungfräulichen Geburt, darf eine Untersuchung vornehmen und stellt fest, daß Marias »Unberührtheit« auch nach der Geburt noch intakt ist.

Das Protoevangelium des Jakobus beantwortete eine Frage, die seit nunmehr fast 2000 Jahren nicht nur in Theologenkreisen heftig diskutiert wird. Nach der Lehrmeinung sollte Maria Jesus nicht nur jungfräulich empfangen und geboren haben. Sie soll auch bis an ihr Lebensende Jungfrau geblieben sein. Wie aber sind dann Hinweise auf Geschwister Jesu zu erklären? Sowohl Matthäus als auch Markus berichten von Brüdern und Schwestern Jesu. Matthäus (Kapitel 13, Verse 55 und 56): »Ist er nicht der Sohn des Zimmermanns? Heißt nicht seine Mutter Maria und seine Brüder Jakobus und Joseph und Simon und Judas? Und seine Schwestern, sind sie nicht alle bei uns?« Markus (Kapitel 6, Vers 3): »Ist er nicht der Zimmermann, Marias Sohn, und der Bruder des Jakobus und Josefs und Judas und Simon? Sind nicht auch seine Schwestern bei uns?«

Aus unerfindlichen Gründen wurde das Protoevangelium des Jakobus nicht in den Heiligen Kanon des Neuen Testaments aufgenommen. Und das brachte so manchen Theologen in arge Erklärungsnot. Einerseits sollte nicht auf die Erklärung des verschmähten Buches zurückgegriffen werden, wonach die »Brüder« und »Schwestern« aus Josephs erster Ehe stammten, also nicht von Maria geboren worden waren. Andererseits mußten diese Brüder und Schwestern doch irgendwie zu erklären sein, ohne daß dadurch die ewige Jungfräulichkeit Marias in Zweifel gezogen wurde.

Abenteuerlich anmutende Konstruktionen wurden entwickelt. So brachte Eusebius (gestorben 339 n. Chr.) eine zweite Maria ins Spiel. Diese zweite Maria sei die Mutter von Jesu Geschwistern gewesen. Dann müßte Joseph mit Maria II, der Schwester von Maria I, Kinder gezeugt haben.

Es geht aber noch komplizierter: Maria I hatte nur ein Kind – Jesus. Ihre Schwester Maria II hatte mehrere Kinder, mit einem Klopas, einem Bruder Josephs. Dann starben Maria II und Joseph. Die verwitwete Maria I heiratete nun den verwitweten Klopas und wurde so zur Stiefmutter der Kinder von Maria II. Und Jesus und die Kinder von Maria II und Klopas wurden zu Geschwistern.

Eleganter hörte sich da schon die »Erklärung« an, die ich als Schüler im Religionsunterricht am Meranier-Gymnasium in Lichtenfels vorgesetzt bekam. Demnach waren die Brüder Jesu in Wirklichkeit nur seine Vettern. Weil es für Vettern im Hebräischen kein eigenes Wort gebe, hätte man das Wort »ach« benutzt, das ganz allgemein »Bruder, Stiefbruder, Vetter, Neffe und Blutsverwandter« bedeutete. Bei der Übersetzung ins Deutsche sei dann »ach« falsch mit »Bruder« wiedergegeben worden. Tatsächlich ist die Bedeutung von »ach« im Hebräischen so umfassend wie angegeben. Diese Erklärung ist aber, so einleuchtend sie auch klingt, dennoch eindeutig falsch. Die Evangelien sind nämlich gar nicht in hebräischer, sondern in griechischer Sprache verfaßt worden. Und im Griechischen unterscheidet man sehr wohl zwischen »anepsios« für Vetter und »adelphos« für Bruder.

Es besteht also kein Zweifel: Jesus hatte Brüder und Schwestern. Diese Tatsache ist mit ewigwährender Jungfräulichkeit nicht vereinbar. Auch war die jungfräuliche Geburt nach dem Neuen Testament ein einmaliger Vorgang und kann sich bei seinen Geschwistern nicht wiederholt haben. Von Jungfräulichkeit bis zum Tode Marias steht freilich auch nichts in den Evangelien. An der jungfräulichen Geburt Jesu läßt aber Matthäus keinen Zweifel. Joseph wird als »fromm« (Matthäus, Kapitel 1, Vers 19) beschrieben, der dem Engel glaubt, als ihm dieser den göttlichen Ursprung seines Sohnes offenbart. Die himmlische Vision ließ seine Bedenken schwinden, er heiratete, wie ihm geheißen worden war, seine junge Verlobte (Kapitel 1, Verse 24 und 25): »Da nun Joseph vom Schlaf erwachte, tat er, wie ihm des Herrn Engel befohlen hatte, und nahm sein Gemahl zu sich. Und er berührte sie nicht, bis sie einen Sohn gebar; und hieß seinen Namen Jesus.«

Einige der ältesten Handschriften bieten unterschiedliche, leicht voneinander abweichende Variationen an. So heißt es verschiedentlich, Joseph habe seine Frau nicht berührt, »bis sie ihm einen Sohn gebar«. In drei Handschriften fehlen allerdings die Worte »und er berührte sie nicht«.

2000 Jahre Streit um Maria

Für die frühen Christen gab es keinen Zweifel: Die Geburt Jesu war ein Wunder, ein mystisches Geheimnis. Die jungfräuliche Maria hatte einem Knaben das Leben geschenkt. Jungfräuliche Mütter waren im Umfeld der ersten, frühesten Christen wohlbekannt. Sie wurden in Rom »virgines« oder »venerii«, in Griechenland »horae«, »kadishtu« in Babylon, in Kanaan und Palästina »kadesha« genannt. Unter den Huren-Priesterinnen der Ishtar, Aschera und Aphrodite verstand man freilich lediglich unverheiratete junge Frauen. Sie wirkten als Tempeldienerinnen und erteilten durch den sexuellen Gottesdienst den Segen der mütterlichen Gottheit.

»Jungfrau« oder »Mädchen« war auch der Beiname der griechischen Unterweltsgöttin Persephone, die später zur Göttin der Fruchtbarkeit und des vegetativen Lebens wurde, das im Sommer aufblüht und im Winter abstirbt. Persephone, Tochter des Zeus und der Kornmutter Demeter, versinnbildlichte im Aufleben, Absterben und neuerlichen Aufblühen das Mysterium der Auferstehungsgottheit. Sie war gerade dabei, in einer heiligen Höhle den »großen Teppich des Universums« zu weben, als Gott Zeus bei ihr erschien und den Erlöser Dionysos zeugte. Dionysos wurde als Gott der Vegetation, des Weines und der Ekstase verehrt. Seine Anhänger glaubten an sein stetes Sterben und Auferstehen. Der vom Tode wiedererstandene Jesus des Neuen Testaments fand also bereits in griechischer Mythologie seine Entsprechung. So wie Jesu Geburt Jahrhunderte später im Dezember gefeiert werden würde, wurden zu Dionysos' Ehren ebenfalls im Dezember feierliche Zeremonien abgehalten.

Die Jungfrauengeburt bei Maria gehört bis heute zum zentralen Glaubensgut des Christentums. So schrieb Karl Barth in seinem Werk »Die christliche Dogmatik« (Band 1,2, Zollikon 1945, S. 198): »Die Kirche weiß wohl, was sie getan hat, indem sie dieses Dogma sozusagen als Wache vor die Tür zu dem Geheimnis der Weihnacht stellte. Sie wird als kirchliche Ordnung verkündigen: Es gehört zum wirklichen christlichen Glauben auch die Bejahung der Lehre von der Jungfrauengeburt.«

Unklar wird es bleiben, inwieweit die Verfasser der ersten Texte wirklich davon ausgingen, daß Jesus von einer Jungfrau geboren wurde. Wollten sie das hebräische »allmah« zunächst nur als »junge Frau« verstanden wissen? Wurde erst in christlichen Zeiten daraus die »Jungfrau«? Zweifellos hatte Maria als »almah« Vorbilder: etwa die persische, unverheiratete Mondgöttin Al-Mah.

Wie auch immer. Es war den frühen Missionaren und Verbreitern des jungen Christentums mehr als dienlich, daß der zentrale Gott Jesus antike Vorbilder hatte. Zahlreiche Gottheiten, die als Erlöser zur Erde kamen, wurden von speziell auserwählten Jungfrauen geboren und von Göttern gezeugt: Zarathustra, Sargon, Perseus, Jason, Miletus, Minos und Asklepios, um nur einige zu nennen. Gottvater Zeus galt gar als Erzeuger vieler »von Jungfrauen« geborener Helden. Und der Historiker Plutarch wußte zu vermelden, daß in Ägypten der Glaube allgemein anerkannt sei, daß der Geist Gottes mit irdischen Jungfrauen Nachwuchs zeugen kann.

Joseph, der nach neutestamentarischer Überzeugung seine Frau nie »berührte«, bis sie ihr Kind gebar, findet seine Entsprechung in Amphitryon, einem griechischen Feldherrn. Auch er näherte sich dem Bett seiner jungfräulichen Gattin Alkmene nicht, bis sie den göttlichen Herakles gebar.

Den frühen Missionaren kam die Bereitschaft der Menschen etwa im hellenistisch-griechischen Bereich, an die jungfräuliche Geburt von Göttersöhnen und Heroen zu glauben, sehr entgegen. Ihre Kunde wurde als etwas geradezu Alltägliches und keineswegs Unnatürliches empfunden. Die frühen Kirchenväter indes bemühten sich sehr darum, die Jungfrauengeburt Jesu als einzigartiges Wunder der allein wahren Religion darzustellen, die sich grundlegend von allen übrigen Glaubenslehren unterschied, was de facto falsch war. Die Haltung der Kirchenväter wurde vom frühen Märtyrer Justin verdeutlicht: »Wenn man mir sagt, Perseus sei von einer Jungfrau geboren worden, so wird mir klar, daß es sich hier wieder um einen Fall handelt, in dem die Schlange und Betrügerin unsere Religion nachgeahmt hat.«

Diese vermeintliche Einzigartigkeit des christlichen Glaubens wurde Jahrhunderte nach Christi Geburt nicht akzeptiert. In Italien und Portugal war der Glaube weit verbreitet, jede Jungfrau könne dadurch schwanger werden, daß sie von einem Priester geweihte Äpfel verzehrte. In Spanien kursierte die Überzeugung, jede Jungfrau könne wie einstens die Mutter des Mars, Juno, schwanger werden, wenn sie nur eine Lilie aß.

In das Zentrum christlichen Glaubens wurde neben Jesus, den Sohn Gottes, die Jungfrau Maria gestellt. Ältere Überlieferungen, die ebenfalls Göttersöhne, die gleichfalls von Jungfrauen geboren worden seien, nannten, wurden als Verfälschungen, Nachahmungen christlichen Glaubensgutes, ja als Teufelswerk verdammt. Gleichzeitig waren aber die Kirchenväter in Sorge, aus dem christlichen, an Jesus orientierten Glauben könne ein Marienkult werden. So wurde die einsetzende Marienverehrung zugleich gefördert und bekämpft. »Marien« aus vorchristlichen Zeiten wurden vereinnahmt, so zum Beispiel Diana-Lucifera, die Göttin des Morgensterns. Sie wurde in Dinah, aber auch Anna umbenannt und in den Stammbaum Marias eingefügt – als ihre Mutter. Maria bekam eine Vielzahl von Titeln verliehen, etwa »Königin des Himmels«, »Kaiserin der Hölle«, Herrscherin der ganzen Welt«. Ähnliche Bezeichnungen waren bereits in vorchristlichen Zeiten für heidnische Muttergöttinen und Göttermütter verwendet worden.

Aus Göttinnen wie der semitischen Mariamne, der syrischen Aphrodite-Mari, aus Juno, der gesegneten Jungfrau, aus Isis, dem Stern des Meeres, und Maya, der jungfräulichen Mutter des Orients, wurde Maria, die Mutter Jesu. Bei soviel geballter Göttlichkeit bestand natürlich die Gefahr, daß Maria als Göttin verehrt wurde. Tatsächlich entwickelte sich eine Sekte, deren Mitglieder sich als Marianiten bezeichneten. Der Kernsatz dieser Gruppe lautete, Maria selbst habe göttliche Eigenschaften besessen, sei »wahrhaft göttlich« gewesen. Die Anhänger dieses Glaubens wurden bis um 450 n. Chr. als Ketzer bekämpft.

Einer solchen Verehrung wirkte Epiphanius von Salamis, der Bischof von Konstantinopel (etwa 315–403 n. Chr.), der jegliche Bilderverehrung verbot, entgegen: »Laßt den Vater, den Sohn und den Heiligen Geist anbeten, aber laßt niemanden Maria anbeten!« Papst Anastasius (gestorben 402 n. Chr.) ging noch einen Schritt weiter: »Laßt niemanden Maria die Mutter Gottes nennen, denn Maria war nur eine Frau, und es ist unmöglich, daß Gott von einer Frau geboren wurde.« Für Ambrosius, einen bedeutenden Kirchenlehrer, Bischof von Mailand (339–397 n. Chr.) war Maria ein ganz normaler Mensch, eine gewöhnliche Frau – und als solche nicht der Verehrung oder gar Anbetung würdig. Gott habe sie als ein »Gefäß« auserkoren. Indem Jesus als ungeborenes Leben in ihr wohnte, sei sie zum »Tempel Gottes« geworden. Man dürfe aber nicht den Fehler begehen und Maria anbeten. Das komme nur Gott selbst zu, der in Maria als seinem Tempel wirkte.

Trotz des Feldzugs von Epiphanius von Salamis gegen bildliche Darstellungen von Gott und seinem Sohn bemühten sich zahlreiche Künstler in den ersten fünf Jahrhunderten unserer Zeitrechnung bereits, ihrer Religiosität Ausdruck zu verleihen. Sie malten Jesus, seine Mutter, die Heiligen Drei Könige. Jesu Mutter freilich wurde ohne Heiligenschein gezeigt, ein Attribut, das Jesus und den drei Königen aus dem Morgenland vorbehalten blieb. Vom sechsten Jahrhundert an änderte sich das: auch Maria wurde mit einem Lichtkranz ums Haupt dargestellt.

Die theologische Herabwürdigung Marias setzte sich keineswegs einheitlich durch. So verkündete Germanus, anno 717 n. Chr. Patriarch von Konstantinopel, Maria sei die »heiligste Herrin«, die »ehrwürdigste Gebieterin«. Nur durch Maria selbst, nur mit Hilfe der »wahren Mutter Gottes« könne der Mensch göttliche Gnade erfahren. Und der heilige Bernhardin von Siena (1380–1444), ein Theologe aus dem Franziskanerorden, erklärte: »Selbst wenn sie (Maria) nicht die Mutter Gottes gewesen wäre, wäre sie doch die Herrin der Welt.« Nach Louis Marie Grignon de Monfort (1673–1716), 1947 heiliggesprochen und Verfasser des Buches »Wahre Hingabe zur seligen Jungfrau«, verfügte die Mutter Jesu gar über absolute Macht über Gott selbst.

Zwei Jahrtausende Kirchengeschichte sind so von einem ständigen Disput in Sachen Marienverehrung geprägt. Eine einheitliche Haltung ist nicht zu erkennen. Oft wurden gleichzeitig die Extreme Ablehnung und Vergötterung vertreten. Am Anfang stand die jungfräuliche Mutter Jesu, die zusehends den Stand einer Heiligen, ja Muttergöttin einnahm. Das führte dazu, daß mächtige Kirchenmänner wie Marcion (85–160 n. Chr.) bestritten, Maria sei die leibliche Mutter Jesu gewesen. Der Erlöser sei nie mit ihrem Fleisch in Berührung gekommen, vielmehr sei er auch gar nicht als Baby geboren, sondern als bereits erwachsener Mensch materialisiert worden. Marcion gründete eine eigene Kirche, deren Anhänger sich bis ins sechste Jahrhundert nachweisen lassen. Viele Marcioniten schlossen sich dem Manichäern an, deren Kult im vierten Jahrhundert speziell in Afrika eine echte Konkurrenz für das Christentum darstellte.

Um 400 n. Chr. galt die Anerkennung Marias als »heilige ewig jungfräuliche wahrhaftige Mutter Gottes«, als »Wesen, höher als jedes sichtbare und unsichtbare Wesen« als eines der wichtigsten Zeichen für wahres Christentum. Für Ephraim von Syrien war Maria Braut, Gemahlin und Mutter Jesu gleichzeitig, das Tor zum Himmel, die Arche ins Paradies. Schon zu Anbeginn der Welt sei sie im Garten Eden gewesen, habe Adam mit lebensspendendem Regen beschenkt. Sie sei so als eine »Miterlöserin« anzusehen. Diese Thesen waren mehr als umstritten. Sie wurden als teilweise ketzerisch gebrandmarkt. Freilich wurde Ephraim von Syrien anno 1920 durch ein Dekret des Papstes zum »Lehrer der allumfassenden Kirche« ernannt.

Noch im 13. Jahrhundert bekämpfte die Kirche übertriebene Marienverehrung. So ließ Papst Nikolaus III. (etwa 1210–1280) den Mönch Jean d'Olive seine Abhandlung über Maria verbrennen, weil er darin Maria in allzu hohen Tönen pries. Vor wenig mehr als 100 Jahren gründete die Nonne Felicia Kozlowska (1862–1921) in Polen einen Frauenorden. 1904 verbot Rom die fromme Gemeinschaft – wegen »übertriebener Marienverehrung«. Daraufhin entstand 1906 die »romfreie katholische Kirche«, die sich 1906 mit der »altkatholischen Kirche« verband. 1924 kam es zur Trennung.

2000 Jahre Streit um die Mutter Jesu wurden auf theologischer Ebene ausgetragen. Es gab in höchsten Kreisen Verfechter für zwei konträre Ansichten: Maria als gottähnliches Wesen auf der einen, als unwürdige Frau auf der anderen Seite. Zeitweise wurde Maria gar als eine göttliche Dreiheit gesehen, wobei die drei Marien, die zu Füßen des gekreuzigten Jesus standen, miteinander gleichgesetzt wurden. Dieses Bild wurde vom Marienevangelium geprägt, das nicht ins Neue Testament aufgenommen wurde. Auf dem Konzil zu Nicäa 325 n. Chr. sahen sich die führenden Theologen dazu veranlaßt, die göttliche Dreieinigkeit auf Gottvater, Gottsohn und Heiligen Geist zu begrenzen. Dessen ungeachtet verehrten die östlichen christlichen Kirchen noch eine Vater-Mutter-Sohn-Trinität, basierend auf uralten heidnischen Überlieferungen. So waren Osiris-Isis-Horus, Zeus-Rhea-Zagreus und Apollo-Artemis-Herakles bereits als Drei-Gott-Einheit angebetet worden. Der Gottvater-Gottsohn-Maria-Kult muß sehr stark gewesen sein und sich allgemeiner Verbreitung erfreut haben. Schließlich sah sich einer der Autoren des Heiligen Koran dazu veranlaßt, sich von einer Gott-Maria-Jesus-Trinität zu distanzieren.

2000 Jahre lang war umstritten, wie Maria in Theologiekreisen zu werten sei. Die Dispute der hohen Geistlichkeit hatten kaum oder keinen Einfluß auf den Volksglauben. Maria wurde stets als die himmlische Mutter Jesu verehrt. Man betete zu ihr, bat sie, bei Jesus ein gutes Wort einzulegen. Die anhaltende Marienverehrung, die sich durch doktrinäre Theologen nicht negativ beeinflussen ließ, blieb nicht ohne Wirkung. 1950 erklärte Pius XII. die Himmelfahrt Marias zum Glaubensartikel. 18 Jahre später, am 30. Juni 1968, bekräftigte Papst Paul VI. dieses Kirchendogma erneut.

XIII. Das Geheimnis der Magier aus dem Morgenland

Selbst Bibelunkundigen sind sie bekannt – die Evangelientexte über Jesu Geburt. Auch für Zeitgenossen, die ansonsten den Kirchen eher fernbleiben, gehört ein weihnachtlicher Gottesdienstbesuch »zum Programm«. Aber wie sind die Evangelientexte zu werten? Als fromme Legenden oder als Tatsachenberichte?

Jesu Geburt

»Es begab sich aber zu der Zeit, daß ein Gebot von dem Kaiser Augustus ausging, daß alle Welt geschätzt werde. Und diese Schätzung war die allererste und geschah zur Zeit, da Quirinius Statthalter war. Und jedermann ging, daß er sich schätzen ließe, ein jeder in seine Stadt. Da machte sich auf auch Joseph aus Galiläa, aus der Stadt Nazareth, in das jüdische Land zur Stadt Davids, die da heißt Bethlehem, weil er aus dem Hause und Geschlechte Davids war, damit er sich schätzen ließe mit Maria, seinem vertrauten Weibe, die war schwanger.« So steht es geschrieben bei Lukas (Kapitel 2, Verse 1–5).

Was sich wie ein historischer Report liest, hält einer kritischen Prüfung im Hinblick auf Historizität nicht stand. Eine Volkszählung mag durchaus im Interesse der Römer durchgeführt worden sein. Freilich wollten die Machthaber dann nur wissen, wie viele Einwohner jeder einzelne Ort hatte und wie es um die Einkommensverhältnisse stand. Sie wollten Steuerabgaben festlegen. Völlig gleichgültig war es ihnen, zu welchem Stamm die Vorfahren eines jeden Bürgers einst gehört haben mögen. Eine Zählung, wie sie Lukas beschreibt, wäre aus der Sicht der Römer geradezu absurd gewesen. Die Steuern waren am aktuellen Wohnort zu entrichten. Von Interesse war also nur, wer zum Zeitpunkt des Zensus wo lebte und wieviel er verdiente. Alles andere war ohne Belang.

Die Unterteilung in 12 Stämme war mehr als 1000 Jahre vor Jesu Geburt erfolgt. Den meisten Juden wäre es damals kaum noch möglich gewesen festzustellen, zu welchem Stamm ihre Vorväter einst gehörten und wo ihre Ahnen einst – vor mehr als 1000 Jahren – lebten. Jeder Jude hätte dann eruieren müssen, ob es diesen Ort überhaupt noch gab, um dann seinen Heimatort zu verlassen und in die Fremde zu reisen. Das hätte erhebliche Unruhe ins land gebracht, woran den Römern mit Sicherheit nicht gelegen war. Und für ihre Steuerpolitik war es belanglos, wo etwa die Vorväter Josephs 1000 Jahre früher gelebt haben mögen. Auch Joseph mußte an seinem Wohnort Steuern zahlen, nicht dort, wo seine Vorväter mehr als 1000 Jahre zuvor gelebt hatten.

Das historisch-kritische Fazit kann nur lauten: Bei dem biblischen Bericht handelt es sich um eine theologisch motivierte Erfindung. Jesus sollte als Nachfahre Davids ausgewiesen werden, sein Geburtsort mußte daher Bethlehem sein. Deshalb ließ man Joseph und die hochschwangere Maria die beschwerliche Reise antreten. Einen entsprechenden römischen Befehl hat es nicht gegeben.

Historisch stattgefunden hat aber wohl eine Volkszählung unter Quirinius. Senator Publius Sulpicius Quirinius wurde anno 6 n. Chr. nach Syrien versetzt. In diesem Jahr hat er, so vermeldet der Historiker Flavius Josephus, einen Zensus organisiert. Wurde Jesus also im Jahre 6 oder 7 n. Chr. geboren? Nach Lukas wie nach Matthäus erblickte er das Licht der Welt in der Regierungszeit des Herodes. Doch jener Herrscher, der sich selbst den Beinamen »der Große« verlieh, starb 4 v. Chr.

157

Beide Daten lassen sich nicht miteinander vereinbaren. Wurde also der Zusammenhang Volkszählung/Geburt Jesu nachträglich hergestellt, um dem Bericht den Anschein der Historizität zu verleihen? Wir müssen bedenken: Der Bericht des Evangelisten entstand fast 100 Jahre später. Ihm war vermutlich das genaue Geburtsjahr gar nicht mehr bekannt. Also brachte er es mit einem wichtigen Ereignis der jüdischen Geschichte in Verbindung, von dem er wußte, daß es in etwa zu jener Zeit stattgefunden hatte.

Lesen wir weiter, was Lukas noch zu berichten hat (Verse 6 und 7): »Und als sie dort (in Bethlehem) waren, da kam die Zeit, daß sie gebären sollte. Und sie gebar ihren ersten Sohn und wickelte ihn in Windeln und legte ihn in eine Krippe; denn sie hatten sonst keinen Raum in der Herberge.« Nähere Angaben zur Geburtsstätte Jesu finden sich nicht bei Lukas. Als Europäer assoziieren wir freilich »Krippe« mit »Stall«. Von einem Stall freilich ist bei Lukas nichts zu lesen – und auch nicht bei Matthäus. Matthäus weiß nur etwas von einem »Haus«. Wurde Jesus nun in einem Stall oder in einem Haus geboren? Wenn wir uns diese Frage stellen, tauchen fast automatisch konkrete Bilder vor unserem geistigen Auge auf.

Wie stellen wir uns das ideale Weihnachtsfest vor? Wir denken an Tannenbäume mit Lichterketten und viel Schnee. Sicher, wir wissen, daß die Wirklichkeit zu Jesu Zeiten im »Heiligen Land« ganz anders aussah. Der mittelalterliche Volksglaube freilich projizierte europäische Verhältnisse auf Jesu Heimat. Man »sah« Maria und Joseph durch eine mittelalterliche Schneelandschaft stapfen. Müde und hungrig kämpften sie sich durch die Kälte. Maria mußte immer wieder erschöpft Pausen einlegen. Lichter tauchten aus der Dunkelheit auf. Anheimelndes Licht strahlte aus den Fenstern steinerner Häuser. Vergeblich pochten die Verzweifelten an die Türen von Gasthäusern, doch nirgendwo nahm man sie auf. Sie wurden unwirsch abgewiesen, weitergeschickt. Schließlich begnügten sie sich mit einer mehr als primitiven Bleibe. Sie fanden in einem Stall Unterschlupf. Hier gebar Maria ihren Sohn, bettete ihn auf Heu und Stroh.

Die Wirklichkeit sah aber ganz anders aus. Jesus wurde vermutlich in einer Karawanserei geboren. Sie bestand aus einem großen Gehege, um das ein Schutzdach lief. An einigen Stellen war es abgeschlossen. So entstanden je nach Größe der Anlage einige kleine Zimmer. Das Vieh stand im Freien, die Menschen hausten in armseligen Kammern, die aber Schutz vor den Unbilden der Natur boten.

Niemand kann es leugnen: Die in zahllosen Krippen dargestellte Szenerie von Jesu Geburt wirkt rührend. Zwischen Ochs und Esel sehen wir Maria und Joseph. In einer Krippe liegt das kleine Jesuskind, gebettet auf Heu und Stroh. Ochs und Esel freilich werden von den Evangelisten an keiner Stelle erwähnt. Sie kamen erst im 4. Jahrhundert n. Chr. als Ergebnis eines Übersetzungsfehlers hinzu. Wieder einmal wollte man einen Text aus dem Alten Testament auf Jesus beziehen. Da heißt es nämlich bei Habakuk (Kapitel 3, Vers 2), der Herr werde sich »zwischen zwei Zeitaltern« zeigen. Zeitalter wurde in der lateinischen Textversion der Septuaginta mit »zoe« wiedergegeben, daraus lasen die Übersetzer, die den Text in andere Sprachen übertrugen, »zoon«, Tiere. Und schon wurde aus dem Herrn, der zwischen zwei Zeitaltern erscheinen werde, Jesus »zwischen Tieren«. Und welche Tiere sollte man mit »Krippe« und »Stall« in Verbindung setzen? Für Europäer kamen nur Ochs und Esel in Frage.

Durch den gravierenden Übersetzungsfehler wurde nicht nur ein falsches Bild von der Geburtsstätte Jesu geprägt, es wurde auch eine astrologische Kernaussage getilgt. Entsprechende Hinweise finden sich – wenn man sie nur zu erkennen vermag – bei Matthäus (Kapitel 2, Vers 1): »Als Jesus geboren war in Bethlehem in Judäa zur Zeit des Königs Herodes, da kamen Weise aus dem Morgenland.« Die Herren suchten nach dem »neugeborenen König der Juden«. Davon erfuhr Herodes. Er ließ sich berichten, was die Männer herbeigeführt hatte (Matthäus, Kapitel 2, Vers 2): »Wir haben seinen Stern gesehen im Morgenland und sind gekommen, ihn anzubeten.« Herodes befragte seine Schriftgelehrten. Auch sie waren offenbar davon überzeugt, daß ein Herrscher geboren worden sei.

Bei den »Weisen aus dem Morgenland« handelte es sich mit großer Wahrscheinlichkeit um Astrologen aus dem persischen Raum. In ihrer Heimat wurden sie als Weise und Magier verehrt. Nach den heiligen Schriften der Awesta arbeiteten sie in den Nächten, beobachteten den Himmel und suchten nach der »Weisheit, die den Menschen furchtlos und freudigen Herzens an der Todesbrücke stehen läßt«. Wie haben wir uns diese Magos vorzustellen? Nach Herodot vollzogen sie heilige Rituale, in deren Zentrum das magische Feuer stand.

Der persisch-babylonische Raum war, von Jerusalem aus betrachtet, tatsächlich das »Morgenland«. Und dort blühte die Kunst der wissenschaftlichen Astronomie. Sterne wurden aber nicht nur beobachtet, sie wurden auch gedeutet. Große Herrscher, davon war man überzeugt, würden durch besondere Sterne oder Planetenkonstellationen angezeigt. So nimmt es nicht wunder, daß persische Astronomen-Astrologen sich auf die Reise machten, um einen Mächtigen von morgen anzubeten, dessen Geburt in den Sternen stand.

Welchem Stern aber mögen sie gefolgt sein? Chris Clayton vom englischen Rutherford-Appleton-Laboratorium will die Antwort gefunden haben. Er spielte mit einem Spezialcomputer die Planetenbewegungen der letzten zwei Jahrtausende durch und machte eine verblüffende Entdeckung: Im Juni des Jahrs 2 v. Chr. kamen sich Jupiter und Venus am Firmament so nahe, daß sie ineinander zu verschmelzen schienen und wie ein neuer Stern am Firmament erstrahlten. Löste jene Planetenkonstellation die Reise der »Weisen« aus dem Morgenland aus? Es mag sogar sein, daß sie sich im Herbst oder gar zur Winterszeit im Jahre 3 v. Chr. auf den Weg machten. Am 25. Dezember erschien nämlich am Horizont das Sternbild der Jungfrau. Deshalb wurden in jener Zeit in Persien, aber auch in Phönizien, Ägypten und Syrien Feste gefeiert. Man zelebrierte die Geburt des Sonnengottes, und man pries seine jungfräuliche Mutter. Horus wurde als Sohn der unbefleckten Himmelskönigin und Jungfrau Isis gesehen.

Berechneten die »Weisen« die Planetenkonstellation Jupiter/Venus? Erwarteten sie die Geburt eines Mächtigen, aus dem Schoße einer Jungfrau? Der griechische Text des Matthäus-Evangeliums spricht von einem »aster«, also nicht von einem Stern, sondern einem »leuchtenden Himmelskörper«. Diese Bezeichnung ist äußerst exakt: Jupiter und Venus rückten ja nur scheinbar, nur optisch zusammen und ergaben den Anschein eines »leuchtenden Himmelskörpers«. Ein neuer Stern war keineswegs am Himmel aufgetaucht. Der »Stern von Bethlehem« geht auf die lateinische Vulgata zurück, die aus »aster« »stella« machte – einen Stern.

Fromme bildliche Darstellungen des »Sterns von Bethlehem« erinnern an einen Kometen. Und tatsächlich wurde im Altertum darüber spekuliert, ob Geburt und Tod berühmter Männer von Kometen am Himmel begleitet würden. So soll beim Tod Cäsars ein Komet erschienen sein, aber auch bei der Geburt und der Thronbesteigung des Mithridates. In den Jahren vor und nach der Zeitenwende läßt sich freilich kein Komet nachweisen. Im Jahre 22 n. Chr., so berechnete der Astronom Halley, muß solch ein Schweifstern im Mittelmeerraum gesehen worden sein. Es kann aber ausgeschlossen werden, daß Jesus so spät geboren wurde.

Erblickte Jesus also 2 v. Chr. das Licht der Welt, während Jupiter und Venus als großer leuchtender Punkt am Himmel standen? Oder war es fünf Jahre früher, also 7 v. Chr., als Saturn und Jupiter dicht beieinanderstanden, wie Johannes Kepler berechnete?

Ein konkretes Geburtsjahr Jesu läßt sich also nicht eruieren. Allenfalls läßt sich aus dem Neuen Testament ein Hinweis auf die Jahreszeit herauslesen. Bei Lukas (Kapitel 2, Vers 8) heißt es, daß zu jener Zeit Hirten auf dem Felde waren und Nachtwache über ihre Herde hielten. In der Region von Bethlehem waren die Herden von Ostern bis November »auf dem Felde«. Dann begann die Regenzeit. Man darf demzufolge annehmen, daß Jesus irgendwann zwischen Mai und November das Licht der Welt erblickte. Nähere Angaben sind nicht möglich.

Man kann also noch darüber streiten, was sich damals am

Himmel abspielte. Aber was es auch war: Es lockte die Astronomen aus dem Morgenland an. Wie viele waren es? Und wie hießen sie? Wir wissen es nicht, denn die Bibel nennt weder eine Zahl noch Namen. Der Volksglaube, der dazu neigt, unklare Aussagen zu konkretisieren, in der Phantasie mit Leben zu erfüllen, machte aus ihnen die drei Könige Caspar, Melchior und Balthasar. In frommen, naiven Darstellungen werden sie mit Kronen dargestellt. Caspar wird als Neger gezeigt. Biblisch fundiert sind diese Einzelheiten in keiner Weise.

Die Dreizahl der Könige mag aus einem Vers bei Matthäus herausgelesen worden sein. Da heißt es (Matthäus, Kapitel 2, Vers 11), die Weisen hätten »Gold, Weihrauch und Myrrhe« als Geschenke mitgebracht. Ging man stillschweigend davon aus, daß drei Geschenke auf drei »Geburtstagsgäste« deuten? Drei galt zudem als Zahl der Ganzheit. »Drei Herrscher« stehen dann für die gesamte Obrigkeit der Welt. »Drei Könige«, die ehrerbietig vor Jesus das Haupt neigten, vertreten damit symbolisch die Gesamtheit der Könige der Welt. Jesus sollte von Anbeginn an als »Herrscher« über die Welt vorgesehen sein. Um das zu verdeutlichen, scheute man auch nicht davor zurück, einen Bibelvers falsch zu übersetzen. So heißt es noch in älteren Bibelausgaben bei Lukas (Kapitel 2, Vers 8), Engel an der Geburtstätte hätten frohlockt: »Ehre sei Gott in der Höhe und Friede auf Erden und den Menschen ein Wohlgefallen!« Richtig muß es indes heißen: »und Friede den Menschen, die Gott liebt!« oder »und Friede auf Erden bei den Menschen seines Wohlgefallens«. Ursprünglich wurde also die frohe Botschaft eingeschränkt auf jene Menschen, denen Gott wohlgesonnen war. Die falsche Übersetzung bezog, abweichend vom Bibeltext, alle Menschen mit ein.

Nachträglich erfolgte auch eine symbolhafte Interpretation der Gaben der »Könige«. Sie kündigten angeblich bereits das gesamte Leben Jesu an. Gold für sein »Königtum«, Weihrauch symbolisiere seine »Göttlichkeit«, und »Myrrhe« bedeute seinen Tod.

Warum wurden in der mittelalterlichen Tradition aus Astronomen Könige gemacht? Geschah dies nur, um ein politisches Szenario entwickeln zu können, nach dem Motto: Die Herrscher der Welt verneigen sich vor dem Jesuskind? Das war ohne Zweifel das Hauptmotiv. Als »Begründung« wurde eine Stelle aus dem Alten Testament (Psalm 2, Verse 2, 6 und 11) herangezogen, die freilich aus dem Zusammenhang gerissen wurde: »Die Könige der Erde lehnen sich auf. Ich aber habe meinen König eingesetzt auf meinem heiligen Berge Zion. Dienet dem Herrn mit Furcht und küßt seine Füße mit Zittern!«

Neujahr ziehen Kinder oder Jugendliche, als Caspar, Melchior und Balthasar verkleidet, durch die katholischen Lande und malen die Initialen C + M + B über die Türschwellen. Freilich hat man inzwischen den Brauch in Kirchenkreisen umgedeutet: C + M + B gelten offiziell nicht mehr als die Initialen der Könige aus dem Morgenland, sondern als Abkürzung für den kurzen lateinischen Satz »Christus Mansionem Beneficat« – »Christus segne dieses Haus«.

Die Vorstellung von den drei »Magiern« oder »Königen« aus dem Morgenland ist schon sehr alt. Im Jahre 330 n. Chr. wurde auf Befehl des Kaisers Konstantin an der Außenwand der »Geburtskirche« in Bethlehem eine bildliche Darstellung der drei Männer angebracht. Jahrhunderte später, 614 n. Chr., fiel der Perserkönig Chosroes in Jerusalem ein. Weite Teile der Stadt wurden verwüstet, die »Geburtskirche« aber blieb verschont. Der Perserkönig meinte, in der Darstellung der drei Männer persische Magos zu erkennen. Deshalb verbot er seinen Truppen, das Haus auch nur zu berühren.

Rund ein halbes Jahrtausend später wurden die drei Magier im Kölner Dom verehrt. Die Christenheit war davon überzeugt, daß ein sakraler Schrein seit 1164 Reliquien der wertvollsten Art enthalte: die Gebeine der Weisen aus dem Morgenland. In aufgeklärten Kreisen tat man diese Überlieferung gern als unsinnige Frömmelei ab. Doch dann wurde 1980 der reichverzierte Sarkophag geöffnet. Man stellte fest, daß er tatsächlich die sterblichen Überreste dreier Männer barg. Sie waren in kostbaren Gewändern zur letzten Ruhe gebettet worden – vor mindestens 1800 Jahren. Der edle Stoff war, wie wissenschaftliche Expertisen eindeutig ergaben, im fernen Orient gewebt worden. Er könnte durchaus aus der Zeit um Jesu Geburt stammen. Sind also tatsächlich im Kölner Dom die »drei Weisen aus dem Morgenland« bestattet? Diese Frage wird sich wohl nie mit Sicherheit beantworten lassen. Fragen über Fragen ergeben sich: Wie sollten die Toten nach Deutschland gekommen sein? Und wann? Geschah es im Rahmen des schwunghaften Handels mit Reliquien, irgendwann im frühen Mittelalter?

Jesus und der Mithras-Kult

Bis ins 4. nachchristliche Jahrhundert konnte man sich im christlichen Abendland nicht über das Geburtsdatum Jesu einigen. Verschiedene Daten standen zur Auswahl: der 28. März, der 18. und 19. April und der 20. und 29. Mai sowie der 17. November. Der 25. Dezember war zunächst gar nicht im Gespräch. Dann einigte man sich auf diesen Tag. Warum? Es geschah aus Kalkül. In jener frühen Phase des Christentums, also in den ersten Jahrhunderten nach der Zeitenwende, gab es einen sehr starken »heidnischen Kult«, der eine echte Konkurrenz für den neuen, jungen Glauben darstellte. Im Zentrum des Mithras-Kults stand die »unbesiegte Sonne«. Die Mitglieder der Glaubensgemeinschaft feierten im gesamten Mittelmeerraum zur Zeit der Wintersonnenwende, zwischen dem 21. und 25. Dezember, ihr wichtigstes Fest.

Begrüßt wurde der Frühling, bejubelt wurde die zunehmende Kraft der Sonne, die die Pflanzen wieder gedeihen lassen würde. Ein altes Jahr war gestorben, ein neues war geboren worden. Um Mitternacht traf man sich in einem unterirdischen Tempel und vollzog geheimnisvolle Riten. Wenn der Morgen anbrach, verließen die Gläubigen die unterirdischen Gefilde und trugen eine Statue vor sich her. Sie zeigte ein Kind, das nach Überzeugung der Jünger des Kults von einer Jungfrau geboren wurde. Sobald die ersten Sonnenstrahlen aufblitzten, wurde ein Lied gesungen: »Die Jungfrau hat geboren, zu nimmt das Licht.« Der Text ist weitestgehend verlorengegangen. Überliefert ist noch der Vers: »Der große König, der Wohltäter Osiris ist geboren.«

Jesu Geburtstag wurde bewußt festgelegt: Nicht weil man daran glaubte, daß Jesus wirklich an jenem Tag geboren wurde. Man übernahm vielmehr ein fremdes Fest, das nun weiter zelebriert werden konnte wie wohl schon Jahrhunderte, vielleicht sogar Jahrtausende zuvor – nur unter neuem, eben christlichem Vorzeichen! So konnte die unliebsame Konkurrenz ausgeschaltet werden. Dabei fiel die Übernahme des Festes ganz offensichtlich leicht: Der fremde Kult enthielt verschiedene Elemente, die wichtigen Glaubenslehren des Christentums in verblüffender Weise ähnelten.

Das geschah im 4. Jahrhundert n. Chr. Zuvor waren nur Ostern und Pfingsten in der jungen christlichen Kirche festlich begangen worden. Papst Liberius ernannte den 25. Dezember zu Jesu Geburtstag.

Diese Vorgehensweise ist typisch für ein Verfahren der Christianisierung. Zu tief im Bewußtsein der Menschen verwurzelte überlieferte Bräuche ließen sich nicht verbieten. Also wurden sie rein äußerlich beibehalten, aber in den christlichen Glauben »eingebaut«. Übernommen wurde nicht nur der Termin für »Jesu Geburt«, es wurden auch fremde Kultstätten vereinnahmt. So gab es in Bethlehem eine heilige Grotte, die »Haus des Gottes Lah« genannt wurde. Lah stammte aus Babylon, wurde aber auch von den Kanaanitern angebetet. Im Hebräischen hieß die Höhle »beth lah«, woraus sich vermutlich »Bethlehem« als Ortsname entwickelte. Direkt über der heiligen Stätte wurde auf Betreiben von Kaiser Konstantin und seiner Mutter Helena die sogenannte Geburtskirche errichtet. Und die Lah-Grotte wurde zum »Geburtsort Jesu«.

Der heilige Hieronymus, er starb 420 n. Chr. in Bethlehem, drehte in seinen Schriften den Sachverhalt um: Ursprünglich sei die Grotte ein christliches Heiligtum gewesen, die Heiden hätten dann aber versucht, die Erinnerung an Jesus auszulöschen, indem sie die Stätte für sich, etwa für einen Adonis-Kult, mißbrauchten. Die Historie dürfte anders verlaufen sein: In Bethlehem gab es aus frühen, vorchristlichen Zeiten einen altehrwürdigen Ort, der von der jungen Christenheit übernommen wurde.

In den ersten Jahrhunderten nach der Zeitenwende kämpften Christentum und Mithras-Kult um Anhängerschaft. Inwieweit die junge Christengemeinde Glaubensgut und kultische Lebensweise eigenständig entwickelte oder einfach übernahm, das läßt sich nicht mehr mit Sicherheit feststellen. Unübersehbar sind aber die Parallelen: So wurde das Oberhaupt des Mithras-Kults »pater patrum«, »Vater der Väter«, genannt. Die Priester wurden »patres«, also »Väter«, die Gläubigen »fratres«, also »Brüder«, genannt. Sieben heilige Sakramente wurden zelebriert – in der Mithras-Religion wie im Katholizismus. Im Jahre 1439 wurde die Siebenzahl der Sakramente auf dem Konzil von Ferrana-Florenz zum kirchlichen Dogma gemacht. Auch das Heilige Abendmahl, bei dem Wein und Brot verzehrt wurden, gab es bereits bei den Mithras-Anhängern. Es wurde, wie im Christentum, zur Erinnerung an die letzte Mahlzeit des Meisters zelebriert.

Auch den Mithras-Anhängern wurde – wie im Christentum – ein sittlich-keusches Leben abverlangt. Vergehen und Sünden wurden in speziellen Zeremonien »abgewaschen«. Am Anfang der Geschichte habe es eine Sintflut gegeben. Und am Ende der Zeiten würden die Toten leibhaftig auferstehen, um von einem »Jüngsten Gericht« beurteilt zu werden.

Die Verehrung des Jesuskindes läßt erstaunliche Parallelen zum buddhistischen Schrifttum erkennen. So wie Jesus schon nach Überzeugung der Gläubigen in alten Prophetenworten vorhergesagt worden sein soll, so wurde auch Buddha von Propheten alter Zeiten angekündigt. Und so wie die Engel des Neuen Testaments ob der Geburt des Heilands frohlockten, so tanzten bei Buddha die Götter auf dem Berg Meru. Als sie nach dem Grund für ihren Jubel befragt wurden, antworteten sie: »Der Bodhisattva, das edelste Kleinod, der Unvergängliche, ist auf der Welt der Menschen zu Heil und Segen geboren in dem Shakya-Dorf im Lubinieyya-Land. Darüber sind wir befriedigt und überaus fröhlich.«

Der Kindermord zu Bethlehem

Herodes erscheint beim Evangelisten Matthäus in einem alles andere als günstigen Licht. Scheinheilig bat er die Astronomen aus dem Morgenland zu sich (Matthäus, Kapitel 2, Verse 7 und 8) »und erkundete genau von ihnen, wann der Stern erschienen wäre, und schickte sie nach Bethlehem und sprach: Zieht hin und forscht fleißig nach dem Kindlein; und wenn ihr's findet, so sagt mir's wieder, daß auch ich komme und es anbete.« Herodes hegte freilich in Wirklichkeit eine ganz andere Absicht: Er befürchtete einen Konkurrenten, der ihm den Thron streitig machen könnte. Nach Matthäus wurden die »Weisen« durch Gott im Traum gewarnt (Matthäus, Kapitel 2, Vers 12): »Und Gott befahl ihnen im Traum, nicht wieder zu Herodes zurückzukehren; und sie zogen auf einem anderen Weg wieder in ihr Land.«

Herodes soll darüber empört gewesen sein, daß die Weisen nicht zu ihm zurückkehrten und ihm nicht verrieten, wo das Kind, der künftige Herrscher, zu finden sei. Also ließ er (Vers 16) »alle Knäblein zu Bethlehem töten und in der ganzen Gegend, die da zweijährig und darunter waren, nach der Zeit, die er mit Fleiß von den Weisen erkundet hatte«. Kritische Theologen wenden ein, den Kindermord zu Bethlehem habe es nie gegeben. Die grausige Episode sei nur erfunden worden, um nachträglich eine Prophezeihung in Erfüllung gehen zu lassen. Steht doch beim Propheten Jeremia (Kapitel 31, Vers 15) geschrieben: »So spricht der Herr: Man hört Klagegeschrei und bitteres Weinen in Rama: Rahel weint über ihre Kinder und will sich nicht trösten lassen über ihre Kinder; denn es ist aus mit ihnen.«

Man mag nun darüber streiten, ob der Kindermord Historie oder fromm erfundene Legende ist. Zweifellos wäre solch eine Untat Herodes durchaus zuzutrauen gewesen. Man muß nur den geschichtlichen Hintergrund kennen. Zur Zeit Jesu kamen – der Historiker Josephus Flavius berichtet darüber – schriftkundige Juden zu der Erkenntnis, daß das Alte Testament geheime Botschaften enthielt. Sie würden besagen, daß einer aus ihrem Volke bald die Welt regieren werde. Davon wird gewiß auch Herodes gehört haben. Er bangte um seinen Thron. Er wollte unbedingt verhindern, daß der erhoffte Friedenskönig, den die Juden herbeisehnten, an die Macht kam.

63 v. Chr. war das Land der Juden von Pompeius unterworfen und an Syrien angegliedert worden. 47 v. Chr. machte Cäsar den Lokalfürsten Antipater zum römischen Staatsbürger und ernannte ihn zum »Aufseher« über Judäa. Ihm folgte 43 v. Chr. sein Sohn Herodes nach, dem es rasch gelang, durch geschickte Diplomatie zum Günstling der Römer aufzusteigen. Kaiser Augustus machte ihn schließlich zum König von Judäa. 37 v. Chr. verstieß er seine erste Frau, die Araberin Doris, und heiratete die 12jährige Mariamne aus der mächtigen Dynastie der Hasmonäer. Die freilich intrigierte gegen ihren Mann und plante eine Verschwörung. Auch seine Frau verschonte er nicht.

Mag sein, daß Herodes aufgrund seiner geplanten Absetzung und Ermordung beschloß, sich für alle Zeiten zu verewigen. Jedenfalls ließ er einige riesige Bauprojekte verwirklichen, so zum Beispiel einen imposanten Palast auf dem Westhügel Jerusalems. Er gab sich als guter Jude, hielt die jüdischen Speisevorschriften ein und zeigte sich wiederholt sehr spendabel, wenn es um finanzielle Zuschüsse für den Bau des Tempels in Jerusalem ging. Sehr beliebt wurde er dadurch im Volke trotzdem nicht. So kam es, daß sich 7 v. Chr. neuerlich eine Gruppe von Verschwörern zusammentat, zu denen auch seine Söhne Alexander und Aristobulus gehörten. Wieder wurde ihm der Plan verraten, wieder reagierte Herodes drastisch. 300 Verschwörer wurden in Jericho erschlagen. Seine eigenen Söhne ließ Herodes in Samaria erwürgen.

Als Kaiser Augustus von den Greueltaten des Herodes erfuhr, wandte er sich mit Grausen ab. Er wolle lieber ein Schwein als ein Sohn des Herodes sein. Herodes hätte wohl eher Skrupel gehabt, ein Schwein als seine eigenen Söhne zu töten. Die politisch motivierten Berichte von den Morden des Herodes mögen in den Text des Evangeliums bei Matthäus eingeflossen sein. Der Historiker Josephus Flavius schwelgt zwar in Beschreibungen von Grausamkeiten des Herodes, von einem Kindermord zu Bethlehem ist bei ihm aber kein Wort zu finden, ebensowenig wie bei den anderen Evangelisten.

Die Frage nach der Geschichtlichkeit des Kindermordes von Bethlehem weist auf eine wichtige Problematik hin. Inwieweit kann man die Evangelien überhaupt als ernst zu nehmende Quellen ansehen?

Stammen die Evangelien von Zeitzeugen?

Matthäus, der als einziger Evangelist den Kindermord beschreibt, war kein Augenzeuge. Nach dem heutigen Stand der Bibelforschung entstand das nach ihm benannte Evangelium frühestens um 90 n. Chr., also etwa 100 Jahre nach den beschriebenen Ereignissen – und stammt gar nicht von Matthäus selbst. Die Bibelkritiker sowohl der evangelischen wie der katholischen Theologie sind sich heute weitgehend darin einig, daß Paulus der einzige Apostel ist, der auch tatsächlich Texte des Neuen Testaments verfaßte. Mit an Sicherheit grenzender Wahrscheinlichkeit stammt das »Matthäus-Evangelium« gar nicht von Matthäus selbst, sondern von einem unbekannten Verfasser.

Keines der vier Evangelien wurde vom Verfasser mit seinem Autorennamen versehen. Die Überlegung, daß der Jünger Matthäus selbst ein Evangelium verfaßt haben könnte, wurde erst von Kirchenvater Papias angestellt, der etwa 70 bis 130 n. Chr. lebte. Philipp Vielhauer, der Verfasser einer »Geschichte der urchristlichen Literatur«, bezeichnet die Behauptung des Kirchenvaters als »historisch wertlos«.

Wie sieht es mit dem Markus-Evangelium aus? Wieder berief sich die frühe Theologie auf Papias, der freilich gar nicht von einem Evangelium eines Markus, sondern eines »Johannes Markus« sprach. Johannes Markus stammte aus Jerusalem und war ein Vetter des Barnabas. Er begleitete Barnabas und Paulus zeitweise auf der Missionsreise nach Zypern. Vertragen haben sich diese frühen Missionare meist nicht sonderlich gut. Als Barnabas den Johannes Markus auf eine weitere Reise mitnehmen wollte, kam es zum Streit. Paulus hielt Johannes Markus für unzuverlässig. So trennten sich Paulus und Barnabas im Zorn. Paulus zog mit Silas, Barnabas mit Johannes Markus weiter. Später kam es wieder zur Versöhnung zwischen Paulus und Johannes Markus. Dieser Johannes Markus, nicht Markus, dürfte – und das nicht vor 70 n. Chr. – das sogenannte Markus-Evangelium verfaßt haben.

Mehr als umstritten ist auch der Urheber des Lukas-Evangeliums. Paulus erwähnt den Arzt Lukas gelegentlich am Rande. Daß er Paulus bei einigen seiner Reisen begleitet haben soll, ist reine Spekulation. Wer auch immer der Verfasser war: Er kann nicht mit Paulus durch die Lande gezogen sein, dafür sind seine Beschreibungen oft zu ungenau, ja historisch oft falsch. Er kannte offensichtlich weder die Theologie des Paulus noch seine Briefe. Fazit: der Autor des nach Lukas benannten Evangeliums ist uns heute ebenso unbekannt wie der des Johannes-Evangeliums. Auch hier findet sich im Originaltext kein konkreter Hinweis auf den Verfasser. Ein Nachsatz, der einen namentlich nicht genannten Jünger zum Verfasser erklärt, wurde eindeutig später angefügt (Evangelium des Johannes, Kapitel 21, Vers 24): »Dies ist der Jünger, der von diesen Dingen zeugt und dies geschrieben hat, und wir wissen, daß sein Zeugnis wahrhaftig ist.«

Erst im Jahre 180 n. Chr. postulierte der Kirchenvater Irenäus, jener namenlose Jünger, von dem es im Johannes-Evangelium wiederholt heißt, Jesus habe ihn liebgehabt, sei Johannes gewesen. Und jener Jünger Johannes habe auch das nach ihm benannte Evangelium niedergeschrieben. Dabei ist es mehr als unwahrscheinlich, daß das Werk von einem Jünger Jesu stammt. Während Jesus in den drei übrigen Evangelien nur kurze Ansprachen an seine Anhänger hielt, kommen ihm bei Johannes – so der Göttinger Neutestamentler und frühere Landesbischof von Hannover Eduard Lohse – »lange Reden« über die Lippen, »die in bisweilen monoton anmutenden Meditationen immer denselben Inhalt haben«.

Wer in den Evangelien eine historisch verwertbare Quelle zu finden hofft, mag einwenden: Es kommt ja gar nicht darauf an, wie die Verfasser der Evangelien hießen: Wichtig ist letzlich nur, daß da Zeugen aussagen. Genau das ist aber nicht der Fall: Das »Markus-Evangelium« entstand 70. n. Chr., das »Matthäus-Evangelium« 90 n. Chr., das »Lukas-Evangelium« ebenfalls 90 n. Chr. und das »Johannes-Evangelium« frühestens 100 n. Chr., vermutlich aber erst 110 n. Chr.

Worauf basieren aber die Evangelien, wenn sie nicht von direkten Augenzeugen stammen? Sind sie also für den Suchenden, der sich möglichst im Detail über Jesus informieren möchte, wertlos? So ist es jedoch nicht. Vollkommen zutreffend schreibt »Der Spiegel« (23/1996, S. 65/66): »In den Jahrzehnten, die zwischen dem Auftreten Jesu und der Niederschrift der Evangelien vergingen, wurden seine Worte und kurze Berichte über seine Taten unermüdlich weitergegeben. Die Evangelien sind das letzte Stadium einer langen Entwicklung. Deren Autoren stellten die Einzelstücke in künstliche Rahmen, um den Stoff besser erzählen zu können. Zeit- und Ortsangabe wie ›alsbald‹, ›es begab sich‹, ›am Abend‹ oder ›am Meer‹ oder ›auf dem Berg‹ sind durchweg redaktionelle Hilfsmittel. Weil die Abläufe in den Evangelien nicht historisch sind, läßt sich anhand ihrer Texte keine Biographie Jesu schreiben.«

»Matthäus« und »Lukas« nutzten das »Markus-Evangelium« als Quelle. Ihnen dürften aber darüber hinaus weitere schriftliche Aufzeichnungen mit Jesusworten zur Verfügung gestanden haben, die freilich leider verlorengegangen sind. Die schriftliche Weitergabe von Berichten über Jesu Wirken oder gar von echten Jesusworten war in den Jahrzehnten nach Jesu Tod ein mehr als schwieriges Unterfangen. Sie wurden von Gläubigen auf anstrengenden Reisen verfaßt. Schreibmaterial war teuer und knapp. Briefe mußten mühsam von Hand abgeschrieben werden, wurden zu Land und zu Wasser befördert. Kopien von Kopien wurden angefertigt. Ergänzungen wurden eingefügt, scheinbar Unverständliches wurde weggelassen.

Am Anfang war also die mündliche Tradition. Erst nach und nach wurden Texte schriftlich niedergelegt: nicht nur jene, die wir heute im Neuen Testament finden. Unter den verschiedenen christlichen Gruppen gab es Rivalitäten. So wurden das Petrus-Evangelium, das Thomas-Evangelium oder die Apokalypse des Johannes noch lange Zeit als gleichwertig angesehen. Marcion faßte 139 n. Chr. ein »Mini-Evangelium« zusammen. Er nahm nur das Lukas-Evangelium und die zehn Paulusbriefe auf. Alle übrigen Texte lehnte er als »jüdische Fälschungen« ab. In Konflikt mit der jungen Kirche geriet er, weil er das Alte Testament ablehnte. Sein Gott war ein ausschließlich liebender, kein strafender Gott.

Die junge Kirche indes wollte unbedingt am Alten Testament, aber auch an den von Marcion abgelehnten jüngeren Texten festhalten. Gegen Ende des 2. Jahrhunderts stellte man ein erstes »Neues Testament« zusammen. Darüber berichtet das Textfragment »Muratori« um 200 n. Chr. Es nennt die vier Evangelien, die Apostelgeschichte, 13 Paulusbriefe, Philemon- und Titusbrief, 1. und 2. Timotheusbrief, Judasbrief, zwei Johannesbriefe und die Apokalypsen des Johannes und Petrus. Erst 367 n. Chr. entstand das, was wir heute als das »Neue Testament« kennen. Der Bischof von Alexandria, Athanasius, listete die 27 Bücher des »Neuen Tetaments« auf. Er bezeichnete sie als »Quelle des Heils« und bekundete: »Nur darin ist die Lehre der Frömmigkeit aufgeschrieben.« Erst rund 400 Jahre nach Christi Geburt wurden diese 27 Bücher als maßgeblich für die christliche Religion anerkannt.

Martin Luther hielt sich zwar an die vorgegebenen 27 Texte, nahm aber eine Wertung vor. Die Briefe des Jakobus, des Judas, der Brief an die Hebräer, der 2. Petrusbrief und die Apokalypse seien weniger wert. Er stellte sie an den Schluß seiner Bibelausgabe, um die seiner Meinung nach wertvolleren Texte in den Vordergrund zu stellen. Das veranlaßte das Konzil von Trient 1546 dazu, festzustellen: »Wer aber eben diese ganzen Bücher mit allen ihren Teilen, wie sie in der katholischen Kirche gelesen werden, nicht als heilig anerkennt und wer bewußt und mit Bedacht die Überlieferungen, von denen die Rede war, verachtet, der sei ausgeschlossen.« Damit hatte die katholische Kirche festgelegt, daß alle kanonischen Texte gleich heilig seien, daß da keine Abstriche vorgenommen werden dürften. Diese Haltung wurde nochmals auf dem I. und dem II. Vatikanischen Konzil (1869/1870 und 1962–65) bekräftigt. So waren von den ersten mündlichen Berichten über Jesu Wirken, die wohl noch zu seinen Lebzeiten kursierten, bis zur endgültigen Festlegung auf das heutige Neue Testament fast zwei Jahrtausende verstrichen.

Ist nun eine Wertung der Texte möglich? Kann man sie klassifizieren – als fromme Märchen oder Tatsachenberichte? Den Christen der ersten Jahrhunderte wäre eine solche Frage vermutlich höcht kurios erschienen. Für sie kam es nicht auf eine Wahrheit im Sinne historischer Geschichtsschreibung an. Im Vordergrund stand für sie ein Mysterium, an das sie glaubten. Religion war für sie Realität. Und Glaube verdichtete sich zu religiösen Texten, die ihre Überzeugungen illustrierten. Die frühen Christen hielten sie für wahr, ebenso wie sie Gefühle wie Haß und Liebe für wahr hielten. Nach Jahreszahlen oder dokumentierten Urkunden fragten sie nicht.

XIV. Jesu Kindheit und Jugend

Der Verfasser des Matthäus-Evangeliums, wer auch immer es gewesen sein mag, sah in Jesus den Messias, den Erretter der Menschheit. Er wollte ihn zu einem zweiten Moses stilisieren. So wie Moses sein Volk aus der Drangsal der ägyptischen Gefangenschaft geführt hatte, so sollte Jesus »die Menschheit« befreien. Jesus sollte der Erlöser sein, der getreu eines göttlichen Plans die Menschen befreite. Wir finden im Matthäus-Evangelium weniger biographische Fakten, die einer historisch-kritischen Überprüfung standhalten, als vielmehr Bestätigungen von Prophetenworten aus dem Alten Testament. So bezog der Verfasser des Matthäus-Evangeliums recht willkürlich einen Vers aus dem Buch des Propheten Hosea auf Jesus.

625 v. Chr. hatte Nabupolassar ein »neubabylonisches Reich« errichtet. Seine Truppen besiegten 605 v. Chr. die ägyptischen Armeen. Nabupolassars Sohn Nebukadnezar, der eigentlich Nebukadrezar hieß, »König von Babylon« von 604 bis 562 v. Chr., bekriegte in den ersten Jahren seiner Regierungs-

zeit die Phönizier und Philister. 597 v. Chr. eroberte er Jerusalem, als sich Juda seinem Machteinfluß entziehen wollte. Er machte Zidkija zum König von Juda. Der erhob sich aber bald, gegen die Warnungen des Propheten Jeremias, gegen Babylon. Daraufhin wurde Jerusalem erneut besetzt, der Tempel zerstört und geplündert. Es begann die babylonische Gefangenschaft.

Jene Zeit erlebte eine Hochblüte der Prophetie. Ihre Vorhersagen bezogen sich aber nie auf eine ferne Zukunft, sondern stets auf die konkrete, politische Situation. So hatte Jesaja (Kapitel 45, Vers 1 und Kapitel 44, Vers 28) korrekt vorhergesagt, ein »Cyrus« werde den Völkern »Türe und Tore« öffnen und Jerusalem wieder aufbauen lassen. Tatsächlich wurde 559 v. Chr. Kyros II. König von Persien. 538 v. Chr. gestattete er es den Hebräern, nach Jerusalem zurückzukehren und den zerstörten Tempel wiederaufzubauen.

Ähnlich bedeutsam war auch Hosea, ein Prophet des Nordreichs. Er verkündete seine Vorhersagen zur Zeit von König Usija von Juda (829–778 v. Chr.), wirkte aber auch unter Jerobeam II. (844–804 v. Chr.) und unter Hiskia, König von Juda, der 745 v. Chr. die Regierungsgeschäfte aufnahm.

Hosea wetterte gegen den Götzendienst, kritisierte das mangelnde Pflichtgefühl von Herrschern und riet Israel dringend dazu, sich nicht in die große Politik einzumischen. Statt dessen solle man sich auf eine religiöse und moralische Reform konzentrieren. Hoseas Vorhersagen bezogen sich also stets auf die aktuellen politischen Geschehnisse seiner Zeit. Nie hatte er eine Zukunft im Sinn, die sich rund 800 Jahre später ereignen sollte.

Das aber unterstellte »Matthäus«. Er bezog einen Hosea-Vers (Kapitel 11, Vers 1) auf Jesus: »Als Israel jung war, hatte ich ihn lieb und rief ihn, meinen Sohn, aus Ägypten.« Dieser »Ruf«, so meinte »Matthäus«, sei an Jesus ergangen, Jesus sei dazu aufgefordert worden, nach Ägypten zu kommen. Um dieses Prophetenwort zu erfüllen, konstruierte »Matthäus« die Biographie des jungen Jesus anders als die anderen Evangelisten. Nur im Evangelium nach Matthäus findet sich die Beschreibung des Kindermordes zu Bethlehem, nur hier wird über die Flucht von Joseph und Maria mit dem Jesuskind nach Ägypten berichtet.

Für »Matthäus« war Jesus der zweite und letzte Moses. Moses' Leben war von den Mächtigen bedroht. Er wurde als Baby in einem Körbchen im Nil ausgesetzt. Jesu Leben wurde durch Herodes bedroht, seine Familie mußte mit ihm nach Ägypten fliehen (Matthäus, Kapitel 2, Verse 13 und 14): »Als sie aber hinweggezogen waren, siehe, da erschien der Engel des Herrn dem Joseph im Traum und sprach: Steh auf, nimm das Kindlein und seine Mutter mit dir und flieh nach Ägypten und bleib dort, bis ich dir's sage; denn Herodes hat vor, das Kindlein zu suchen, um es umzubringen. Da stand er auf und nahm das Kindlein und seine Mutter mit sich bei Nacht und entwich nach Ägypten.«

Nach dem Tode des Herodes erschien – wieder nur bei »Matthäus« – dem Joseph ein Engel (Verse 20 und 21) »und sprach: ›Steh auf, nimm das Kindlein und seine Mutter mit dir und zieh in das Land Israel; sie sind gestorben, die dem Kindlein nach dem Leben getrachtet haben.‹ Da stand er auf und nahm das Kindlein und seine Mutter mit sich und kam in das Land Israel.«

Die Flucht nach Ägypten hätte Joseph in arge Gewissensnöte gebracht. Nach dem Gesetz des Mose (siehe hierzu 1. Buch Mose, Kapitel 17, Verse 10 und 11 sowie 3. Buch Mose, Kapitel 12, Vers 3) mußten Knaben acht Tage nach der Geburt beschnitten werden. Woher der Brauch der Beschneidung wirklich stammt, ist unklar. Er ist auf alle Fälle wesentlich älter, als das Alte Testament vorgibt. Vermutlich wurde er schon Jahrtausende zuvor bei heidnischen Völkern praktiziert – als eine Art Opfer an mächtige Fruchtbarkeitsgötter. Bei den Römern wurden die Juden wegen dieser religiösen Sitte verspottet, hämisch bezeichnete man Beschnittene als »Geschundene«.

Im Evangelium nach Lukas findet sich kein Hinweis auf die »Flucht nach Ägypten«. Jesus wurde vielmehr, als er acht Tage alt war, dem Gesetz Mose folgend, beschnitten und bei dieser Gelegenheit Jeschua genannt. Dies dürfte in Jerusalem geschehen sein. Damit war aber dem mosaischen Gesetz immer noch nicht Genüge getan. Nach der Geburt eines Kindes galt die Mutter als »unrein« (3. Buch Mose, Kapitel 12, Verse 1, 2 und

5): »Und der Herr sprach: Rede mit den Kindern Israels und sprich: Wenn eine Frau empfängt und einen Knaben gebiert, so soll sie sieben Tage unrein sein, wie wenn sie ihre Tage hat. Gebiert sie aber ein Mädchen, so soll sie zwei Wochen unrein sein, wie wenn sie ihre Tage hat.« Sie mußte, wenn sie einen Sohn geboren hatte, 32, wenn sie ein Mädchen zu Welt gebracht hatte, 64 Tage in Abgeschiedenheit leben, durfte nichts Heiliges berühren und den Tempel nicht betreten.

Die Zeit der Unreinheit wurde mit einem Gang zum Tempel beendet, wo ein Opfer dargeboten werden mußte. Nach mosaischem Gesetz (2. Buch Mose, Kapitel 13, Verse 1 und 2) gehörten die ersten Früchte der Felder, die erstgeborenen Tiere, aber auch die erstgeborenen Kinder Gott Jahwe. Zu Zeiten der Menschenopfer, die nach der Zuwendung zum Eingottglauben verpönt waren, wurden die erstgeborenen Kinder noch den Göttern, grausigen Ritualen folgend, geopfert. Das Menschenopfer wurde abgeschafft, und gewöhnlich wurde zu Ehren Gottes statt dessen ein einjähriges Lamm geschlachtet. Für fünf Schekel mußte das Kind »losgekauft« werden.

Der Schekel war eine Silbermünze und wog 7,25 Gramm. Joseph und Maria konnten diese Summe vermutlich nicht aufbringen. Die Tempelherren waren aber sozial eingestellt, so daß ärmere Menschen mit kleinerer Münze bezahlen durften. Ein Schekel wurde dann mit einem gera gleichgesetzt. Eine gera-Münze hatte den Wert des fünfunzwanzigsten Teils eines Schekels, fünf gera entsprachen dann einem Fünftel eines Schekel. Dafür konnte man sich zur Zeit Jesu etwa fünf Weintrauben kaufen.

Zu jener Zeit war der Tempel von Jerusalem nur noch ein trauriger Abglanz des Originals, das Salomo hatte errichten lassen. 586 v. Chr. war der Tempel von Nebukadnezar zerstört, 70 Jahre später als bescheidenes Provisorium wieder errichtet worden. Herodes II. hatte inzwischen mit Baumaßnahmen begonnen. Er hatte veranlaßt, daß der zweite, kleinere Tempel erweitert wurde. Bogengänge waren ebenso wie neue Terrassen angegliedert worden. Neue Mauern waren errichtet und Verzierungen aus Gold und Marmor angebracht worden.

Bild 26: Die Hirtenfelder von Bethlehem. (© Höchsmann)

Bild 27: So sah ein unbekannter deutscher Künstler des frühen 15. Jahrhunderts die »Stallszene«: Maria betet das Jesuskind an, Gottvater selbst und Engel schützen das Neugeborene.

Bild 29 nächste Seite unten: Der »königliche Stammbaum« Jesu in einem kolorierten Holzschnitt aus dem 16. Jahrhundert.

Bild 28: Bethlehem – die »Geburtsgrotte« im Inneren der »Geburtskirche«.
(© Höchsmann)

Bild 30: Der grausame »Kindermord zu Bethlehem« in einer phantasievollen Darstellung, geschaffen vom »Meister vom Schloß Lichtenstein«.

Bild 32 nächste Seite unten: Ob sich Jesus selbst in diesen Mauern von Qumran aufhielt? Unbestreitbar ist, daß die zornigen Männer vom rätselhaften Orden sein Denken wesentlich beeinflußten. (© Höchsmann)

Bild 31: Jesus wird von Johannes getauft. Gemälde von Bicci di Lorenzo (1375–1452). Der »Heilige Geist« schwebt vom Himmel. Ehrfürchtig neigen zwei Engel das Haupt.

Bild 33: Jahrzehntelang waren die Qumran-Höhlen allenfalls wenigen Hirtennomaden bekannt. (© Höchsmann)

Bild 34: Niemand wußte, daß in eben diesen Höhlen die wertvollsten antiken Manuskripte des »Heiligen Landes« ihrer Entdeckung harrten. (© Höchsmann)

Bild 35: Verschiedene Qumran-Texte aus den geheimnisvollen Höhlen belegen eindeutig, daß es eine Beziehung zwischen Jesus und dem geheimen Wüstenorden gab. (© Höchsmann)

Bild 36: Die Hochzeit zu Kana verdeutlicht einen Wandel Jesu – vom asketischen
Anhänger der Qum-Ran-Sekte zum »Revoluzzer«.

Bild 37: Ein uraltes Mosaik in Tabgha am See Genezareth (in der »Kirche der Brotvermehrung«) erinnert an die »Speisung der 5000« durch Jesus. (© Höchsmann)

Bild 38: Die Synagoge von Kapernaum. Hierher kehrte Jesus immer wieder von seinen Reisen zurück. (© Höchsmann)

Bild 39: Totenauferweckung durch Jesus in einem Gemälde von Nicolas Froment (1435–1484).

Bild 40 oben: Auferweckung des Lazarus nach einem Fresko in der Kirche vom heiligen Franziskus in Assisi von Giotto (etwa 1309).

Bild 41: Jesu triumphaler Einzug in Jerusalem. Begeistert huldigen ihm die Massen, die in ihm den künftigen Herrscher sehen, der die römische Knechtschaft beendet – so wie einst Moses das Volk der Väter aus der ägyptischen Sklaverei führte. Gemälde von Duccio di Buoninsegna (1260–1318).

Bild 42: So soll Jerusalem zu Zeiten Jesu ausgesehen haben – neuzeitliches Modell. (© Höchsmann)

Bild 43: Jesus und seine Jünger beim »letzten Abendmahl«. Links im Bild: der »Verräter« Judas. Ein Teufel hängt an seinem Gewand. Er allein trägt keinen Heiligenschein. Spanisches Altargemälde aus dem 14. Jahrhundert.

Bild 44: Hier im »Garten Gethsemane« wartete Jesus auf seine Verhaftung durch die Römer. (© Höchsmann)

Bild 45: Auf diesem Stein (heute in der Jerusalemer Grabeskirche) soll der Leichnam Jesu gesalbt worden sein. (© Höchsmann)

Bild 46 oben: Kreuzigungsszene in der
Svetitskhoveli-Kirche von Mtskheta,
Ostgeorgien, 17. Jahrhundert.

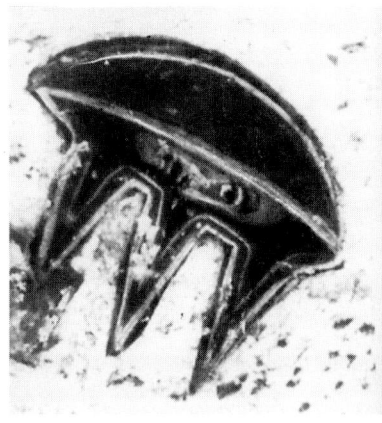

Bild 47: Detailaufnahme vom frommen
Fresko: Dieses »UFO« schwebt unter
dem rechten Querbalken des Kreuzes.

Bild 48: Ein zweites »UFO« ist im
Fresko unter dem linken Querbalken
des Kreuzes auszumachen. Aus beiden
»UFOs« starren Gesichter nach unten.

Bild 49 oben, Bild 50 und Bild 51 nächste Seite oben: Als die Festung von Masada gefallen war, glaubte im alten Israel niemand mehr so recht an einen Messias, der die Römerherrschaft beenden würde. (© Höchsmann)

Bild 52: Die Grabeskirche in Jerusalem – das Grab Christi?

Jospeh und Maria betraten den Tempel, der zu jener Zeit wohl eher einer Baustelle glich. Maria trug das Jesuskind auf dem Arm. Am Nikanortor, das den Bereich des heiligen Gebäudes, der noch von Frauen betreten werden durfte, von jenem Teil trennte, zu dem nur Männer Zugang hatten, gaben sie bei einem Priester zwei Tauben ab. Die Opferung erfolgte nach präzisen Vorschriften. Einer der Tauben wurde die Kehle durchgeschniten, das Blut mußte auf den Rand des Altars fließen. Kopf und Federn wurden entfernt und in östlicher Richtung hinter den Altar geworfen. Die Flügel wurden zerbrochen und das Tier auf einem Kohlenbecken verbrannt. Die zweite Taube ging, nachdem die Seitenwände des Altars mit ihrem Blut benetzt worden waren, nach Moses (3. Buch Mose, Kapitel 5, Verse 8–13) in den Besitz des opfernden Priesters über.

Nach Beendigung der Zeremonie verkündete der Priester, Maria sei nun gereinigt. Joseph bezahlte noch die Münzen für den »Loskauf« ihres Kindes. Gemessenen Schrittes entfernten sich Maria und Joseph mit dem Baby aus dem Tempel.

Warten auf den Erlöser

Auch nach der Rückkehr aus der babylonischen Gefangenschaft (586 v. Chr.) brach für die Juden keine Ära der Freiheit aus. Sie gerieten, um es etwas salopp zu formulieren, aus dem Regen in die Traufe: Dem babylonischen Joch folgte das der Perser, es folgte die griechische Knechtschaft unter Alexander dem Großen, der von syrischen und ägyptischen Potentaten abgelöst wurde. Schließlich folgten römische Herren. Über die Jahrhunderte fühlten sich die Juden stets unfrei, nie als wirklich selbständiges Volk, eher als Beute der mächtigen Herrscher der Welt, die einander bekriegten. Dem jeweiligen Sieger wurde dann das Heilige Land zugesprochen, das vom Sieger stets wie persönlicher Besitz empfunden wurde, über den willkürlich und nach bloßem Gutdünken verfügt werden konnte.

Dieser Zustand der Unfreiheit, der zur Zeit Jesu schon Jahrhunderte währte, ließ in der Bevölkerung den Wunsch nach einem Erlöser und Befreier aufkeimen. Religiöse Seher und Propheten zogen durch die Lande und verkündeten, Schuld an der Misere sei der religiöse Verfall, die Abkehr vom wahren und reinen Jahweglauben. Eine Wiederbelebung alter Frömmigkeit, eine strengere Befolgung der von Moses überlieferten Kultvorschriften sei dringend erforderlich. Nur wenn man nicht mehr an den fremdländischen Kulten teilnehme, sei es möglich, daß das Volk Isral zu Frieden, Freiheit und Glück zurückfinde. Nur dann würde dem Volk wieder das Wohlwollen Gottes zuteil, das in früheren Zeiten ein freies Leben in Wohlstand ermöglicht habe. Hatte doch Jahwe vesprochen, das Volk der Juden vor allen anderen Völkern auszuzeichnen (siehe hierzu 2. Buch Mose, Kapitel 19, Vers 5, 4. Buch Mose, Kapitel 23, Verse 9 und 10 und Kapitel 24, Verse 7 und 8).

Die im Volk vorherrschende Hoffnung auf einen Erlöser, auf den Messias, wird im Evangelium nach Lukas in zwei Szenen dargestellt, die sich abgespielt haben dürften, als Maria und Joseph mit dem Jesuskind den Tempel betraten.

Da trat ein Mann namens Simon, der als »fromm und gottesfürchtig« bezeichnet wird, auf das Paar zu. Er »wartete auf den Trost Israels, und der heilige Geist war mit ihm« (Lukas, Kapitel 2, Vers 25). Jener Simon enthüllte dem erstaunten, vielleicht sogar peinlich berührten Paar, er habe in einem göttlichen Traum offenbart bekommen, er könne erst dann in Frieden sterben, wenn er des Messias ansichtig geworden sei. Weiter heißt es im Text: »Und er kam auf Anregen des Geistes in den Tempel. Und als die Eltern das Kind Jesus in den Tempel brachten, um mit ihm zu tun, wie es Brauch nach dem Gesetz, da nahm er ihn auf seine Arme und lobte Gott und sprach: Herr, nun läßt du deinen Diener in Frieden fahren, wie du es gesagt hast; denn meine Augen haben deinen Heiland gesehen, den du bereitet hast vor allen Völkern, ein Licht, zu erleuchten die Heiden und zum Preis deines Volkes Israel.« (Lukas, Kapitel 2, Verse 27–32)

Kurz darauf wiederholte sich ähnliches. Die greise, 84jährige Hanna, die offenbar beim Tempel als Wahrsagerin arbeitete, vielleicht den Menschen aus der Hand las, pries ebenfalls das

Jesuskind als den erwarteten künftigen Messias. »Aber das Kind wuchs und ward stark, voller Weisheit, und Gottes Gnade war bei ihm«, heißt es bei Lukas. Damit sind die Schriften des Neuen Testaments als Informationsquelle über die Kindheit und Jugend Jesu fast ausgeschöpft.

Ganz ähnliches wurde über den weisen Buddha als Baby erzählt. Der greise Asita nahm das Baby in die Arme und verkündete, der kleine Prinz werde das Rad der Lehre in Bewegung bringen, aus Mitleid für die Menschen das Heil auf die Erde bringen. Er, Asita, sei ja nun alt und werde bald sterben, er werde den Religionsgründer nicht mehr als Prediger erleben. So glücklich er über die Geburt des Erlösers sei, so müsse er doch weinen, weil er sterben müsse, bevor die neue Lehre verkündet werde. Der Indologe Richard Garbe kam zu der Überzeugung, daß die christliche Legende eine umgearbeitete Fassung einer altindischen Überlieferung sein müsse. Er fand es erstaunlich, daß dabei so viele Details des Originals unverändert übernommen wurden.

Ein Kuriosum sei am Rande erwähnt: Die biblische Beschreibung von Maria und Joseph im Tempel ist eher indisch als jüdisch. Nach dem Gesetz des Moses mußte lediglich die Mutter des Neugeborenen einer »Reinigung« unterzogen werden. Weder der Vater noch das Baby selbst waren gewöhnlich mit im Tempel. Im Buddhismus hingegen war es alter Brauch, daß beide Eltern, Vater und Mutter, im Tempel erschienen und das Baby mitbrachten.

Wo die Evangelien des Neuen Testaments, so wie wir es kennen, schweigen, sprechen die apokryphen Schriften eine um so beredtere Sprache. So wie das Evangelium nach Lukas hervorhebt, die Göttlichkeit Jesu sei schon zutage getreten, als er noch ein Baby war, so unterstreichen eine Vielzahl von apokryphen Evangelien Jesu Macht, über die er schon als kleines Kind verfügt habe. Sie alle erfreuten sich in der frühen christlichen Gemeinde höchster Beliebtheit.

Die »Kindheitserzählung des Thomas« dürfte in den ersten Jahrhunderten nach Christi Geburt entstanden sein. Freilich muß man davon ausgehen, daß es sich dabei nicht um ein einzelnes Buch handelte. Vielmehr kursierte wohl eine Fülle von legendenartigen Berichten über Jesu Jugendjahre, verfaßt von zahllosen Autoren, die sich ihrerseits auf mündliche Überlieferungen stützten. Irgendwann einmal wurden diese unterschiedlichen Texte wohl zusammengefaßt. Wann genau das geschah, läßt sich nicht mit Sicherheit feststellen. Nach Irenäus dürften aber zumindest Teile davon bereits im zweiten nachchristlichen Jahrhundert »zu Papier« gebracht worden sein.

Die »Kindheitserzählung des Thomas« lag in einer griechischen Fassung vor und wurde in syrischer, äthiopischer, georgischer, altslawischer, arabischer, armenischer und lateinischer Sprache aufgelegt. Dabei handelte es sich aber nicht um Übersetzungen nach unserem heutigen Verständnis. Vielmehr unterschieden sich die einzelnen Versionen oft sehr stark voneinander, was auf die Bearbeiter zurückzuführen ist.

Die heute vorliegende Fassung ist am ehesten als eine lose Aneinanderreihung von Episoden zu bezeichnen, die Jesus als Fünf-, Sechs-, Acht- und Zwölfjährigen darstellen. Er erscheint dabei als ein mächtiges Wesen, das über Zauberkraft verfügt. Liest man, welche Untaten der fünfjährige Jesus beging, die keineswegs mehr als Bubenstreiche beschönigt werden können, begreift man, warum die Kirchenväter diese Texte nicht in den Kanon des Neuen Testaments aufnahmen.

Spielende Kinder, die noch keine Vorstellung von der Endgültigkeit des Todes haben, können im Eifer des Gefechts wünschen, ihre Gefährten mögen dahingerafft werden. Solche Tötungswünsche werden dem kleinen Jesus in der »Kindheitserzählung des Thomas« ebenfalls zugeschrieben. Im Gegensatz zu seinen Spielgefährten aber kann er sie auch in die Tat umsetzen. So heißt es in den Kapiteln 2 und 3:

»Als dieser Knabe Jesus fünf Jahre alt geworden war, spielte er an der Furt eines Baches; das vorbeifließende Wasser leitete er in Gruben zusammen und machte es sofort rein; mit dem bloßen Worte gebot er ihm. Er bereitete sich weichen Lehm und bildete daraus zwölf Sperlinge. Es war Sabbat, als er dies tat. Auch viele andere Kinder spielten mit ihm. Als nun ein Jude sah, was Jesus am Sabbat beim Spielen tat, ging er sogleich weg und meldete dessen Vater Joseph: ›Siehe, dein Knabe ist am Bach, er hat Lehm genommen, zwölf Vögel gebildet und hat den Sabbat entweiht.‹ Als nun Joseph an den Ort gekommen war und (es) gesehen hatte, da herrschte er ihn (Jesus) an: ›Weshalb tust du am Sabbat, was man nicht tun darf?‹ Jesus aber klatschte in die Hände und schrie den Sperlingen zu: ›Fort mit euch!‹ Die Sperlinge öffneten ihre Flügel und flogen mit Geschrei davon. Als aber die Juden das sahen, staunten sie, gingen weg und erzählten den Ältesten, was sie Jesus hatten tun sehen. Der Sohn des Schriftgelehrten Annas aber stand dort bei Joseph; er nahm einen Weidenzweig und brachte das Wasser, das Jesus zusammengeleitet hatte, zum Abfließen. Als Jesus sah, was geschah, wurde er aufgebracht und sprach zu ihm: ›Du Frecher, du Gottloser, du Dummkopf, was haben dir Gruben und das Wasser zuleide getan? Siehe, jetzt sollst du auch wie ein Baum verdorren und weder Blätter noch Wurzeln noch Frucht tragen.‹ Und alsbald verdorrte jener Knabe ganz und gar. Da machte Jesus sich davon und ging in das Haus Josephs. Die Eltern des Verdorrten aber trugen diesen, sein Jugendalter beklagend, weg, brachten ihn zu Joseph und machten ihm Vorwürfe: ›Solch einen Knaben hast du, der so etwas tut!‹«

Jesus als Heiler und »Wunderknabe«

Der Jesusknabe wird als unberechenbar, ja, als zeitweise geradezu bösartig beschrieben. In ihm schlummert gewaltige Macht, eine Art Zauberpotential, das er zum Schlechten wie zum Guten nutzen kann. Die Menschen aus Jesu Umgebung müssen vor dem kleinen Knaben, so wie er in der »Kindheitserzählung des Thomas« geschildert wird, in Angst und Schrekken gelebt haben. Konnten sie doch nie wissen, ob eine Untat oder ein heilsames Wunder unmittelbar bevorstand. Tatsächlich nutzte der Knabe Jesus sein Potential auch zu Heilungen. So heißt es zu Beginn des 10. Kapitels:

»Nach wenigen Tagen entfiel einem jungen Mann, der in einem Winkel Holz spaltete, die Axt, und sie spaltete ihm seinen ganzen Fuß entzwei, und da er verblutete, war er am Sterben. Als nun Geschrei und Auflauf entstand, lief auch der Jesusknabe dorthin. Mit Gewalt drängte er sich durch die Menge, faßte den verletzten Fuß an, und sogleich wurde er geheilt. Er aber sagte zu dem jungen Mann: ›Steh jetzt auf, spalte das Holz und gedenke mein.‹ Als die Menge sah, was geschehen war, da fiel sie vor dem Knaben nieder und sagte: ›Wahrhaftig, der Geist Gottes wohnt in diesem Knaben.‹«

Jesus wirkte also nach der »Kindheitserzählung des Thomas«, die nicht mit der apokryphen Schrift des Thomas-Evangeliums aus der Nag-Hammadi-Quelle verwechselt werden darf, bereits Wunder und wurde von den Menschen als vom Geist Gottes beseelt erkannt. Da darf es nicht verwundern, daß der Schulknabe Jesus sich als klüger als sein Lehrer Zachäus erweist. Wir lesen in der »Kindheitserzählung des Thomas« (Kapitel 6, Vers 3 – Kapitel 7, Vers 1):

»Er aber (der Jesusknabe) sah den Lehrer Zachäus an und sagte ihm: ›Wenn du selbst nicht einmal das Alpha seinem Wesen nach kennst, wie willst du andere das Beth lehren? Heuchler, lehre zuerst, wenn du das weißt, das Alpha, und dann wollen wir dir auch wegen des Beth glauben.‹ Darauf fing er an, den Lehrer über den ersten Buchstaben auszufragen, und er vermochte ihm nicht zu erwidern. Vor vielen Zuhörern spricht der Knabe zu Zachäus: ›Höre, Lehrer, die Anordnung des ersten Schriftzeichens und achte hier darauf, wie es Geraden hat und einen Mittelstrich, der durch die zusammenhängenden Geraden, die du siehst, hindurchgeht, wie diese Linien zusammenlaufen, sich erheben, im Reigen schlingen, drei Zeichen gleicher Art, sich unterordnen und tragend, gleichen Maßes; da hast du die Linien des Alpha.‹ Als der Lehrer Zachäus so zahlreiche und bedeutende allegorische Beschreibungen des ersten Buchstabens vortragen hörte, geriet er in Verlegenheit über soviel Verteidigung und Lehre und sagte zu den Anwesenden: ›Wehe mir, ich bin in die Enge getrieben, ich Unglücklicher.‹«

Der Sinn der Episoden aus der »Kindheitserzählung des Thomas« ist klar: Der Verfasser war davon überzeugt, daß Jesus als Sohn Gottes geboren worden war. Wenn er als Erwachsener Wunder wirken konnte, dann muß ihm das natürlich auch bereits als Kind möglich gewesen sein. Er mag sich daran gestört haben, daß die Evangelien nur kärgliche Informationen über Jesu Kindheit enthalten, und trug mündlich überlieferte Berichte zusammen, die diese Lücke schließen sollten.

Diesen simplen Sachverhalt kann man natürlich theologisch auch so verklausulieren, daß der Laie nur noch »Bahnhof« versteht. Ein besonders schönes Beispiel sei im folgenden zitiert. So fabuliert Walter Rebell in »Neutestamentliche Apokryphen und Apostolische Väter« (München 1992, S. 135 f.):

»Die neutestamentliche Christologie kann, wenn sie nicht von ihrer Tiefe her verstanden wird, dem religiösen Empfinden defizitär erscheinen. Alle religiösen Symbolsysteme müssen die Ambivalenz der Lebens- und Welterfahrung berücksichtigen. Sie müssen versuchen, einen tragenden Grund zu errichten, aber auch ein Resonanzboden für Absurditäts- und Kontingenzerfahrung sein. Im absurden Tod Jesu am Kreuz wird unsere eigene Kontingenzerfahrung ausgehalten, bearbeitet, überwunden – aber nur dann, wenn das Kreuz Jesu im Zentrum des Glaubens steht. Die neutestamentliche Theologie ist jedoch keineswegs immer genug auf das Kreuz ausgerichtet gewesen, schon im 2. Jahrhundert nicht mehr. Dann aber muß man sich einen anderen religiösen Resonanzboden der Kontingenzerfahrung schaffen, etwa so, daß man dem dogmatisch verkündeten Christus einen Trickster-Jesus zur Seite stellt. (Religionsgeschichtlich ist der Trickster oft Gegenspieler eines gütigen Gottes.)«

Solange Theologen eine solche Sprache pflegen – und das gewählte Beispiel muß im Vergleich zu sonstigen Ergüssen aus Theologenmund als geradezu einfach formuliert bezeichnet werden –, darf man sich nicht darüber wundern, daß sie bei Laien auf keinerlei Resonanz stoßen. Theologen sollten sich wieder verstärkt an das Motto Martin Luthers halten, der seinen Kollegen empfahl, dem »Volk aufs Maul« zu schauen.

Jesu zweiter Tempelbesuch

Männlichen Juden war vom religiösen Gesetz die Pflicht auferlegt worden, vom 13. Lebensjahr an in Jerusalem das Pessachfest zu feiern. Mit 13 erhielt er im Tempel von Jerusalem die Bar-mizwa-Weihe, vergleichbar mit der Konfirmation im evangelischen Christentum. Mit dieser Feier begann für ihn das Erwachsenenleben. Er mußte sich dazu verpflichten, die religiösen Gesetzesvorschriften einzuhalten. Wann genau, im welchem Alter also, Jesus seine Bar-mizwa-Weihe empfing, läßt sich nicht mit Sicherheit feststellen. Nur bei Lukas finden wir einen entsprechenden Vermerk, die übrigen Evangelisten schweigen zu diesem Thema.

Bei Lukas (Kapitel 2, Verse 41 und 42) lesen wir: »Und seine Eltern gingen alle Jahre nach Jerusalem zum Pessachfest. Und als er (Jesus) zwölf Jahre alt war, gingen sie hinauf nach dem Brauch des Festes.« Jesu Eltern befolgten also die religiösen Vorschriften, wie das bei den Juden jener Zeit weit verbreitet war. Wer es nur irgendwie ermöglichen konnte, der reiste in die Heilige Stadt. So strömten alle Jahre wieder unzählige Menschen nach Jerusalem, fromme Juden kamen selbst aus dem Ausland. Der Historiker Josephus Flavius vermeldet, daß etwa drei Millionen Gläubige in die Stadt gekommen seien.

Das Pessachfest wurde in Erinnerung an den Auszug der Hebräer aus Ägyptenland zelebriert. Es fand alljährlich beim ersten Erscheinen des Vollmonds kurz nach der Frühjahrs-Tag-und-Nacht-Gleiche statt. Nach jüdischem Kalender fiel der Frühjahrsvollmond stets auf den 14. Tag des Monats Nisan, des ersten Monats des jüdischen Jahres, dem in etwa die Zeit von Mitte März bis Mitte April nach christlichem Kalender entspricht.

Obwohl auch Lukas die näheren Umstände des Besuchs von Maria, Joseph und Jesus in Jerusalem nicht weiter beschreibt, können wir uns das Szenario sehr gut vorstellen. Das Gewimmel von unzähligen Menschen muß die »Jesus-Familie«, die vom dörflichen Lande kam, mehr als irritiert haben. Joseph mußte ein Lamm erwerben, das besondere Bedingungen zu erfüllen hatte. Es durfte keinerlei körperliche Gebrechen haben. Sein Fell mußte makel- und fleckenlos sein. Dann mußte sich Vater Joseph mit der Opfergabe zum Tempel begeben und in einem der Vorhöfe warten. Danach begann das rituelle Schlachten der Lämmer. Zahlreiche Priester waren damit beschäftigt, den Tieren die Kehlen durchzuschneiden und ihr Blut in großen Gefäßen aufzufangen. Es wurde auf den Altar gegossen. Während dieser blutigen Zeremonie erklangen fromme Gesänge. Die Priester ließen Psalmen erschallen, in denen an den Auszug der Juden aus der ägyptischen Knechtschaft erinnert und um den Segen Jahwes gebeten wurde.

Für die Priester waren die Vorgänge Routine – und sie mußten schnell arbeiten. Kaum war ein Opfertier tot, mußte es weitergereicht werden. Es wurde gehäutet, die Eingeweide, Niere und Leber, auch der Schwanz, wurden entfernt. Der Rest des Tieres wurde in sein Fell gewickelt. Es wurde später, wiederum nach exakt formulierten Vorschriften, gebraten: Es wurde über zwei trockenen, kreuzweise aufeinandergelegten Ästen vom Granatapfelbaum über ein Feuer gelegt. Zum Fleisch wurde ungesäuertes Brot gereicht – wiederum in Erinnerung an den Auszug aus Ägyptenland. Damals hatten die Hebräer keine Zeit, erst Brot zu backen. Sie waren genötigt, den unfertigen Teig – ohne Hefe – aus den Öfen zu nehmen.

Am ersten Tag des Osterfestes wurden die Lämmer geopfert. Der Höhepunkt des Festes aber war der zweite Tag. An diesem 16. Nisan wurde im Tempel die »Opferung des Ährenbündels« zelebriert. Auch dies geschah in dankbarer Erinnerung an die Flucht aus Ägypten. Nach 40jährigem Marsch durch die Wüste, nach 40 Jahren eintöniger »Manna-Kost« hatte der Zug der Israeliten endlich das Heilige Land erreicht. Sie hatten die Wüste hinter sich gelassen, waren in den Gefilden von Jericho angekommen. Hier, in einem Tal etwa 394 Meter unter dem Meeresspiegel, herrschte ein besonders günstiges Klima für die

Landwirtschaft. Hier konnte früher als im übrigen Palästina geerntet und Brot gebacken werden. Zur Erinnerung an den ersten Tag im Gelobten Land wurde eine Art Erntedankfest zelebriert – der Höhepunkt der Feierlichkeiten, dem alle Pilger beiwohnen mußten.

Hatte in Jerusalem schon in den ersten Tagen vor dem Fest unbeschreibliche Hektik geherrscht, so brach jetzt das Chaos aus. Gewiß, manche Gläubige verbrachten die gesamte Pessachwoche in der Heiligen Stadt, viele reisten aber unmittelbar nach der Opferung des Ährenbündels wieder ab. Da herrschte ein Gedränge und Geschiebe auf den Straßen. Tausende, -zigtausende Esel und Kamele wurden herbeigeführt und beladen und bestiegen. In diesem heillosen Durcheinander verloren Maria und Joseph ihren Sohn Jesus aus den Augen. Sie nahmen an, er habe sich Verwandten angeschlossen und befinde sich schon auf dem Heimweg (Lukas, Kapitel 2, Verse 43 und 44): »Und als die Tage vorüber waren und sie (Maria und Joseph) wieder nach Hause gingen, blieb der Knabe Jesus in Jerusalem, und seine Eltern wußten's nicht. Sie meinten aber, er wäre unter den Gefährten, und kamen eine Tagesreise weit und suchten ihn unter den Verwandten und Bekannten.«

Als die besorgten Eltern ihren Sohn trotz emsiger Suche nicht entdecken konnten, machten sie sich sofort wieder auf den Weg nach Jerusalem. Die Karawane ließen sie nach Hause ziehen. In der Heiligen Stadt begannen sie sofort, nach Jesus Ausschau zu halten. Man kann sich ihre Angst gut vorstellen. Ob dem Kind etwas zugestoßen war? Schließlich entdeckten sie ihn im Tempel, wo er in einer Gruppe von Menschen saß, die den Worten gelehrter Rabbis lauschte.

Wir lesen im Evangelium nach Lukas (Kapitel 2, Verse 46–50): »Und es begab sich nach drei Tagen, da fanden sie ihn im Tempel sitzen, mitten unter den Lehrern, wie er ihnen zuhörte und sie fragte. Und alle, die ihm zuhörten, verwunderten sich über seinen Verstand und seine Antworten. Und als sie ihn sahen, entsetzten sie sich. Und seine Mutter sprach zu ihm: Mein Sohn, warum hast du uns das getan? Siehe, dein Vater und ich haben dich mit Schmerzen gesucht. Und er sprach zu ihnen: Warum habt ihr mich gesucht? Wißt ihr nicht, daß ich sein muß in dem, was meines Vaters ist? Und sie verstanden das Wort nicht, das er zu ihnen sagte.«

Zum ersten Male bekundete Jesus seine himmlische Mission: Er fühlte sich seinem göttlichen Vater näher als dem irdischen. Dieses Bewußtsein war auch beim Jesus der »Kindheitserzählung des Thomas« stark ausgeprägt. Dazu heißt es in den Kapiteln 4 und 5:

»Hernach ging er (der Jesusknabe) abermals durch das Dorf; da stieß ein heranlaufender Knabe an seine Schulter. Jesus wurde erbittert und sprach zu ihm: ›Du sollst auf deinem Weg nicht weitergehen!‹ Sogleich fiel der Knabe hin und starb. Einige aber, die sahen, was geschah, sagten: ›Woher stammt dieser Knabe, daß jedes Wort von ihm gerade fertige Tat ist?‹ Da kamen die Eltern des Verstorbenen zu Joseph, schalten ihn und sagten: ›Da du so einen Knaben hast, kannst du nicht mit uns im Dorfe wohnen; oder lehre ihn zu segnen und nicht zu fluchen. Denn er tötet unsere Kinder.‹ Da rief Joseph den Knaben beiseite und wies ihn mit den Worten zurecht: ›Warum tust du solche Dinge, daß diese Leute leiden müssen, uns hassen und verfolgen?‹ Jesus aber antwortete. ›Ich weiß, daß diese Worte nicht die deinen sind, trotzdem will ich deinetwegen schweigen. Jene aber sollen ihre Strafe ertragen.‹ Und alsbald erblindeten die, welche ihn angeklagt hatten. Die es sahen, gerieten in große Furcht, waren ratlos und sagten über ihn: ›Jedes Wort, das er redete, ob gut oder böse, war eine Tat und wurde zum Wunder.‹ Als Joseph sah, daß Jesus so etwas tat, stand er auf, nahm ihn beim Ohr und zupfte ihn gehörig. Der Knabe aber ward ungehalten und sagte zu ihm: ›Genug, daß du suchst und nicht findest, und höchst unweise hast du gehandelt. Weißt du nicht, daß ich nicht dein bin?‹«

Jesus als Gotteslästerer und potentieller Mörder?

Der Unterschied zwischen dem Jesus der apokryphen Schriften und dem Jesus der Evangelien ist freilich keineswegs so groß, wie es zunächst den Anschein haben mag. So wird in der »Kindheitserzählung des Thomas« von frommen Juden der Vorwurf erhoben, der Jesusknabe habe gegen das Sabbat-Gebot verstoßen, indem er am Feiertag, anstatt zu ruhen, Wunder gewirkt habe.

Diesen Vorwurf bekam der Jesus der Evangelien auch zu hören. Alle vier Evangelisten berichteten über Jesu »Heilung des Gelähmten« (Matthäus, Kapitel 9, Verse 1–8, Markus, Kapitel 2, Verse 1–12, Lukas, Kapitel 5, Verse 17–26 und Johannes, Kapitel 5, Verse 1–7 und 8–9a). Bei allen vier Evangelisten wird von frommen Juden der Vorwurf der Gotteslästerung erhoben. Am Sabbat war jede körperliche Tätigkeit, die nicht unbedingt lebensnotwendig war, verboten. Worin die Gotteslästerung bestanden haben soll, wird besonders im Evangelium nach Johannes deutlich (Kapitel 5, Verse 10 und 11): »Da sprachen die Juden zu dem, der gesund geworden war: Es ist heute Sabbat; du darfst nicht das Bett tragen. Er antwortete ihnen: Der mich gesund machte, der sprach zu mir: Nimm dein Bett und gehe hin.«

Die Evangelisten betonen: Für den strenggläubigen Juden sei die Heilung eines Lahmen am Sabbat ein eindeutiger Verstoß gegen das Gesetz Mose gewesen. Bevor wir uns der Frage zuwenden, ob denn ein solcher Vorwurf wirklich zu Recht bestand, muß auf einen Übersetzungsfehler hingewiesen werden. Es ist nämlich mehr als fraglich, ob Jesus wirklich den Geheilten aufgefordert hat, sein Bett zu nehmen und zu tragen. Gewiß, dieser Befehl findet sich in unseren Bibelausgaben bei allen vier Evangelisten:

»Damit ihr aber wißt, daß der Menschensohn Vollmacht hat, auf Erden die Sünden zu vergeben, sprach er zum Gelähmten: Steh auf, hebe dein Bett auf und geh heim!« (Matthäus, Kapitel 9, Vers 6) »Damit ihr aber wißt, daß der Menschensohn Vollmacht hat, Sünden zu vergeben auf Erden, sprach er zu dem Gelähmten: Ich sage dir, steh auf, nimm dein Bett und geh heim!« (Markus, Kapitel 2, Vers 10) »Damit ihr aber wißt, daß der Menschensohn Vollmacht hat, auf Erden Sünden zu vergeben, sprach er zu dem Gelähmten: Ich sage dir, steh auf, nimm dein Bett und geh heim!« (Lukas, Kapitel 5, Vers 24) »Jesus spricht zu ihm: Steh auf, nimm dein Bett und geh hin!« (Johannes, Kapitel 5, Vers 8)

So einig sich die Evangelisten auch sind – der wahre Sachverhalt war wohl doch weniger dramatisch. Zum einen durfte ein Kranker nach altjüdischer Glaubenslehre sehr wohl aus gesundheitlichen Gründen ein Bett oder einen Stuhl auch am Sabbat tragen. Somit hätte Jesus keineswegs gegen das Sabbatgebot verstoßen. Jesus hat aber dem Mann, der eben noch gelähmt und von ihm geheilt worden war, gar nicht befohlen, sein Bett davonzuschleppen, wie es unsere Bibelübersetzungen suggerieren. Vielmehr wollten spätere Autoren künstlich einen Konflikt zwischen christlicher und vermeintlich jüdischer Auffassung herbeikonstruieren. Böswillige Verfälschung des Sachverhalts muß dabei keineswegs unterstellt werden.

Die Heilung fand nach Johannes in einer Stoa statt, einer Halle also. Lag nun dort der Krankge gelähmt auf seinem Bett? Des hebräische Wort für diese Lagerstatt wäre »mitta«. Da die alten hebräischen Texte nur durch Konsonanten wiedergegeben wurden, konnte es zu einer Verwechslung kommen: Bett/mitta und Stock/matte wurden in der Konsonantenschrift beide als »mth« wiedergegeben. Befahl also Jesus gar nicht: »Nimm dein Bett und geh!«, sondern: »Nimm deinen Stock und geh!«? Damit wird die Heilung aber auch relativiert: Jesus half einem Menschen, ein Gebrechen loszuwerden. Geheilt wurde aber wohl eher ein Gehbehinderter und kein Lahmer.

Verstieß aber Jesus mit der Heilung am Sabbat, wie auch immer der konkrete Vorgang ausgesehen haben mag, gegen das Ruhegebot? Keineswegs, meint der jüdische Theologe Professor Dr. Pinchas Lapide (Ist die Bibel richtig übersetzt?, Gütersloh 1994, S. 53): »Die Heiltätigkeit des Nazareners insgesamt ist jüdisch betrachtet ganz im Rahmen des biblisch-talmudischen Auftrages ›um des Lebens willen‹ zu sehen. Heilungen am Sabbat und an Feiertagen – in Notfällen – sind nicht nur erlaubt, sondern ausdrücklich geboten. Leuchtende Beispiele dafür lesen wir im Talmud, in der Bibel und vor allem bei den Propheten zum Beispiel Elia und Elischa.«

Warum aber wurde dann von den Evangelisten künstlich ein

Konflikt herbeigeschrieben, den es gar nicht gegeben hat? Dazu noch einmal Professor Lapide (a. a. o., S. 53): »Die deutliche Absicht, Jesus unbedingt als ›Sabbatbrecher‹ zu präsentieren, erinnert an die Heilung eines Blindgeborenen, von der wir bei zwei Evangelisten erfahren. Während diese bei Markus (der ja bekanntlich der früheste Berichterstatter ist) lediglich mit fünf kurzen Versen erwähnt wird, wobei vom Tag der Heilung überhaupt nicht die Rede ist (Markus, Kapitel 8, Verse 22–26), widmet Johannes (Kapitel 9, Verse 1–41) derselben Thematik 41 langatmige Verse und legt großen Wert auf die Behauptung, daß die Heilung an einem Sabbat stattgefunden habe. Die Bemerkung sei mir gestattet: Man merkt die Absicht, und man ist verstimmt.«

Während meines Studiums der evangelischen Theologie diskutierte ich mit Kollegen über die »Kindheitserzählung des Thomas«. Die apokryphe Schrift sei deshalb nicht ins Neue Testament aufgenommen worden, weil sie ein falsches, zu grausames Bild des Erlösers als Kind zeichne. Wer freilich die Evangelien gründlich studiert, stößt auch hier auf einen in manchen Äußerungen gewaltbereiten Jesus. So sagt er im Evangelium nach Lukas (Kapitel 19, Vers 27): »Doch jene meiner Feinde, die nicht wollen, daß ich über sie herrschen solle, bringet sie her und macht sie vor mir nieder.« (Zitiert nach: Die Bibel oder die Ganze Heilige Schrift des Alten und Neuen Testaments nach der Übersetzung Martin Luthers, Stuttgart 1972)

In älteren Ausgaben wird dieser Vers noch drastischer übersetzt: »Doch jene Feinde, die nicht wollen, daß ich über sie herrschen solle, bringet her und erwürget sie vor mir!« (Zitiert nach: Die Bibel oder die ganze Heilige Schrift des Alten und des Neuen Testaments nach der deutschen Übersetzung D. Martin Luthers, Stuttgart 1915)

XV. Verrat an Jesus

Gerade ein so drastisches Wort Jesu, der dazu auffordert, man möge seine Feinde vor seinen Augen ermorden, wirft wichtige Fragen auf. Kann man überhaupt noch nach 2000 Jahren Kirchengeschichte dem Geheimnis Jesu auf den Grund gehen? Können wir heute noch in Erfahrung bringen, was Jesus wirklich lehrte? Oder besteht heute gar nicht mehr die Möglichkeit, zwischen dem echten Jesus und der literarischen Gestalt, zu der er von Theologen gemacht wurde, zu unterscheiden?

Eine kritische Analyse der Texte des Neuen Testaments ergab, daß historische Daten über Jesus kaum noch zu rekonstruieren sind. Wie sieht es mit der Frage nach Jesu Berufung aus? Wissen wir, wie und warum aus dem einfachen Handwerkerssohn der Begründer einer der wichtigsten Religionen der Menschheitsgeschichte wurde? Und können wir feststellen, wozu sich Jesus berufen sah?

Traum und Berufung – Asket oder »Fresser und Weinsäufer«?

Buddha, der Stifter des Buddhismus, wurde 560 v. Chr. in Kapilawathu im heutigen Nepal als Prinz einer reichen Herrscherdynastie geboren. Seine Mission wurde, wie rund ein halbes Jahrtausend später bei Jesus, in Träumen angekündigt. Der Überlieferung zufolge hatten sowohl seine Mutter als auch sein Vater und seine Frau bedeutungsvolle visionäre Träume. Seine Mutter hatte vor Buddhas Geburt, als sie sich im Unterholz zum Schlafen niederlegte, ein »Gesicht«. Ihrem Mann berichtete sie: »Etwas Weißes wie Schnee oder Silber, heller als der Mond und die Sonne, der beste der Elefanten, mit feinen Füßen, gut ausgeglichen, mit starken Gelenken, mit sechs Stoßzähnen so hart wie Diamant, das Großmütige, das sehr Schöne ist in meinen Mutterschoß eingetreten.« Der Herrschergemahl verstand die Bedeutung dieser Bilder nicht. Er war aber davon überzeugt, daß sie etwas Bedeutsames aussagten und konsultierte die besten Experten des Landes. Seine Wahrsager vermochten ihn aufzuklären: Seine Frau werde einen Sohn gebären, der zu einem Monarchen ganz besonderer Art heranwachsen werde.

Schließlich träumte auch Buddhas Vater. Er sah seinen künftigen Sohn, wie er in stiller Nacht das Haus verließ. Eine Schar von Göttern begleitete ihn. In roten Gewändern zogen die Männer durch die Lande, als Mönche ein ärmliches Dasein fristend. Buddhas Frau Gopa sollte, inzwischen mit dem Prinzen verheiratet, später träumen, wie sie sich ihr volles, langes Haar abschnitt. Sie sah ihren wertvollen Schmuck zerbrechen. Ihre Hände und Füße waren im Traum abgeschnitten. Sie selbst war völlig nackt. Die Beine ihres Bettes waren abgehackt, lagen zwischen Perlen und wertlos gewordenem Schmuck verstreut auf dem Boden. Zerschlagen war auch der mit Brillanten verzierte Stiel des Sonnenschirms des Prinzen, zerfetzt waren seine kostbaren Kleidungsstücke aus edlen Stoffen. Schließlich tauchte – im Traum – ein Meteor auf und verschwand spurlos im Dunkeln. Der Gott der Berge, Meru, erbebte. Sonne, Mond und Sterne stürzten auf die Erde herab. Sie erzitterte wie ein Lebewesen in Panik. Bäume wurden entwurzelt und in den Himmel gewirbelt. Es sah ganz danach aus, als würde das Ende der Zeiten nahen.

Der Bestsellerautor Jacques Bergier interpretierte das Ganze wie folgt: »Diese verschiedenen Traumbilder besagten zunächst einmal, daß der künftige Buddha sein Leben in Luxus aufgeben und als Mönch durch die Lande ziehen werde. Seine Trennung vom Elternhaus, sein Abschied von der Frau, zeichneten sich in Traumbildern ab. Gopas Traum wirkt auf den ersten Blick negativ, zerstörerisch. Er läßt sich aber im buddhistischen Sinne positiv erklären. Demnach bedeuten Träume das Gegenteil dessen, was sie zunächst auszusagen scheinen. Nicht bittere Armut wurden der Gopa vorhergesagt, sondern Befreiung von Kummer und ihr Eintritt in die vollkommene Glückseligkeit.«

Im Alter von etwa 35 Jahren hatte Buddha ein Berufungserlebnis. Schließlich veranlaßte ihn Gott Brahma dazu, seine Lehre vom Weg zur Erlösung zu verkünden.

Sokrates' und Jesu Leben weisen erstaunliche Parallelen auf.

Auch Sokrates (470–399 v. Chr.) war ein großer Lehrer, der wegen seiner Ablehnung althergebrachter Götterlehre angefeindet wurde. Wie Jesus wurde er unschuldig zum Tode verurteilt und nahm sein Schicksal hin, er stellte sich dem Tod, ohne die Chance zur Flucht zu nutzen. Auch Sokrates will in Träumen berufen worden sein, die er als göttliche Mitteilungen verstand.

Dramatischer verlief die Berufung des Paulus. Die Apostelgeschichte schildert ihn als einen Christenverfolger. Auf dem Weg nach Damaskus hatte er ein übernatürliches Erlebnis (Apostelgeschichte, Kapitel 9, Verse 3–6): »Und als er auf dem Wege war und nahe an Damaskus kam, umleuchtete ihn plötzlich ein Licht vom Himmel; und er fiel auf die Erde und hörte eine Stimme, die sprach zu ihm: Saul, Saul, was verfolgst du mich. Er aber sprach: Herr, wer bist du? Der Herr sprach: Ich bin Jesus, den du verfolgst. Stehe auf und gehe in die Stadt, da wird man dir sagen, was du tun sollst.« Aus dem Mann, der mit amtlichem Auftrag Jünger Jesu aufstöbern sollte, war ein Jünger geworden. Zunächst stieß er freilich auf zurückhaltende Skepsis (Apostelgeschichte, Kapitel 9, Verse 20 und 21): »Und alsbald predigte er in den Synagogen von Jesus, daß dieser Gottes Sohn sei. Sie entsetzten sich aber alle, die es hörten und sprachen: Ist das nicht (der), der zu Jerusalem die vertilgt hat, die diesen Namen (Jesus) anrufen, und ist er nicht darum hergekommen, daß er sie gebunden führe zu den Hohenpriestern?«

So dramatisch der Wandel, so radikal die Umkehr vom Verfolger zum Anhänger auch war: Spätere christliche Bibelkommentatoren setzten ein weiteres Zeichen. Durch das Berufungserlebnis sei es zu einem Namenswechsel gekommen. Der Christenverfolger habe Saulus, der Jesus-Jünger habe dann Paulus geheißen. Zu solch einem Namenswechsel ist es freilich nie gekommen. Er hatte vielmehr zwei Vornamen, die er zeit seines Lebens trug. So heißt es in der Apostelgechichte (Kapitel 13, Vers 9): »Saulus aber, der auch Paulus heißt, erfüllt vom Heiligen Geist . . . sprach . . .« Paulus hieß bis an sein Lebensende auch Saulus. Diesen Sachverhalt halten auch die bei der frühen Christenheit sehr beliebten »Epistula Apostolorum«, die »Apostelbriefe«, fest. Bis heute sind diese schon frühzeitig in viele Sprachen übersetzten Texte, deren Überlieferung in der theologischen Literatur als »kompliziert« bezeichnet wird, noch nicht wirklich erschlossen worden. Gleich zu Beginn von Kapitel 31 heißt es: »Ein Mann, dessen Name Saul ist, das bedeutet verdolmetscht Paulus.« Es gibt keinen Zweifel: Aus Saulus wurde nie ein Paulus. Er benutzte allerdings bei seinen Reisen im Raum Rom bewußt seinen Zweitnamen Paulus. In seinem ersten Brief an die Korinther begründet er dies so (Kapitel 9, Vers 20): »Den Juden bin ich geworden wie ein Jude, daß ich die Juden gewinne.« Er paßte sich also, um der Lehre Jesu besser dienen zu können, seiner Umwelt an.

Ein »Bekehrungserlebnis« Jesu durfte es für die junge Christenheit nicht gegeben haben. Für sie war Jesu – das belegen die Evangelien ebenso wie apokryphe Schriften – von Geburt an Sohn Gottes. Er war also demnach von Anfang an der, der er immer war und blieb: der Messias, der Erlöser. Diese Sichtweise ist eine theologische und als solche auch berechtigt. Sie hat aber mit dem historischen Jesus nichts zu tun. Denn es muß irgendwann so etwas wie eine Berufung gegeben haben. Ob die Jünger Jesu davon wußten? Kannten sie das Geheimnis Jesu? Haben sie darüber berichtet? Wurden entsprechende Hinweise durch Bearbeiter aus den Texten des Neuen Testaments getilgt? Über diese Fragen können wir nur spekulieren.

Fest steht aber, daß es im Leben des erwachsenen Jesus so etwas wie eine Berufung gegeben haben muß. Versteckte Hinweise sind vorhanden, man muß sie nur zu deuten wissen. Und am ehesten erkennt man diese Hinweise, wenn man auf die Parallelen zwischen Jesus und Buddha achtet. Buddha verließ zunächst als junger Erwachsener ein Leben in Luxus und Überfluß. Er meinte, nur durch ein strenges, asketisches Leben zur Erkenntnis kommen zu können. Jesus wandte sich dem Täufer Johannes zu, der als Lehrer Askese und Buße predigte. Der Täufer fristete ein ärmliches Dasein, aß nur das Nötigste, um nicht zu verhungern, und kasteite den Leib mit karger Kleidung (Matthäus, Kapitel 3, Vers 4): »Er aber, Johannes, hatte ein Gewand aus Kamelhaaren an und einen ledernen Gürtel um seine Lenden; seine Speisen aber waren Heuschrecken und wilder Honig.« Er predigte Verzicht auf materiellen Besitz, Armut und Nächstenliebe (Lukas, Kapitel 3, Vers 11): »Er antwortete und sprach: Wer zwei Hemden hat, der gebe dem, der keines hat; und wer zu essen hat, tue ebenso!« Diesem Asketen Johannes schloß sich Jesus an.

Dem asketischen Buddha folgten erste Jünger. Für sie war er das, was der Täufer für Jesus war. Wie ihr Lehrmeister Buddha verachteten sie das Wohlleben: Buddhas Jünger wie Jesus als Getreuer des Täufers. Wie ihr Idol sahen sie nur in der Kasteiung des Leibes eine Chance, sich spirituell weiterzuentwickeln. Buddha aber erkannte für sich, daß dieser von ihm eingeschlagene Weg nicht der richtige sei. Er beendete ein Leben, in dessen Zentrum das Fasten stand. Buddhas erste fünf Jünger waren davon enttäuscht. Sie meinten, er habe die Suche nach Erlösung aufgegeben, und verließen ihn.

Jesu erste Jünger waren ebenfalls Anhänger asketischer Lebensweise. Sie waren dem Asketen, dem Täufer Johannes, gefolgt, schlossen sich dann aber Jesus an (Johannes, Kapitel 1, Verse 35–37): »Des anderen Tages stand abermals Johannes und zwei seiner Jünger; und als er Jesus wandeln sah, sprach er: Siehe, das ist Gottes Lamm! Und die zwei Jünger hörten ihn reden und folgten ihm nach.«

Irgendwann muß es im Leben Jesu, wie bei Buddha, einen gravierenden Gesinnungswandel gegeben haben, der ihn dazu veranlaßte, das Heil der Erlösung nicht mehr in der Askese zu suchen. Jesus, noch ganz Asket, zog sich 40 Tage fastend in die Wüste zurück. Dann aber löste er sich von seinem Lehrer, von Johannes, dem Prediger der Askese. Das Evangelium nach Matthäus enthält einen deutlichen Hinweis, der darauf schließen läßt, daß man Jesus vorwarf, nicht (mehr?) asketisch zu leben. Offensichtlich hatte der frühe Jesus, über dessen Lehre wir keinen Hinweis in den Evangelien finden, ebenso Verzicht auf irdische Genüsse gepredigt. Anders sind die folgenden Verse (Matthäus, Kapitel 11, Verse 18 und 19) nicht zu verstehen: »Johannes ist gekommen, aß nicht und trank nicht. Des Menschen Sohn (Jesus) ist gekommen, isset und trinket; so sagen sie: Siehe, wie ist der Mensch ein Fresser und Weinsäufer.«

Die Askese des Buddha war ohne Zweifel auch ein Protest des jungen Mannes gegen das Luxusleben der königlichen Familie, aus der er stammte, gegen den Reichtum der wenigen im Gegensatz zur Armut der vielen. Johannes der Täufer, der ein begnadeter Redner gewesen sein muß und Menschenmassen in die Wüstengegend von Ghor lockte, protestierte mit seiner Haltung gegen die herrschende Priesterklasse seiner Zeit. Die hohe Geistlichkeit hatte sich mit den Römern arrangiert. Sie begegneten den fremden Herren mit größter Unterwürfigkeit. Der Priesterkult verlieh Macht über das Volk und erlaubte ein privilegiertes Leben in Reichtum und Luxus. Man sah sich als Nachfolgerschaft Zadoks, eines Hohenpriesters aus der Zeit der Könige David und Salomo.

Immer deutlicher wurde ein Konflikt zwischen der Priesterklasse, den Sadduzäern, und den jungen Revoluzzern, den Zeloten, die zum Widerstand gegen die Römer aufriefen. Für die Römer waren religiöse Streitigkeiten unter Juden solange uninterresant, wie dadurch ihr Herrschaftsanspruch nicht berührt wurde. Sie begrüßten Auseinandersetzungen zwischen verschiedenen religiösen Gruppen bei den Juden letztlich sogar. Solange sie sich untereinander bekämpften, solange bestand keine Gefahr, daß sie sich mit vereinten Kräften gegen die Römer erhoben.

In Sichtweite jener Stelle, an der Johannes predigte und taufte, hatte sich der Orden der Essener niedergelassen. Die Essener lehrten – wie Johannes – Askese und Armut. Ihre Kost war karg. Sie ernährten sich – wie Johannes – von gerösteten Heuschrecken. Wie Johannes taufte, so vollzogen die Essener rituelle Waschungen, um den Leib von Sünden zu befreien. Wie Buddha, Johannes der Täufer und Jesus praktizierten die Essener eine Weltflucht. Sie wollten mit dem Wohlleben der Reichen und Begüterten nichts zu tun haben. Wie Johannes der Täufer, so predigten auch die Essener das Kommen eines Messias und Erlösers.

So heißt es in Textfragmenten, die 1947 in »Höhle 4« der Essenerbibliothek gefunden wurden und die sich nahtlos zu einem Text zusammenfügen ließen: »Die Himmel und die Erde werden Seinem Messias gehorchen. Die Meere und alles, was in ihnen ist. Er wird sich nicht abwenden vom Gebot der Heiligen. Gewinnt Kraft aus Seinem mächtigen Werk, alle, die ihr den Herrn sucht. Werdet ihr nicht den Herrn in diesem finden, alle, die ihr auf ihn wartet mit Hoffnung in euren Herzen? Sicher wird der Herr die Frommen suchen und die Gerechten beim Namen rufen. Sein Geist wird über den Armen schweben. Durch Seine Macht wird Er die Gläubigen wieder ins Recht setzen. Er wird die Frommen auf dem Thron des ewigen Königreiches verherrlichen. Er wird die Gefangenen befreien, die Blinden sehend machen, die Niedergetretenen aufrichten.«

Da ist nicht vordergründig von frommer Erneuerung die Rede, sondern von politischem Wandel. Die »Frommen« würden auf dem Thron sitzen – den aber hatten die Römer oder ihre Vasallen inne: noch! Und ganz offensichtlich verstanden die Juden, die die Lehre der Essener vernahmen, die konkrete politische Botschaft. Worum es ging, beschrieb unverblümt der Historiker Flavius Josephus, aus dessen Gesamtwerk keinerlei Sympathie für die jüdischen Freiheitskämpfer herauszulesen ist, deutlich genug: »Was sie (die Juden) besonders zum Krieg antrieb, war ein vieldeutiges Orakel, das sich in ihren heiligen Schriften fand und besagte, daß zu dieser Zeit einer aus ihrem Land der Führer der Welt werden sollte.«

Die Essener erwarteten einen Messias, der die Welt radikal ändern würde. In der neuen Ordnung würde weder für die Römer noch für ihre Vasallen Platz sein. Wie aber sah das Messias-Bild des Johannes aus? Erwartete er nur einen religiösen Neuerer? Oder war sein Denken von den revoluzzerischen Essenern geprägt? Die Essener, Verfasser der legendären Schriftrollen von Qumran, sahen in den Römern und ihren judäischen Handlangern Mächte der Finsternis, das Böse auf Erden schlechthin. Sie waren peinlich darauf bedacht, die mosaischen Gesetze einzuhalten. Nur so sei es möglich, daß der Messias komme. Er war für sie ein »Gesalbter«, ein von Gott Auserwählter, ein von Gott selbst auserkorener Führer. Erwartet wurde ein mächtiger Mann, ein neuer David, ein neuer Salomo, ein jüdischer Kyros.

Der erwartete »Lehrer der Gerechtigkeit« sollte nicht nur die Menschen zum wahren religiösen Glauben zurückführen. Er sollte auch das Land der Juden vom Joch der Römer befreien. Ein neuer Staat sollte entstehen, ohne Unterdrückung, ohne Fremdherrschaft. Johannes der Täufer lehrte und predigte nicht nur in räumlicher Nähe zu den Essenern. Er stand ihnen auch geistig – und politisch – sehr nahe. Es ist anzunehmen, daß er, wie die Essener, auch die politische Erneuerung anstrebte. Inwieweit er offen zum Widerstand gegen die Römer aufrief, ist und bleibt unklar. Daß er aber gegen die Römer wetterte, muß angenommen werden. Den Römern wäre ein Askese und Verzicht auf irdische Genüsse predigender religiöser Eiferer vollkommen gleichgültig gewesen. Warum verhafteten sie ihn dann?

Johannes der Täufer muß konkret Kritik an den Römern geübt haben. Er hatte, wie die Essener, ein höchst negatives Bild von den römischen Besatzungstruppen. Er hielt sie für gewalttätige Verbrecher. Forderte er sie doch konkret dazu auf, Übergriffe auf die jüdische Bevölkerung zu unterlassen (Lukas, Kapitel 3, Verse 13 und 14): »Fordert nicht mehr, als euch vorgeschrieben ist! Tut niemandem Gewalt oder Unrecht und laßt euch genügen an eurem Sold!« Warum also wurde Johannes der Täufer von den Römern verhaftet und nach römischem Recht hingerichtet?

Matthäus, Markus und Lukas geben als Grund für das Vorgehen der römischen Besatzungsmacht die Kritik Johannes des Täufers an Herodes an. Bei Matthäus (Kapitel 14, Verse 3–5) lesen wir: »Denn Herodes hatte Johannes ergriffen, gefesselt und in das Gefängnis geworfen wegen der Herodias, der Frau seines Bruders Philippus. Denn Johannes hatte ihm gesagt: Es ist nicht recht, daß du sie hast. Und er hätte ihn gern getötet, fürchtete sich aber vor dem Volk; denn sie hielten ihn für einen Propheten.«

Auch Markus führt den gleichen Grund für die Verhaftung an: die Empörung des Johannes über moralisches Fehlverhalten

(Markus, Kapitel 6, Verse 17 und 18): »Denn er, Herodes, hatte ausgesandt und Johannes ergriffen und ins Gefängnis geworfen um der Herodias willen, der Frau seines Bruders Philippus; denn er hatte sie geheiratet. Johannes hatte nämlich zu Herodes gesagt: Es ist nicht recht, daß du die Frau deines Bruders hast.«

Lukas scheint das gleiche Motiv zu unterstellen (Kapitel 3, Verse 19 und 20): »Der Landesfürst Herodes aber, der von Johannes zurechtgewiesen wurde wegen der Herodias, der Frau seines Bruders und wegen alles Bösen, das er getan hatte, fügte zu dem allen noch dies hinzu: Er warf Johannes ins Gefängnis.« Liest man Lukas aber sorgsam Wort für Wort, so wird deutlich, daß Johannes dem Herodes keineswegs nur moralisches Fehlverhalten vorwarf. Er hatte den Mächtigen auch »wegen alles Bösen, das er getan hatte«, scharf gerügt.

Wer zwischen den Zeilen zu lesen vermag, muß erkennen: Johannes der Täufer war den Römern ein »Dorn im Auge«, weil er ihre Vorherrschaft im Land der Juden ablehnte. Sie sahen in ihm eine politische Gefahr, einen potentiellen Anführer. Den Revoluzzer Johannes ließ Herodes verhaften und hinrichten, der Moralapostel wäre ihm höchst gleichgültig gewesen.

Erst die christliche Tradition machte aus dem politischen Revoluzzer Johannes einen religiös-moralischen Streiter. Johannes mußte sterben, weil es Salome, die Tochter von Herodes und Herodias, so wollte. Vermutlich im Jahre 32 n. Chr. veranstaltete Herodes anläßlich seines Geburtstags eine Feier. Geladen war auch Salome. Die schöne junge Frau tanzte vor »Männern von oberstem Rang und den Militärbefehlshabern und den Vornehmsten von Galiläa«. Die erotische Darbietung ergötzte Herodes so sehr, daß er ihr alles zu geben versprach, was sie sich wünschen würde, bis zur Hälfte seines Königreiches. Salome forderte, angeblich auf Drängen ihrer Mutter, das Haupt des Täufers. Ihr Wunsch wurde erfüllt (Markus, Kapitel 6, Verse 27 und 28): »Und alsbald schickte der König den Henker hin und hieß sein Haupt herbringen. Der ging hin und enthauptete ihn im Gefängnis und trug sein Haupt auf einer Schüssel und gab's dem Mädchen, und das Mädchen gab's seiner Mutter.«

Jesus wurde durch Johannes, der den Essenern zumindest sehr nahestand, ganz eindeutig von essenischen Lehrmeistern geprägt. Er übernahm zweifelsohne essenisches Gedankengut, veränderte es aber zum Teil. Andererseits finden sich im Neuen Testament deutliche Jesusworte, die weniger oder gar nicht bekannt sind, weil sie nicht zum heutigen Bild von Jesus passen, das von den Kanzeln gepredigt wird.

Die Essener praktizierten ein gemeinsames Mahl. Daraus entwickelte sich das Abendmahl Jesu. Bei den Essenern durften freilich nur gesunde Männer an dieser Feierlichkeit teilnehmen. Frauen waren ebenso ausgeschlossen wie Kranke und Versehrte, denen Jesus seine liebende Zuneigung schenkte. Die Essener lehnten die Oberhoheit der Priesterschaft ab, die in ihren Augen nicht nur vom wahren Glauben abgefallen war, sondern sich in unwürdiger Weise den Römern unterworfen hatte. Auch Jesus akzeptierte die Autorität der Priesterschaft nicht.

Die Essener sahen in den Römern Mächte der Finsternis, die schlimmsten Feinde Israels. Sie riefen zum Aufstand gegen die Römer auf, zu Haß und Gewalt. Aufrufe zu gewalttätigem Aufstand – und der konnte nur gegen die Römer gerichtet sein – finden sich versteckt auch in Jesusworten. So spricht er nach Matthäus (Kapitel 10, Vers 34): »Ihr sollt nicht wähnen, daß ich gekommen sei, Frieden zu bringen auf die Erde. Ich bin nicht gekommen, Frieden zu bringen, sondern das Schwert.« Und bei Lukas (Kapitel 12, Verse 49 und 51) sagt Jesus: »Ich bin gekommen, daß ich ein Feuer anzünde auf Erden; was wollte ich lieber, als es brennete schon! Meinet ihr, daß ich hergekommen bin, Frieden zu bringen auf Erden? Ich sage: Nein, sondern Zwietracht!«

Jesus muß sich darüber im klaren gewesen sein, daß die Aufforderung, sich gegen die Römer zu erheben, Streit in die Familien bringen mußte. Die auf Sicherheit bedachten Väter würden eher dazu neigen, sich um des alltäglichen lieben Friedens willen mit den Römern zu arrangieren. Die heißblütige Jugend indes würde hitzköpfig gegen die Römer kämpfen. Jesus (Lukas, Kapitel 12, Verse 52 und 53): »Denn von nun an werden fünf in einem Hause uneins sein, drei wider zwei und zwei wider drei. Es wird sein der Vater wider den Sohn und der Sohn wider den Vater, die Mutter wider die Tochter und die Tochter wider die Mutter, die Schwiegermutter wider die Schwiegertochter und die Schwiegertochter wider die Schwiegermutter.« Der Widerstand gegen die Römer würde also Zwietracht in die Familien bringen, die Alten und die Jungen gegeneinander streiten lassen. Jesus sagt nach Matthäus (Kapitel 10, Verse 35 und 36): »Denn ich bin gekommen, den Menschen zu erregen wider seinen Vater und die Tochter wider ihre Mutter und die Schwiegertochter wider die Schwiegermutter. Und des Menschen Feinde werden seine eigenen Hausgenossen sein.«

Bei Lukas (Kapitel 22, Vers 36) gibt er konkrete Anweisung, wie sich der einzelne zu verhalten habe. Was Jesus fordert, ist letztlich Krieg jedes einzelnen gegen die Römer: »Aber wer einen Beutel hat, der nehme ihn, desgleichen auch die Tasche, und wer's nicht hat, der verkaufe seinen Mantel und kaufe ein Schwert.«

Jesus suchte die Einsamkeit der Wüste – wie die Essener. Sie erinnerten sich an jene Zeiten, als das Volk Israel ihrer Ansicht nach noch gottgefällig war und von Jahwe aus der ägyptischen Sklaverei befreit und durch die Wüste geführt wurde.

Wie Jesus, so predigten auch die Essener Besitzlosigkeit. So schreibt Josephus Flavius über sie im achten Kapitel des zweiten Buches der »Geschichte des Jüdischen Krieges«: »Es gibt nämlich bei den Juden drei Arten von philosophischen Schulen; die eine bilden die Pharisäer, die andere die Sadduzäer, die dritte, welche nach besonders strengen Regeln lebt, die Essener. Die letzeren sind ebenfalls geborene Juden, aber untereinander noch mehr als die anderen durch Liebe verbunden. Den Reichtum verachten sie. Es besteht die Vorschrift, daß jeder, der der Sekte beitreten will, sein Vermögen der Gesamtheit abtreten muß. Ordensangehörigen, die (von) anderswoher kommen, steht alles, was sie bei ihren Genossen finden, wie ihr eigener Besitz zur Verfügung. In ihrem Anzug und ihrer ganzen äußeren Erscheinung machen sie den Eindruck von Knaben. Kleidung und Schuhe wechseln sie nicht eher, als bis sie gänzlich zerfetzt sind.«

Ganz ähnlich sah es bei Jesus aus. Wer zur wirklichen Jüngerschar gezählt und in den engeren Kreis aufgenommen werden wollte, mußte, wie Professor Dr. Pinchas Lapide feststellt (Ist die Bibel richtig übersetzt?, Gütersloh 1994, S. 54), sein gesamtes privates Vermögen veräußern, »um in einer Gemeinschaft der Gleichen – oft Gefahren, Flucht und römischen Verfolgungen ausgesetzt – zu leben.« Diese strenge Bedingung, die unbedingt erfüllt werden mußte, so man Jünger Jesu werden wollte, konnte oder wollte »der reiche Jüngling« – sein Name wird nicht genannt – nicht erfüllen. Nach Lukas (Kapitel 18, Vers 18) stammte er aus der Oberschicht, also aus vermögenden Kreisen. Jesus forderte den jungen Mann auf – und diese Worte werden von Matthäus, Markus und Lukas fast gleichlautend überliefert (Lukas, Kapitel 18, Vers 22): »Verkaufe alles, was du hast, und gib's den Armen, so wirst du einen Schatz im Himmel haben, und komm und folge mir nach!«

Darauf wollte sich der junge Mann nicht einlassen (Markus, Kapitel 10, Vers 22): »Er aber (der junge Mann) wurde unmutig über das Wort und ging traurig davon; denn er hatte viele Güter.« Er konnte nicht in den Kreis der Jünger aufgenommen werden. Da half es ihm auch nicht, daß Jesus den Jüngling gern zu einem Mitstreiter gemacht hätte (Markus, Kapitel 10, Vers 21): »Und Jesus sah ihn an und gewann ihn lieb.«

Eines der bekanntesten Gleichnisse Jesu könnte direkt von einem essenischen Lehrmeister stammen (Markus, Kapitel 10, Vers 25): »Es ist leichter, daß ein Kamel durch ein Nadelöhr gehe, als daß ein Reicher ins Reich Gottes komme.«

Generationen von Theologen haben sich in dieses Gleichnis Jesu verbissen. Sie bemühten ein besonders enges Tor in der Stadtmauer Jerusalems, das ein großes Kamel, besonders wenn es bepackt war, nur mit Mühe durchschreiten konnte. Des Rätsels Lösung ist ein Übersetzungsfehler. Aus dem »gamta« im Original wurde ein »gamal«, aus einem Schiffstau ein Kamel. Im Original sagte nämlich Jesus: »Eher geht ein Schiffstau durch ein Nadelöhr, als daß ein Reicher ins Reich Gottes komme.« Jesus benutzte eine Redensart, die seinen Zuhörern, Fischern am See von Tiberias, geläufig war.

So ganz abhold war Jesus freilich dem »schnöden Mammon« auch wieder nicht. Er akzeptierte finanzielle Unterstützung reicher Gönner. So ließen eine gewisse »Johanna, die Frau des Khuza, eines Verwalters des Herodes« und eine »Susanne« (Lukas, Kapitel 8, Vers 3) Jesus und seiner Schar finanzielle Unterstützung zuteil werden.

Es ist endlich an der Zeit, daß sämtliche in den Evangelien überlieferte Jesusworte mit dem Schrifttum der Essener aus Qumran verglichen werden. Das dürfte doch im Zeitalter des Computers kein Problem sein. Dann müßte es sich bestätigen, daß es nicht nur Ähnlichkeiten zwischen den Lehren Jesu und denen der Essener gab, sondern oft wortgetreue Übereinstimmungen. Wenn es etwa bei Johannes (Kapitel 8, Vers 12) heißt: »Ich bin das Licht der Welt. Wer mir nachfolgt, wird nicht in der Finsternis umhergehen, sondern wird das Licht des Lebens haben«, dann entspricht das exakt altem Essenerglauben, der sich häufig über den Dualismus von Licht und Finsternis ausließ, für den die Welt ein Widerspruch in sich selbst aus Dunkelheit und Licht war. »In ihm (in Gott) war das Leben, und das Leben war das Licht der Menschen. Und das Licht leuchtet in der Finsternis, und die Finsternis hat es nicht erfaßt«, heißt es an anderer Stelle bei Johannes (Kapitel 1, Verse 4 und 5). Diese Sentenz könnte genausogut von einem Essener Mönch stammen.

Es würde den Rahmen dieses Buches sprengen, wollte man alle unbezweifelbaren Parallelen zwischen Jesu und der Lehre der Essener auflisten. An dieser Stelle seien nur einige der zahllosen Übereinstimmungen genannt. In Essenerschriften ist vom »Fundament, das nicht erschüttert wird« die Rede. Jesus nennt Petrus den Fels, der niemals wanken wird. Die Essener nahmen nur den in ihre Gemeinschaft auf, der seine Sünden offenbarte, sprich beichtete – wie im von Jesus geprägten Christentum. Jesus wie die Essener warnten vor dem nahenden Endgericht. Beide forderten, man müsse seinen Nächsten lieben wie sich selbst. Jesus sprach – wie die Essener – von »Söhnen des Lichts«, die gegen »Mächte der Finsternis« kämpfen. Beide versprachen jenen, die nach dem Geist der Wahrheit lebten, das »ewige Leben«. In den Texten der Essener wie in den Predigten tauchen häufig Begriffe wie »heiliger Geist« und »Mitglieder des neuen Bundes« auf.

Besonders markant ist eine weitere Übereinstimmung: Sowohl die Essener als auch Jesus waren davon überzeugt, daß das Ende der Zeiten unmittelbar bevorstehe und die Menschen sich bald vor einem göttlichen Gericht verantworten müßten.

Es gibt keinen Zweifel: Jesus und die Essener standen einander sehr nahe, zumindest in jener Zeit, als Jesus ein Schüler des Täufers Johannes war. Damit ist freilich nicht ausgesagt, daß Jesus selbst Essener gewesen sein muß. Für diese Behauptung, die von populärwissenschaftlichen Autoren gern immer wieder aufgestellt wird, gibt es nirgendwo im Neuen Testament auch nur den kleinsten Hinweis. Andererseits spricht nichts dagegen, daß Jesus nicht vielleicht doch, möglicherweise auch nur als Gast, einige Zeit im Mönchsorden der Essener lebte. Josephus Flavius jedenfalls, so berichtet der Historiker, weilte einige Zeit in ihrer Gemeinschaft.

Es fällt auf, daß nirgendwo im Neuen Testament, und sei es auch nur am Rande, die Gemeinschaft der Essener erwähnt wird. Stünden nur die Evangelien als einzige Quellen zur Verfügung, müßte man annehmen, daß es die Essener nie gegeben hat. Dabei waren sie zur Zeit Jesu von enormer Bedeutung. Sie bezeichneten ihre Gemeinschaft als eine »Armee des Heils«, die Jahrhunderte vor Christus zur Makkabäerzeit von einem »Lehrer der Gerechtigkeit« ins Leben gerufen wurde. Philon von Alexandria (25 v. Chr.–50 n. Chr. berichtet in seinem Opus »Quod omnis probus liter sit«:

»Das palästinensische Syrien, welches ein wesentlicher Teil des sehr zahlreichen Volkes der Juden bewohnt, ist auch nicht unfruchtbar im Hervorbringen von Tugend gewesen. Gewisse unter ihnen, an Zahl mehr als viertausend, bezeichnet man mit dem Namen Essener. Dieser Name ist meiner Ansicht nach, obwohl er genaugenommen kein griechisches Wort ist, mit dem

Wort ›Heiligkeit‹ zusammengebracht worden. Tatsächlich sind dies Menschen, die ganz besonders dem Gottesdienst obliegen. Sie bringen keine Tieropfer dar, sondern finden es ratsamer, ihr Denken zu heiligen. Sie horten weder Silber noch Gold, und sie erwerben keine großen Landgüter, sondern sorgen nur für den nötigen Lebensbedarf. Fast allein unter den Menschen leben sie ohne Güter und Besitz, sie halten sich dennoch für reich, weil sie Genügsamkeit und ein gutes Gemüt als eine wirkliche Überfülle schätzen. Sie verwerfen alles, was in ihnen Habsucht erwecken könnte. Sie haben unter sich nicht einen einzigen Sklaven, vielmehr sind sie alle frei und helfen sich gegenseitig. Sie haben eine einzige Kasse für alle und gemeinsame Ausgaben.«

Warum verschweigen dies die Schriften des Neuen Testaments? Diese Frage verdeutlicht eines der großen Geheimnisse nicht nur des Neuen Testaments, sondern der Bibel überhaupt. War Jesus zumindest in seinen Anfangsjahren Essener? Setzte er sich aktiv für den Sturz der römischen Obrigkeit ein? Wurden entsprechende Hinweise aus den Texten des Neuen Testaments weitgehend herauszensiert – in einer Zeit, da man Jesus nur als rein religiösen Neuerer verstanden wissen wollte? Ein Revoluzzer, der die herrschende Obrigkeit ablehnte, eignete sich ja denkbar schlecht als Zentralfigur einer Religion, die sich in den Jahrhunderten »nach Christus« rasch zur Staatsreligion entwickelte.

Urchristentum und staatstragende Macht

In den frühen Jahren des Christentums, als die Menschen in Judäa unter dem Joch der römischen Besatzungstruppen ächzten, war ein Jesus, der sich als Erlöser gab, Hoffnung für die Unterdrückten. Sie sahen zumindest die Möglichkeit eines Lebens in Freiheit. Sie hofften auf Jesus als einen Befreier von irdischer Drangsal. Sie dachten weniger an ein besseres Leben im Jenseits als ein solches hienieden auf Erden. Johannes der Täufer fand regen Zulauf, weil er gegen die Römer predigte – und wurde hingerichtet. Die Essener erfreuten sich großer Beliebtheit, weil sie religiöse Erneuerung und den Sturz des Römerregimes predigten. Galt die Bewunderung der frühen Christenheit in Unfreiheit dem radikalen Jesus, dessen Spur im Lauf der Kirchengeschichte so gründlich, aber keineswegs vollständig, aus den Evangelien getilgt wurde?

Das Christentum entwickelte und veränderte sich erstaunlich schnell von einer Religion der Unterdrückten zu einer staatstragenden Macht. 313 n. Chr. erließ Konstantin der Große das sogenannte Mailänder Edikt. Bereits im Jahr 311 hatte Galerius den christlichen Glauben zugelassen. Die Christen waren zum Gebet für Kaiser und Reich aufgefordert worden. In Mailand wurden dem christlichen Klerus die gleichen Rechte zugesprochen, wie sie auch die Priester anderer Glaubensgemeinschaften hatten. 380 n. Chr. erfolgte die Anerkennung als Staatsreligion. Mit dem Wandel des Christentums von einer einigenden Kraft der Unterdrückten zu einer staatstragenden Macht änderte sich auch das Jesus-Bild: Aus dem Revoluzzer, der die fremde Obrigkeit ablehnte, wurde ein Jesus, der nur noch für das jenseitige Wohl der Gläubigen zuständig war. Diese Veränderung kann aus der Sicht der frühen Christenheit der ersten Jahrzehnte »nach der Zeitenwende« nur als Verrat an Jesus bezeichnet werden.

Rund 1500 n. Chr. wiederholte sich die Geschichte. Die Bauern des 16. Jahrhunderts beriefen sich auf Jesus – in ihrem Kampf um mehr Freiheit. Man kann ihren Freiheitskampf, der blutig niedergeschlagen wurde, mit dem der Essener des 1. nachchristlichen Jahrhunderts vergleichen.

Martin Luther und die Bauernkriege

In seiner Schrift »Von der Freiheit eines Christenmenschen« hat Martin Luther (1483–1546) in geradezu »essenischer Tradition« – obwohl der Reformator keine Kenntnis von der Glaubensgemeinschaft vom Toten Meer gehabt haben dürfte – propagiert: »Ein Christenmensch ist ein freier Herr über alle Ding und niemandem untertan.« Und in »Eine treue Vermahnung zu allen Christen« (1522) schrieb Luther: »Also, die Lügner, die verstockten Tyrannen, magst du wohl hart antasten und frei tun wider ihre Lehre und Werk, denn sie wollen nit hören.«

Stellte er sich mit solchen Worten nicht auf die Seite der aufrührerischen Bauern? Die Aufständischen jedenfalls fühlten sich durch Luther dazu legitimiert, gegen die Obrigkeit vorzugehen. Ihre Forderungen stellten sie im März 1525 in einer anonymen Flugschrift (»Zwölf Artikel«) zusammen:

Rückgabe von Grundbesitz an die Bauern, Abschaffung des Zehnten, Recht auf Jagd, Fischfang, Milderung der Frondienste. Das Reich sollte, mit dem Kaiser an der Spitze, neu geordnet werden. Die Rechte der Territorialherren sollten beschnitten, den Bauern mehr Freiheiten eingeräumt werden.

Thomas Müntzer (1490–1525), durch Luthers Empfehlung 1520 als Prediger nach Zwickau gekommen, prangerte die Unterdrückung des Bauernstandes durch die Obrigkeit an. 1524 klagte er in seiner »Hochverursachten Schutzrede« an: »Sieh zu, die Grundsuppe des Wuchers, der Dieberei sein unser Herrn und Fürsten, nehmen alle Kreaturen zum Eigentum: die Fisch im Wasser, die Vögel im Luft, das Gewächs auf Erden muß alles ihr sein. Darüber lassen sie dann Gottes Gebot ausgehen, unter die Armen und sprechen: ›Gott hat geboten: Du sollst nit stehlen.‹ Es dienet aber ihn nit. So sie nun alle Menschen verursachen, den armen Ackermann, Handwerkmann und alles, das da lebet, schinden und saugen sie aus. So er sich dann vergreifet am allergeringsten, so muß er hängen. Die Herren machen das selber, daß ihn' der arme Mann feind wird. Die Ursach des Aufruhrs wöllen sie nit wegtun. Wie kann es die Länge (auf die Dauer) gut werden? So ich das sage, muß ich aufrührerisch sein! Wohlan!«

Luther freilich war darüber entsetzt, daß sich Aufständische auf ihn beriefen (»Eine treue Vermahnung zu allen Chrsiten«): »Wilche (welche) meine Lehre recht lesen und verstehen, die machen nit Aufruhr, sie haben's nit von mir gelernet.« Auch Luther mag die Unterdrückung der Bauernschaft als unchristlich empfunden haben. Aber nach seinem Verständnis war die Obrigkeit gottgewollt. Und Politik könne und dürfe nun einmal nicht nach dem Evangelium betrieben werden. Luther (»Von Kaufshandlung und Wucher«): »So habe ich nu oftmals gelehret, daß man die Welt nach dem Evangelio und christlicher Liebe nicht soll noch mag regieren, sondern nach strengen Gesetzen mit Schwert und Gewalt, darum, daß die Welt böse ist und weder Evangelion noch Liebe annimmt, sondern nach ihrem Mutwillen tut und lebt, wo sie nicht mit Gewalt gezwungen wird.«

Gewalt durfte nach Luther freilich nur von der Obrigkeit ausgehen, wie er in seinem Traktat »Wider die räuberischen und mörderischen Rotten der Bauern« (1525) feststellte: »Greuliche Sunden wider Gott und Menschen laden diese Baurn auf sich, daran sie den Tod verdienet haben an Leibe und Seele mannigfaltiglich: Zum ersten, daß sie ihrer Obrigkeit treu und gehorsam geschworen haben, untertänig und gehorsam zu sein, wie solchs Gott gebeut, da er spricht: Gebt dem Kaiser, was des Kaisers ist. Und Römer 13: Jedermann sei der Obrigkeit untertan.« (Auch die folgenden Zitate stammen aus »Wider die räuberischen und mörderischen Rotten der Bauern«.)

Weil die Bauern sich gegen die Obrigkeit erhöben, seien sie vogelfrei. Ja, es sei ein gutes Werk, sie zu töten: »Auch ein aufruhrerischer Mensch, den man überführen kann, schon in Gottes und kaiserlicher Acht ist, daß, wer am ersten kann und mag, denselben erwürgen recht wohl tut.« Luther vergleicht die Bauernaufstände mit einer Feuersbrunst. So wie jeder gute Christ dazu angehalten sei, alles zu tun, um einen Brand zu löschen, so müsse er auch mit Gewalt gegen die aufständischen Bauern vorgehen. Im Kampf gegen die Bauern sei jedermann »Oberrichter und Scharfrichter« zugleich. Von Mord könne nicht die Rede sein, wenn Bauern getötet würden – das seien vom Teufel Besessene: »Ich mein, daß kein Teufel mehr in der Helle sei, sondern allzumal in die Baurn sind gefahren.«

Keinen Zweifel läßt er daran, wie gegen die Aufständischen vorgegangen werden müsse: »Denn ein Fürst und Herr muß hie denken, wie er Gottes Amtmann und seines Zorns Diener ist, dem das Schwert über solche Buben befohlen ist und sich ebenso hoch fur (vor) Gott versündigt, wo er nicht straft und wehret und sein Amt nicht vollfuhret, als wenn einer mördet, dem das Schwert nicht befohlen ist.«

Nach Luther ist es also die Pflicht der Obrigkeit, die Bauern zu töten. Wer das nicht tut, macht sich seiner Ansicht nach ebenso schuldig wie die aufrührerischen Bauern selbst: »So soll nu die Obrigkeit hie getrost fortdringen und mit gutem Gewissen dreinschlahen (dreinschlagen).«

Luther nahm die Denkungsweise islamischer Fundamentalisten vorweg, die aus Kämpfern gegen die »teuflischen Ungläubigen« Märtyrer machen. Er schreibt: »Also kann's geschehen, daß, wer auf der Oberkeit Seiten erschlagen wird, ein rechter Märterer (Märtyrer) für Gott sei, so er mit solchem Gewissen streit, denn er geht in göttlichem Wort und Gehorsam. Wiederum, was auf der Bauren Seite umkommt, ein ewiger Hellebrand ist, denn er fuhret das Schwert wider Gottes Wort und Gehorsam und ist ein Teufels Glied.«

Luther hielt einen Sieg der Bauern für möglich. Dann seien aber die Bauernkriege ein »Vorlauft« (Vorspiel) des »Jungsten Tags«, wobei »durch den Teufel alle Ordnung und Obrigkeit« zerstört werde.

Auf keinen Fall dürfte den Bauern auch nur kleinste Zugeständnisse gemacht werden. Luther: »Denn hundert Töde soll ein frimmer Christ leiden, ehe er ein Haarbreit in der Bauern Sache bewilliget.«

Gewalt gegen die Bauern sei, so Luther, ein Werk der Nächstenliebe: »Drum, liebe Herren, erlöset hie, rettet hie, helft hie! Erbarmet euch der armen Leute! Steche, schlahe (schlage), würge hie, wer da kann! Bleibst du druber tot, wohl dir! Seliglicheren Tod kannst du nimmermehr uberkommen, denn du stirbst in Gehorsam göttlichen Worts und Befehls.« Wer die Aufständischen sticht, schlägt und würgt, der »erlöst« sie nach Luther.

Er schließt sein Traktat mit den Worten: »Dunkt das jemand zu hart, der denke, daß unerträglich ist Aufruhr, und alle Stünde der Welt Verstörung (Zerstörung) zu warten sei.«

Ähnlich wie über die aufständischen Bauern, die nach seiner Ansicht von Teufeln besessen waren, dachte Luther über die

Juden: »Ein solch verzweifelt, durchböset, durchgiftet, durchteufelt Ding ist's umb diese Jüden, so diese 1400 Jahr unsere Plage, Pestilenz und alles Unglück geweset und noch sind. Summa wir haben rechte Teufel an ihnen.« (Gesamtausgabe Luther, Erlanger Ausgabe XXXII, S. 242) Und ähnlich rabiat, wie nach Luther die aufständischen Bauern zu behandeln seien, müsse auch gegen die Juden vorgegangen werden. Man mag über Luthers Bibelinterpretationen streiten, als bedenklich muß jedoch seine Aussage gewertet werden, daß die Welt nicht nach dem Evangelium, sondern mit der Gewalt des Schwertes regiert werden müsse. Denn selbst ein Atheist muß zugeben, daß es um das Leben auf Erden besser bestellt wäre, wenn sich die Mächtigen an die Frohe Botschaft des Neuen Testaments hielten. Luther scheint da resigniert zu haben. Das Gebot der Nächsten- und Feindesliebe freilich ist keineswegs eine »Erfindung« des Christentums. Sie wurde schon lange vor Jesus beispielsweise im Bhakti-Hinduismus als zentrale Aussage gepredigt. Nur wer Liebe lebe, könne auf Erlösung hoffen. So wie Jesus sich als Verköperung göttlicher Liebe bezeichnete (Johannes, Kapitel 15, Vers 13), so war – lange vor Jesus – Buddha als von grenzenloser, alles übertreffender Liebe beseelt verehrt worden.

XVI. Wie aus einem Revolutionär ein »Wundermann« wurde

Jesus hielt sich – wie lange, das ist den Evangelien nicht zu entnehmen – unter den Jüngern von Johannes dem Täufer auf. Hier muß er Essenern begegnet sein, die sozusagen nur einen »Steinwurf« entfernt von jener Stelle, wo Johannes wirkte, lebten. Über eine Verbindung zwischen Jesus und den Essenern schweigen die Evangelien, auch wenn, wie zitiert, einige Worte Jesu, in denen er zum gewaltsamen Widerstand gegen die Obrigkeit aufrief, in Texten des Neuen Testaments enthalten sind. Dabei kann und darf nicht verschwiegen werden, daß jene Worte, die Jesus als einen Revoluzzer kennzeichnen, der das

Schwert predigte, eher zwischen Versen versteckt als hervorgehoben wurden. Sie stehen im Widerspruch zu jenem Bild von Jesus, das das Neue Testament prägt, das ihn als gewaltfreien Propheten der Nächstenliebe preist. Sind also jene »untypischen« Jesusworte gar nicht »echt«?

Die Evangelien wurden, wie alle biblischen Texte, im Laufe von Jahrzehnten, ja Jahrhunderten überarbeitet. Je mehr sich die junge christliche Kirche zu einer Macht im Staate entwickelte, desto stärker wurde das Jesusbild verändert. Wenn Jesusworte »bearbeitet« wurden, dann geschah das, um ihn als einen Erlöser im geistigen, nicht im politischen Sinne erscheinen zu lassen. Mit anderen Worten: Worte eines radikalen Jesus wurden getilgt, nicht hinzugefügt. Wenn aber dann noch vereinzelt der militante Jesus in den Schriften des Neuen Testaments auftaucht, dann dürften das übersehene (?) Überbleibsel eines älteren, historisch korrekteren Jesus sein, die – warum auch immer – den Redakteuren nicht zum Opfer fielen.

Das Geheimnis der himmlischen Stimme

Jesus wurde, unweit von der Zentrale der Essener, von Johannes getauft. Darüber berichten alle vier Evangelien (Matthäus, Kapitel 3, Verse 13–17, Markus, Kapitel 1, Verse 9–11, Lukas, Kapitel 3, Verse 21 und 22, Johannes, Kapitel 1, Verse 29–34). Bei allen vier Evangelisten geschieht ein Wunder. Und doch gibt es, wenn man genau liest, kleine Unterschiede. Bei Matthäus »sprach eine Stimme vom Himmel herab« (Matthäus, Kapitel 3, Vers 17): »Dies ist mein lieber Sohn, an dem ich Wohlgefallen habe.« Bei Markus, Lukas und Johannes kommt der »Heilige Geist« ins Spiel: Bei Markus und Lukas erscheint er als Taube, bei Johannes »wie eine Taube«.

Liest man die Texte gründlich, so stellt man fest, daß Matthäus offensichtlich Probleme mit Jesu Taufe hatte: Wie konnte sich Jesus, der Sohn Gottes, erniedrigen, indem er sich von einem Menschen taufen ließ, der doch weit unter ihm stand? Nur bei Matthäus wehrt sich der Täufer gegen die ihm zugedachte ehrenvolle Aufgabe. Er selbst, steht da geschrieben, müsse sich doch von Jesus taufen lassen und nicht umgekehrt Jesus sich von ihm. Jesus aber wurde energisch (Matthäus, Kapitel 3, Vers 15): »Jesus aber antwortete und sprach zu ihm: Laß es jetzt geschehen! Denn so gebührt es uns, alle Gerechtigkeit zu erfüllen. Da ließ er es geschehen.«

Bei allen vier Evangelisten bestätigt eine Stimme aus dem Himmel die Gottessohnschaft Jesu. Bei Matthäus, Lukas und Johannes redet Gott über Jesus, bei Lukas (Kapitel 3, Vers 22) spricht er ihn direkt an: »Du bist mein lieber Sohn, an dir habe ich Wohlgefallen.«

Erst nach der Taufe und nach Gottes Bestätigung, daß er sein »lieber Sohn« sei, beginnt Jesu öffentliches Wirken – erklären übereinstimmend die Evangelisten. Für sie ist sein öffentliches Auftreten sehr von eben dieser Gottessohnschaft geprägt: Jesus kann Wunder wirken.

Nach der Taufe begann er damit, durch die Lande zu ziehen. Er wurde begleitet von Jüngern, die er um sich scharte. Was war das für eine Gemeinschaft, die sich da um Jesus gruppierte? Stimmt es, wenn Manfred Barthel feststellt (Was wirklich in der Bibel steht, Düsseldorf/Wien 1987, S. 289): »Eine gegensätzlichere, buntscheckigere Gemeinschaft wie diese zwölf Jünger wäre kaum zusammenzustellen gewesen. Jesus scheint sie mit Vorbedacht gerade wegen ihrer Unterschiede ausgewählt zu haben«?

Sollte Jesus mit kalter Logik ans Werk gegangen sein? Hat er vor rund zwei Jahrtausenden möglichst unterschiedliche Männer zu seinen Jüngern ernannt, so wie heute für internationale Filmprojekte möglichst Stars aus unterschiedlichen Ländern gewählt werden, damit die Kinokasse überall klingelt? Sollte sich die vielschichtige Bevölkerung in seiner Jüngerschar wiedererkennen?

In den ersten zwei Jahrhunderten vor Christi Geburt wurde das Leben im Judentum von verschiedenen religiösen Gemeinschaften und Sekten geprägt. Da waren die Pharisäer, die sich als religiöse Elite des Volkes verstanden. Sie waren darum bemüht, einen frommen Lebenswandel zu führen, streng nach den Gesetzen, wie sie Moses überliefert hatte. Der gesellschaftlichen Elite müssen die Sadduzäer zugerechnet werden. Sie stammten aus der Oberschicht.

Wohlhabende und Priester gehörten dieser Gruppierung an. Im Gegensatz zu den Pharisäern lehnten sie die mündliche Überlieferung ab und hielten sich nur an das geschriebene Wort Moses. Sie glaubten nicht an eine Auferstehung der Toten.

Während die Pharisäer und Sadduzäer relativ häufig in den Schriften des Neuen Testaments erwähnt werden, finden sich nur spärliche Hinweise auf die Zeloten. Zeloten waren es, die immer wieder als Revoluzzer mit großer Bereitschaft zum Widerstand mit Waffengewalt auftraten. Im 1. Jahrhundert v. Chr. folgten sie ihrem Anführer Judas, genannt der Galiläer, später seinem Sohn Menahem und seinem Enkel Eleasar. Es waren auch Zeloten, die sich 66 n. Chr. gegen die Römer erhoben. Sie verschanzten sich in der Festung von Masada und begingen 74 n. Chr. scharenweise Selbstmord. Sie wollten lieber tot sein, als den Römern in die Hände zu fallen. Ähnlich aufrührerisch waren die Essener, denen Johannes der Täufer zumindest nahestand.

Jesus, seine 12 Jünger und das Geheimnis der »Dolchmänner«

Mehr als aufschlußreich ist es nun festzustellen, welchen Gruppierungen der Gesellschaft die Jünger Jesu angehörten. Ein Schleier des Geheimnisses liegt über dieser kleinen Schar. Er läßt sich aber lüften, wenn man die kargen Verse des Neuen Testaments zu diesem Thema Wort für Wort studiert und ihnen Informationen entlockt, die in modernen Übersetzungen leider verlorengehen. Den vollständigen Text finden wir bei Lukas (Kapitel 6, Verse 12–16):

»Und es begab sich aber zu der Zeit, daß er auf einen Berg ging, um zu beten; und er blieb die Nacht über im Gebet zu Gott. Und als es Tag wurde, rief er seine Jünger und erwählte zwölf von ihnen, die er auch Apostel nannte: Simon, den er auch Petrus nannte, und Andreas, seinen Bruder, Jakobus und Johannes; Philippus und Bartholomäus; Matthäus und Thomas; Jakobus, den Sohn des Alphäus, und Simon, genannt der Zelot; Judas, den Sohn des Jakobus und Judas Iskariot, der zum Verräter wurde.«

Lukas nennt zwei »Simons«: Simon, der auch Petrus hieß, und »Simon, der Zelot«. Simon, der Zelot, taucht auch in der Apostelgeschichte (Kapitel 1, Vers 13) auf, als »Simon Zelotes«. Matthäus (Kapitel 10, Vers 4) und Markus (Kapitel 3, Vers 18) nennen ihn »Simon Kananäus«, Johannes hingegen verschweigt ihn. »Simon, der Zelot« gehörte den von der Obrigkeit seiner Zeit so gefürchteten Zeloten an, die sich »Sicarii«, »Dolchmänner«, nannten. Simon war also ein Revoluzzer. Er endete gewaltsam. Nach widersprüchlichen Überlieferungen wurde er entweder gekreuzigt oder in zwei Teile zersägt.

Simon war freilich nicht der einzige Zelot aus Jesu Jüngerschar. Judas Iskariot war auch einer. Sein Beiname Iskariot oder Ischariot leitet sich von den Sicarii ab. Für Jesu Zeitgenossen war dieser Sachverhalt klar, ja offensichtlich. Judas, der spätere Verräter, trug den Beinamen »der Dolchmann«.

Nicht ganz so leicht ist das Zelotentum eines dritten Jüngers Jesu zu erkennen: »Simon, Sohn Jonas«. Vielleicht war eine solche Häufung gewalttätiger Revoluzzer im Gefolge Jesu späteren Bibelübersetzern unangenehm. Sie übersetzten seinen Namen falsch. So lesen wir bei Matthäus (Kapitel 16, Vers 17): »Und Jesus antwortete zu ihm: Selig bist du, Simon, Jonas Sohn!« Im Originaltext freilich steht: »Simon Barjona«. »Barjona« läßt sich übersetzen mit »offenes Land«. Als Barjonim wurden Menschen bezeichnet, die auf dem Lande, außerhalb der großen Städte wohnten. Die Barjonim Jerusalems aber waren Zeloten, die von Ben Zakkai, genannt »der Dolchmann«, angeführt wurden. Ben Zakkais Gefolgsleute waren von der ehrbaren Stadtbevölkerung Jerusalems geächtet worden. Man duldete sie nicht innerhalb der Stadtmauern. Damit war aber keineswegs gesagt, daß alle Städter den Dolchmännern wirklich feindlich gesonnen waren. Vermutlich war das Gegenteil der Fall: Die Revoluzzer waren auf die Unterstützung durch die Städter angewiesen – aber das geschah heimlich.

Die Barjonim waren den Römern verständlicherweise verhaßt. Und ganz offensichtlich rechneten die römischen Militärs auch Paulus jenen Freiheitskämpfern zu. Das geht eindeutig aus der Apostelgeschichte hervor. Da heißt es nämlich in Kapitel 21 (Verse 30 ff.), daß der Apostel von wütenden Juden aus dem Tempel geworfen worden war. Der Tumult lockte einen römischen Oberhauptmann an, der Petrus (Vers 33) »mit zwei Ketten binden« ließ. Er sollte als Gefangener »in die Burg geführt« werden. Der ranghohe Soldat fragte ihn (Vers 38): »Bist du nicht der Ägypter, der vor diesen Tagen einen Aufruhr gemacht hat und führte in die Wüste hinaus viertausend Meuchelmörder?«

Empört wies Paulus diese Anschuldigung zurück (Vers 39): »Ich bin ein jüdischer Mann von Tarsus, ein Bürger einer namhaften Stadt in Cilicien.«

Die Frage des Oberhauptmanns verdeutlicht, daß die Barjonim den Römern als Untergrundkämpfer sehr wohl bekannt waren und ihrer Ansicht nach auch mit den militanten Essenern zusammenarbeiteten. Ob freilich des Römers Anschuldigung nur eine Verwechslung war oder ob Paulus zumindest gelegentlich mit militanten Aufrührern zu tun hatte, ja vielleicht selbst (zeitweise?) einer Untergrundorganisation angehörte, das läßt sich nicht mehr feststellen. Sollte aus Saulus, der auch Paulus hieß und im amtlichen Auftrag Christen aufspürte, ein Radikaler geworden sein, der mit Gewalt gegen die römische Obrigkeit kämpfte?

Das Geheimnis des »Damaskus« der Essener

Professor Pinchas Lapide weist in seinem Buch (Paulus zwischen Damaskus und Qumran, Gütersloh 1995, S. 122 und 123), darauf hin, daß es in den Texten der Evangelisten einen Hinweis auf die Essener gibt, der anscheinend verschlüsselt wurde: »Überall, wo in der Hebräischen Bibel von Damaskus die Rede ist (z. B. 1. Buch Mose, Kapitel 14, Vers 15; 1. Buch Mose, Kapitel 15, Vers 2; Jesaja, Kapitel 8, Vers 4 etc.) spricht die Schrift von der Stadt oder dem Land Damaskus – außer in

der Stelle, wo es sich um ›die Wüste von Damaskus‹ handelt.«
Gemeint sei nicht sie syrische Hauptstadt Damaskus, zu der
sich Saulus, auch Paulus genannt, aufmachte, sondern das Kloster der Essener.

Die »Damaskus-Schrift« der Essener läßt keinen Zweifel auf-
kommen: Die Mitglieder des Mönchsordens bezeichneten ihr
Kloster in der Wüste als Damaskus. Da ist (siehe Qumran-Texte
CD 4, 3; 6, 2–11; 6, 19) zum Beispiel die Rede davon, daß eine
Gruppe von Juden, die besonders streng nach den Vorschriften
des Moses lebten, von einem Essener, der »Lehrer der Gerechtigkeit« genannt wird, in die »Wüste nach Damaskus« geführt
wurde. Dort schlossen sie angeblich einen »neuen Bund« mit
Gott, wurden also in die Ordensgemeinschaft aufgenommen.
Das syrische Damaskus war damit nicht gemeint – es war zu
Paulus' Zeiten von einer geradezu paradiesischen Landschaft.
Nicht das syrische Damaskus strebte Saulus/Paulus an, sondern
das essenische Damaskus in der Wüste. In jener Essenerstadt
sollte Saulus/Paulus Anhänger der »neuen Lehre« ausfindig
machen und gefesselt nach Jerusalem bringen (Apostelgeschichte, Kapitel 9, Vers 2).

Das syrische Damaskus gehörte damals zum Hoheitsgebiet
von König Aretas IV. Philodemos. Dem waren religiöse Streitigkeiten im fernen Jerusalem völlig gleichgültig. Vor allem ver-
bat sich der Herrscher stets Einmischung in seine souveräne
Landespolitik. Einen Spion aus Israel hätte er gefangengenom-
men und – so er bei guter Laune gewesen wäre – des Landes
verwiesen. Ein von der Priesterschaft aufgesetztes Schreiben
hätte er hohnlachend zerfetzt. Die Autorität der in Jerusalem
mächtigen Priesterschaft endete an seiner Landesgrenze.

Paulus reiste zu den Essenern und hielt sich »drei Jahre lang«
(1. Brief der Galater, Kapitel 1, Vers 17) bei ihnen auf. Dadurch
erhält das »Berufungserlebnis« des Paulus einen ganz anderen,
geheimen Sinn! Wurde aus dem Christenverfolger ein militanter Essener? Der lange Aufenthalt im militanten Mönchsorden
läßt zumindest darauf schließen, daß das Gedankengut der Essener Paulus alles andere als fremd war.

So darf es nicht verwundern, daß essenisches Gedanken-

und Glaubensgut im Schrifttum des Paulus zu finden ist, worauf Professor Pinchas Lapide, profunder Kenner des Alten wie des Neuen Testaments, hinweist (Paulus zwischen Damaskus und Qumran, Gütersloh 1995, S. 118 f: »In den Briefen des Paulus findet man nicht nur deutliche Spuren qumranischer Gedankenvorgänge, sondern auch ganze Lehrstücke, die aus dem essenischen Glaubensgut entfaltet worden sind. Die Qumran-Gemeinde hielt sich für das ›wahre Israel‹ (hallt wieder in Philipper Kapitel 3, Vers 3) und für die ›Erwählten Gottes, seit Seiner Gnadenwahl (Gottes)‹ – die bereits bei der Schöpfung erfolgte (Echo in Epheser Kapitel 1, Vers 4). Viele der späteren kirchlichen Lehren der Prädestination [Vorherbestimmung], die auf der unverdienbaren Gnade Gottes fußen, entstammen auch essenischen Einflüssen auf paulinische Epistel. Insbesondere die Selbstbezeichnung der Qumraner als die ›Söhne des Lichts‹ hallt bei Paulus des öfteren wider. (Epheser, Kapitel 5, Vers 8; Thessalonicher, Kapitel 5, Vers 5) So finden wir im Römerbrief (Kapitel 9, Verse 6–23) ein klassisches Resümee der Lehre von der doppelten Prädestination – zum Verderben oder zur Herrlichkeit – ganz im Sinne der Qumraner, die nicht müde wurden zu betonen, daß der Mensch, ohne die Gnade Gottes, ein erbärmliches Geschöpf sei, der Sünde immer wieder verfallen. Der Licht-Finsternis-Dualismus, der später im johanneischen Schrifttum eine zentrale Rolle spielt, ist auch für die paulinische Theologie kennzeichnend. ›Laß uns also ablegen die Werke der Finsternis und anziehen die Waffen des Lichts!‹ So lautet sein Aufruf an die Römische Gemeinde (Römerbrief, Kapitel 13, Vers 12). ›Was hat das Licht für Gemeinschaft mit der Finsternis?‹ So warnte er die Korinther (2. Brief an die Korinther, Kapitel 6, Vers 14) vor jedwedem Rückfall in den Götzendienst – in Worten, die lebhaft an die Weisung im qumranischen Sekten-Kanon (I QS 3, 20–25) erinnern.«

Man muß nur das Schrifttum des Paulus mit den Dokumenten, die die Essener hinterlassen haben, gründlich studieren – so wie das Professor Pinchas Lapide tat –, um erstaunliche Parallelen zu erkennen! So heißt die Teufelsgestalt, die Verkörperung alles Bösen bei den Essenern (Sektenkanon I QS 1, 18,

Kriegsrolle I QM 17, 6) Belial. Dieser Name taucht im Neuen Testament nur ein einziges Mal auf – bei Paulus im 2. Brief an die Korinther (Kapitel 6, Verse 14 und 15): »Was hat das Licht für eine Gemeinschaft mit der Finsternis? Wie stimmt Christus mit Belial (überein)?« Ohne Zweifel: Paulus war ein gelehriger Schüler der Essener, überarbeitete ihre Texte und übernahm sie in seine Schriften! In seinem Brief an die Galater (Kapitel 5, Verse 19–26) listet Paulus Sünden wie gute Taten auf. Als Quelle benutzte er eindeutig den Qumran-Sektenkanon (I QS 4, 2–14).

Drei der 12 Jünger Jesu waren ohne Zweifel aus römischer Sicht üble Burschen und gewalttätige Widerstandskämpfer: Simon, der Zelot, Judas, der Dolchmann, und Simon, der Verstoßene. Und Paulus wurde als militanter Aufrührer verdächtigt. Er stand ja auch den Essenern nahe. Suspekt waren ihnen auch Jakobus und Johannes, die Söhne des Zebedäus. Sie hatten laut Markus (Kapitel 3, Vers 17) den Beinamen »Boanerges, das heißt: Donnersöhne«. Diese Umschreibung kann als Synonym für »Aufbrausende«, »Streitbare«, »Eiferer« gedeutet werden – das sind alles Bezeichnungen für die Zeloten! Jakobus jedenfalls wurde exekutiert – als militanter Aufwiegler? Und wie sieht es mit Andreas aus, der von Markus (Kapitel 3, Vers 18) als einer der 12 Jünger aufgelistet wird? Er war ein Bruder des Zeloten Simon des Verstoßenen. Gehörte auch er der gewalttätigen Verschwörergruppe an?

So »bunt gemischt«, wie es vielleicht zunächst den Anschein hatte, war also die Jüngerschar Jesu nicht. Die Hälfte seiner ersten Anhänger muß den Zeloten, also einer gewaltbereiten, militanten Untergrundorganisation zugerechnet werden. Daß es unter den Jüngern Gewaltbereitschaft gab, beweist die Verhaftungsszene bei der Gefangennahme Jesu. Im Evangelium nach Lukas heißt es (Kapitel 22, Verse 49 und 50): »Als aber, die um ihn waren, sahen, was geschehen würde, sprachen sie: Herr, sollen wir mit dem Schwert dreinschlagen? Und einer von ihnen schlug nach dem Knecht des Hohenpriesters und hieb ihm sein rechtes Ohr ab.« Der Lukas-Text läßt vermuten, daß mehrere der Jünger Jesu bewaffnet waren. Und sie waren dazu bereit, zum Schwert zu greifen. Lukas nennt den Jünger, der dann tatsächlich zur Waffe griff, nicht beim Namen. Das tun auch Matthäus (Kapitel 26, Vers 51) und Markus (Kapitel 14, Vers 47) nicht, die ebenfalls die dramatische Szene beschreiben. Nur im Evangelium nach Johannes heißt es dazu: »Simon Petrus aber hatte ein Schwert und zog es und schlug nach dem Knecht des Hohenpriesters und hieb ihm sein rechtes Ohr ab.« Simon Petrus, der auch »der Verstoßene« hieß, griff zur Waffe, die er als Zelot stets bei sich trug.

Warum aber siedelten die Essener in der Wüste? Weil sie ebenso wie Jesus davon überzeugt waren, daß die Endzeit unmittelbar bevorstünde. Sie erwarteten einen Messias, einen Engel des Lichts, der gegen die Mächte der Finsternis kämpfen würde. Diese Endzeiterwartung wurde auch von Johannes gepredigt (Matthäus, Kapitel 3, Vers 2): »Tut Buße, denn das Himmelreich ist nahe herbeigekommen!«

Die Essener und ein schlimmer Übersetzungsfehler

Die Essener hofften auf einen Messias, der den Kampf gegen die Mächte der Finsternis leiten würde. Und diese bösen Mächte waren für sie nun einmal die römischen Besatzungstruppen. Wo aber würde der Retter auftauchen? Das – davon waren sie überzeugt – stünde in der Bibel beim Propheten Jesaja. Der Text, auf den sie sich beriefen, steht im Kapitel 40 (Vers 3). Er wird freilich in vielen unserer Bibelübersetzungen falsch wiedergegeben. Da heißt es: »Es ist eine Stimme eines Predigers in der Wüste: Bereitet dem Herrn den Weg, macht auf dem Gefilde eine ebene Bahn unserem Gott!« (Das Zitat stammt aus: Die Bibel oder die ganze Heilige Schrift des Alten und Neuen Testaments nach der Übersetzung D. Martin Luthers, Stuttgart 1915.)

Auf ebendieses Jesaja-Wort berief sich auch Johannes der Täufer. Und wieder wird in vielen gängigen Übersetzungen eine falsche Version zitiert. So heißt es in der Synopse der vier Evangelien, Stuttgart 1989, S. 13 (bei Matthäus wie Lukas falsch übersetzt), Matthäus 3, Vers 3: »Denn dieser ist's, von dem der Prophet Jesaja gesprochen und gesagt hat: ›Es ist eine Stimme eines Predigers in der Wüste: Bereitet dem Herrn den Weg und macht eben seine Steige!‹« Lukas, Kapitel 3, Vers 4: »Wie geschrieben steht im Buch der Reden des Propheten Jesaja: ›Es ist eine Stimme eines Predigers in der Wüste: Bereitet den Weg des Herrn und macht seine Steige eben.‹«

Was wird da eigentlich ausgesagt? Da ist von einem Prediger die Rede, der in der Wüste spricht und dazu auffordert, man möge dem Messias den Weg ebnen. Das aber steht nicht im hebräischen Original. Die Worte wurden zwar richtig wiedergegeben, die Satzzeichen aber nicht – und auf die kommt es bei dem Jesaja-Text in ganz entscheidender Weise an! Dabei ist es müßig, darüber zu spekulieren, ob absichtlich oder »nur« versehentlich falsch übersetzt wurde. Entscheidend ist die Tatsache, daß durch die falsche Setzung der Satzzeichen der Sinn der ursprünglichen Aussage vollkommen entstellt wurde.

Wir wissen auch, wie und wann es zu dem Fehler kam. Nach der Legende wurde die griechische Übersetzung des hebräischen Texts des Alten Testaments etwa 250 v. Chr. von 70 Gelehrten in 70 Tagen erstellt. Tatsächlich aber müssen wir von einem längeren Prozeß ausgehen. Vermutlich wurde unter Ptolemaios II. Philadelphos in der ersten Hälfte des 3. Jahrhunderts v. Chr. damit begonnen, zunächst die fünf Bücher Mose ins Griechische zu übertragen. Im Lauf der nächsten 100 oder wohl eher 150 Jahre wurde nach und nach der Rest des Alten Testaments übersetzt. Und dabei unterlief der entscheidende Fehler.

Wie lautet nun die richtige Übersetzung? Um den »kleinen«, aber entscheidenden Unterschied hervorzuheben, will ich die falsche und die richtige Übersetzung einander gegenüberstellen.

Lukas, Kapitel 3, Vers 4

Falsche Übersetzung:

Richtige Übersetzung:

»Es ist eine Stimme eines Predigers in der Wüste: ›Bereitet den Weg des Herrn und macht seine Steige eben!‹«

»Es ist eine Stimme eines Predigers: ›Bereitet in der Wüste dem Herrn den Weg und macht seine Steige eben!‹«

220

Ich will den entscheidenden Fehler verdeutlichen: In der falschen Übersetzung heißt es, daß ein Prediger, der sich in der Wüste aufhält, fordert, daß dem Herrn, also dem erwarteten Messias, der Weg zu bereiten sei. Der Prophet wird in der Wüste lokalisiert. Wo der Messias zu erwarten ist, das ist dem Text nicht zu entnehmen.

In der richtigen Übersetzung indes wird nichts darüber ausgesagt, wo sich der Prediger aufhält. Das war für den Verfasser völlig ohne Bedeutung. Wichtig war ihm nur, wo dem Messias der Weg zu ebnen war, wo man auf ihn warten konnte und mußte – in der Wüste nämlich!

Den Essenern lag natürlich der ursprüngliche, der korrekte Text vor. Sie erwarteten den Messias für den Kampf gegen die Mächte der Finsternis in der Wüste. Aber in welcher? Und wo genau? Sie bezogen sich auf das Alte Testament, auf die Urgeschichte des Volkes Israel. So wie sich die Essener von den Römern geknechtet sahen, so sei auch einst das Volk Israel in ägyptischer Gefangenschaft unterdrückt worden. Gott schickte damals den Israeliten einen Retter: den Moses. Er holte das Volk Gottes aus der Gefangenschaft und führte es »nach Hause«. Nun erwarteten die Essener einen zweiten Moses, einen neuen Erlöser, der sie von den neuen Unterdrückern, den Römern, befreien würde.

Wo aber würde dieser zweite Moses, der neue Messias, erscheinen? Wo mußte man ihm den Weg bahnen? In der Wüste! In welcher Wüste? Und wo? War es möglich, den Ort so genau zu lokalisieren, daß man sicher sein konnte, den Retter nicht zu verfehlen?

Für die Essener gab es keinen Zweifel daran, wo das erhoffte Ereignis stattfinden würde. Nach den Überlieferungen des Alten Testaments war es einst Moses selbst nicht gestattet gewesen, mit seinem Volk, das er 40 Jahre lang angeführt hatte, ins Heilige Land einzuziehen. Vom Berg Nebo aus durfte er das Gelobte Land nur sehen, bevor er starb. Der neue Messias wurde als ein Nachfolger Moses angesehen. Er würde sozusagen das Werk Moses vollenden. Mußte er dann nicht dort beginnen, wo Moses aufgehört hatte – also auf dem Berg Nebo oder in dessen Nähe? Davon müssen die Essener überzeugt gewesen sein. Sie suchten nämlich exakt jenen Ort an der Grenze zwischen dem einst verlassenen, feindlich gesonnenen Ausland und dem Gelobten Land auf und bauten dort in der Wüste ihr Kloster auf. Hier warteten sie auf den Messias.

Professor Pinchas Lapide schreibt über die Essener: »Ihre Flucht in die Wüste galt also der Verwirklichung der Wüstenvision Jesajas, aber auch als unverzichtbare Hinleite für die künftige Erlösung Israels. Sie sahen ihre eigene Sektengeschichte als einen erneuten Ablauf der Geschichte Israels: Vom Exodus [Auszug aus Ägypten] über die Wanderjahre in der Wüste bis zur endgültigen Landnahme Kanaans. Ihre Sichtweise der Heilsgeschichte stand also gleichsam unter der Devise: Zurück in die Zukunft.« (Paulus zwischen Damaskus und Qumran, Gütersloh 1995, S. 121 und 122)

Hier lebten sie streng nach Moses Gesetzesvorschriften. Gott hatte sich ihrer Ansicht nach von Israel abgewendet, weil sein Volk nicht mehr gesetzestreu genug nach Moses Vorstellungen lebte. Würde man die alten Vorschriften wieder buchstabengetreu einhalten, dann würde der Messias auch erscheinen und das Volk vom Joch der Römer befreien, das man nun schon viel zu lange ächzend getragen hatte.

Der erwartete Messias war kein Frömmler, der salbungsvoll über eine heile Welt predigen sollte, die auf alle guten Menschen im Jenseits wartet. Erhofft wurde ein Revoluzzer, der seine Anhänger im Kampf gegen die Römer anführen würde. Und der würde seinen Weg in der Wüste beginnen. Davon waren auch Essener wie Zeloten überzeugt. Darum scharten sie sich um Jesus, als er in der Gemeinde von Johannes, genannt der Täufer, auftauchte. Sie waren Unzufriedene und Enttäuschte, die den politischen Wechsel so schnell wie möglich herbeiführen wollten. Sie hofften auf Jesus als den politischen Neuerer. Deshalb mußte ihrer Ansicht nach der Erlöser Jesus aus dem Hause Davids stammen. So wie Salomo den Tempel errichtet hatte, so würde der Messias ein neues Israel aufbauen, als ein Land ohne Römer, als ein Land der Freien, die fromm nach den Vorschriften, wie sie dem Moses von Gott übermittelt worden waren, lebten.

Für Johannes den Täufer war Jesus ebendieser machtvolle Erlöser. So sagt er (Matthäus, Kapitel 3, Vers 3): »Denn dieser (Jesus) ist's, von dem der Prophet Jesaja gesagt hat: ›Bereitet in der Wüste dem Herrn den Weg und macht seine Steige eben!‹«

Die Geschichte nahm aber nicht den erhofften Verlauf: Jesus enttäuschte seine Anhänger. Er befreite sie nicht von den römischen Besatzern. 74 n. Chr. ereignete sich das Desaster von Masada. Der militante Aufstand gegen die Römer brach zusammen. Und mit dem Sieg der Römer begann eine Umdeutung des Messiasbildes. Der christliche Glaube entwickelte sich zur Staatsdoktrin. Jetzt war kein Platz mehr für einen Revoluzzer-Messias. Im gleichen Maße, wie sich die Christenheit mit den Mächtigen der Welt arrangierte, wurde aus dem umstürzlerischen ein religiöser Messias. Der wahre Messias wurde verraten – zuletzt von Luther, der schließlich geradezu zynisch feststellte, daß die Welt nun einmal böse sei und nicht nach den Gesetzen des Evangeliums gelenkt, sondern vom Schwert regiert werden müsse. Auf das Schwert hatten auch die Zeloten gehofft. Es sollte den Römern ein blutiges Ende bereiten. Die Zeloten kämpften und starben auf der Seite der Unterdrückten. Luther schlug sich auf die Seite der Unterdrücker und pries es als gottgefälliges Werk, die aufständischen Bauern niederzumetzeln.

Thomas Müntzer hat sich wohl in der Rolle des Anführers der aufständischen Bauern als ein neuer Messias gefühlt, der die Geknechteten in die Freiheit führen wollte. Rudolf Augstein (Jesus Menschensohn, Reinbek bei Hamburg 1974, S. 48 und 49) schreibt: »Wahr ist, daß die biblischen Reden des biblischen Jesus, daß auch die alttestamentlichen Bezüge der Bibel so manchen weltlichen Revolutionär begeistert haben, am leuchtendsten den Bauernprediger Thomas Müntzer, dessen Selbstgleichsetzung mit der Person des Heilands sofort ins Auge fällt. Wollten wir uns Jesus als einen weltlichen Revolutionär vorstellen (was er vielleicht war . . .), so bietet uns Thomas

Müntzer ein anschauliches Abbild, und Jesus gewinnt als vorweggenommener Müntzer eine keineswegs blasphemische Kontur. Alles, was Christi Spur im Wege war, schreibt Ernst Bloch in seiner die Jahre überdauernden Müntzer-Schrift, sei dem deutschen Bauernführer verhaßt gewesen.«

Ein Thomas Müntzer wäre ohne Zweifel der rechte Messias nach dem Verständnis der Zeloten und somit der Wunscherlöser, wie ihn sich viele der Jünger Jesu vorstellten, gewesen. Aber so wie der militante Aufstand der von Männern wie Müntzer geführten Bauern blutig niedergeschlagen wurde, so endete auch die Revolution der Zeloten blutig bei Masada. Und Thomas Müntzer wurde nach dem Bauernschlachten von Frankenhausen im Jahr 1525, erst 35 Jahre alt, grausam gefoltert und ermordet.

Jesus als »Wundermann«

Eines der großen Geheimnisse des Neuen Testaments ist die Tatsache, daß es in den Evangelien nicht nur einen Jesus gibt. Es werden vielmehr zwei grundsätzlich verschiedene Jesusbilder gezeichnet. Auf der einen Seite ist da der asketische Jesus, der in der Wüste fastet und der den asketischen Essenern nahesteht. Auf der anderen Seite ist da der Jesus, der den irdischen Genüssen höchst zugetan ist. Das wird besonders deutlich in den Beschreibungen seiner Wundertaten.

Wir müssen uns aber vor Augen halten, daß es schon in der Antike keinen Mangel an öffentlichen Wundertätern gab. Robert Kehl schreibt in seinem Buch »Das Christentum war nichts Neues« (Langenthal 1974, S. 63): »Von Wundertätern wimmelte es in der Antike, zumal die Wundersucht damals besonders groß war. Im besonderen waren gerade die Heilandgestalten der Mysterienreligionen ausgesprochene Wundertäter, die den Menschen aus allen Nöten zu helfen imstande waren.«

Wunder wurden aber auch Zeitgenossen Jesu wie beispielsweise Apollonios von Tyana nachgesagt. Seine Biographie ähnelt in verblüffender Weise der von Jesus, wie sie von den Evangelisten überliefert wird.

Apollonius soll schon bei seiner Geburt von engelartigen Wesen umschwebt worden sein. Als Jüngling fühlte er sich mehr im Tempel zu Hause und versetzte die hohe Priesterschaft mit seinen intelligenten Fragen in Erstaunen. Als junger Mann scharte er angeblich Jünger um sich und zog predigend durch die Lande. Er gab sich als Gottessohn aus. Die Naturgewalten beherrschte er – er brachte Sturmesbrausen zum Schweigen und beendete Erdbeben.

Besonders eifrig war er, so sein Biograph Philostratos, als »Wundermann« tätig. Besessene kurierte er ebensogut und gern wie Lahme, die er wieder gehen und Blinde, die er wieder sehen ließ. Zu seinem Repertoire gehörte auch die Auferweckung von Toten. In der pulsierenden Metropole holte er ein Mädchen, das von den Angehörigen bereits betrauert wurde, aus dem Jenseits wieder ins Diesseits zurück.

Völlig zutreffend stellt Marcello Craveri (Das Leben des Jesus von Nazareth, Stuttgart 1970, S. 119) fest: »Alle antiken Religionen, auch die heidnischen, gaben Zeugnis von außergewöhnlichen Ereignissen, die den jeweiligen Gottheiten zugeschrieben wurden. Die griechisch-römische Mythologie ist überreich an Erzählungen über Götter, die Stürme entfesseln und beschwören, Pestepidemien ausbrechen und erlöschen lassen, auf dem Schlachtfeld abgeschossene Pfeile zum Ziel führen oder ablenken, die Menschen sich verlieben, wahnsinnig werden oder sterben lassen, sich selbst in menschliche Wesen verwandeln oder Menschen zu Göttern, Tieren, Steinen, Bäumen, Quellen usw. werden lassen. Die Dichtungen Homers und Vergils sind voll von diesen Phantasien. Allein die ›Metamorphosen‹ Ovids sind ein Werk, das fünfzehn Bücher umfaßt. Würde man alle wundersamen Begebenheiten sammeln, die Titus Livius in seinem Geschichtswerk erzählt, das er gerade in den Jahren schrieb, als Jesus ein Knabe war, so könnte man damit einen dicken Band füllen. Der Historiker Tacitus, der etwa fünfzig Jahre nach Jesus lebte, berichtet von wundersamen

Heilungen, die Kaiser Vespasian ›aufgrund seiner besonderen Gunst der Götter‹ vollbracht habe. In Asklepion in Athen hingen eine große Menge von Inschriften, in denen für die wunderbaren Heilungen des Gottes Äskulap gedankt wurde. Die dem Philosophen Apollonios von Tyana (1. Jahrhundert n. Chr.) zugeschriebenen Wunder ähneln in merkwürdiger Weise den von Jesus gewirkten.«

Es würde den Rahmen des vorliegenden Buches sprengen, wollte man auch nur die wichtigsten »Wundermänner« der unterschiedlichsten Religionen und Kulte lange vor und auch nach Jesus zählen. Ein solches Auflisten wäre zudem auch müßig, weil es nichts beweisen könnte. Völlig unlogisch ist die Argumentation der Kritiker des Christentums, wenn sie behaupten, Jesus habe keine Wunder bewirkt. Weil anderen vor ihm ganz ähnliche Wundertaten zugeschrieben worden seien, so bedeute das, daß die »Biographen« Jesu einfach aus diesen fremden Berichten »abgekupfert« und Jesus edle Handlungen angedichtet hätten. Diese Argumentation ist unlogisch.

Fakt ist jedenfalls, daß Aulus Cornelius Celsus, ein römischer Schriftsteller aus der ersten Hälfte des 1. Jahrhunderts n. Chr. und Verfasser einer achtbändigen Enzyklopädie, die Wunder Jesu für Tatsachen hielt. Er habe seine Kunst, so Celsus, der Christen nicht ausstehen konnte und alles andere als ein Bewunderer Jesu war, wohl bei den Ägyptern gelernt.

Wir müssen Beschreibungen über den »Wundermann« Jesus zur Kenntnis nehmen. Ob die ihm zugeschriebenen Taten jedoch wirklich vollbracht oder von den Autoren der Schriften des Neuen Testaments erfunden wurden, diese Frage läßt sich auch durch noch so geschickte Gedankenakrobatik nicht befriedigend klären.

Man kann an Jesu Wunder glauben oder auch nicht. Ob sie wirklich geschahen, das werden wir nicht klären können. Wir können uns aber fragen, warum Jesus als »Wundermann« beschrieben wurde. Welche Absichten hatten jene frühen Theologen, die die Texte des Neuen Testaments zusammenstellten, als sie Wunderberichte aufnahmen?

Sie wollten eine Umbewertung Jesu vornehmen. Aus dem

diesseitigen Jesus sollte ein nur an jenseitigem Seelenheil interessierter Messias werden, der kein Interesse an den Banalitäten des irdischen Daseins hatte. Der »Revoluzzer« Jesus war schon weitgehend aus den Texten getilgt. Nun sollte das Schwergewicht auf einen überirdisch-weltfremden Heiland gelegt werden.

Das verfälschte Wunder von Kana und die Auferstehung der Toten

Diese Absicht wird besonders in der Beschreibung des Wunders von Kana deutlich. Oder besser gesagt: Das ist klar erkennbar an der Art und Weise, wie der ursprüngliche Text verändert und manipuliert wurde: durch falsches Übersetzen.

Von Kapernaum aus, wo Jesus seinen »Hauptstützpunkt« hatte, durchwanderte er mit seinen Jüngern die fruchtbaren Gefilde um den See Genezareth. Kana, heute Kefar Kana genannt, liegt zwischen Tiberias und Nazareth. Es war von Kapernaum aus bequem zu Fuß zu erreichen. Und in einem Haus dieses kleinen Städtchens soll sich ein Wunder abgespielt haben. Es wird nur im Evangelium nach Johannes beschrieben (Kapitel 2, Verse 1–11): »Und am dritten Tage war eine Hochzeit zu Kana in Galiläa, und die Mutter Jesu war da. Jesus aber und seine Jünger waren auch zur Hochzeit geladen. Und als der Wein ausging, spricht die Mutter Jesu zu ihm: Sie haben keinen Wein mehr. Jesus spricht zu ihr: Was geht's dich an, Frau, was ich tue? Meine Stunde ist noch nicht gekommen.«

Was soll der Hinweis »am dritten Tage« bedeuten? Diese Zeitangabe mutet sinnlos an, da weder im vorausgehenden noch im folgenden Text ein genauerer Zeitrahmen gegeben wird. Vermutlich spielte der Verfasser des Berichts auf den Schöpfungsbericht des Alten Testaments an. Vom dritten Tag der Schöpfung war Gott besonders angetan. Zweimal (1. Buch Mose, Kapitel 1, Verse 10 und 12) heißt es von ebendiesem Tag: »Gott sah, daß es gut war.« Am dritten Tag ließ Gott (wörtliche Übersetzung von Vers 11 durch den Autor) »die Erde sprießen ein Gesproß«. So ist der dritte Tag der Schöpfung der des aufkeimenden Lebens. Deshalb wurden seit Urzeiten im alten Israel an ebendiesem dritten Tag der Woche Hochzeiten gefeiert.

Doch zurück zum Evangelium nach Johannes. Warum reagiert Jesus so ablehnend seiner Mutter gegenüber? Warum verhält er sich ganz und gar nicht als liebender Sohn? Die Antwort: Das scheint nur so. Seine Antwort wurde nämlich von Textbearbeitern und Übersetzern verfälscht. Sie wollten aus dem Jesus, der sich um das leibliche Wohl seiner Mitmenschen in der Gegenwart sorgte, einen anderen Jesus machen. Der »neue«, der »theologische« Jesus empfindet das Problem des ausgegangenen Weins als höchst lästig. Es ist ihm gleichgültig. Für ihn zählt nicht die Gegenwart. Er lebt nur, um dereinst am Kreuz für die Sünden der Menschen zu sterben. Deshalb sagt er in der falschen Übersetzung: »Meine Stunde ist noch nicht gekommen.«

Die Fehlübersetzung erfolgte, als der griechische Text ins Lateinische übertragen wurde. Das griechische »ora« kann übersetzt werden mit »Stunde« oder »Zeit«, wenn über dem O das »Hauchzeichen spiritus asper« steht. Ein »Hauchzeichen spiritus lenis« über dem O verändert jedoch die Bedeutung radikal: Aus »Stunde« oder »Zeit« wird »Sorge« oder »Befürchtung«. Der griechische Originaltext sah nicht »Zeit« oder »Stunde«, sondern »Sorge« oder »Befürchtung« vor. Die korrekte Übersetzung muß also heißen: »Meine Sorge ist nicht gekommen« oder »Ich mache mir keine Sorgen«.

Wir rekonstruieren: »Was geht's dich an, Frau, was ich tue? Ich mache mir keine Sorgen.« So recht wollen die beiden Sätze nicht zusammenpassen. Weshalb? Auch der erste Teil des Zitats ist falsch übersetzt. Da ist nämlich im Original gar keine Frage gestellt worden. Aus einer Feststellung wurde nachträglich eine Frage gestaltet. Im Original freilich steht: »Etwas ist mir, etwas ist dir, Frau. Ich mache mir keine Sorgen.« Ein wenig unserem Sprachempfinden angepaßt, lautet die Übersetzung: »Etwas ist mir, etwas ist dir, Frau, (schon möglich).«

Und schon bekommt die Geschichte vom Wunder zu Kana eine radikal andere Bedeutung: »Jesus macht keine dunkle Andeutung. Er sagt nicht, daß er mit seiner Mutter nichts zu tun habe, weil seine Stunde – die der Kreuzigung – noch nicht gekommen sei. Er schnauzt sie auch nicht unhöflich an. Kehren wir im Geist nach Kana zurück: Jesus ist mit seinen Jüngern auf einer Hochzeitsfeier. Da tritt seine Mutter – ganz besorgte Hausfrau – an ihn heran und teilt ihm mit, daß der Wein ausgegangen sei. Jesus antwortet darauf: »Etwas ist mir, etwas ist dir, Frau, schon möglich. Ich mache mir keine Sorgen.« Oder, noch etwas salopper, aber dem griechischen Original getreu formuliert: »(Der Wein ist alle?) Etwas wird mir oder dir, Mutter, schon einfallen. Ich mache mir keine Sorgen.«

Diese korrigierte Übersetzung fügt sich nahtlos in den Gesamttext ein. Jesu Mutter ist beruhigt. »Seine Mutter spricht zu den Dienern: Was er euch sagt, das tut. Es standen aber dort sechs steinerne Wasserkrüge für die Reinigung nach jüdischer Sitte, und in jeden gingen zwei oder drei Maße.« Jesus läßt sie mit Wasser füllen – und verwandelt es in köstlichen Wein. »Als aber der Speisemeister den Wein kostete, der Wasser gewesen war, und nicht wußte, woher er kam, die Diener wußten's, die das Wasser geschöpft hatten, ruft der Speisemeister den Bräutigam und spricht zu ihm: ›Jedermann gibt zuerst den guten Wein, und wenn sie betrunken werden, den geringeren; du aber hast den guten Wein bis jetzt zurückgehalten.‹ Das ist das erste Zeichen, das Jesus tat, geschehen in Kana in Galiläa, und er offenbarte seine Herrlichkeit. Und seine Jünger glaubten an ihn.«

Woran glaubten seine Jünger? An einen »Wundermann«, der – simsalabim – Wasser in Wein verwandelte? An einen Trickkünstler mit erstaunlichen Fähigkeiten? Sie glaubten an einen Menschen, der dem Diesseits zugewandt war und dem das Wohlergehen im Hier und Jetzt wichtig war, der sie nicht auf eine besserer Zukunft zum Sankt-Nimmerleins-Tag vertröstete. Das ist die zentrale Aussage vom Wunder zu Kana, die freilich – wie Wort für Wort nachgewiesen werden konnte – von theologisch orientierten Übersetzern ins Gegenteil verfälscht wurde.

Versteht man also das Wunder zu Kana richtig, nämlich diesseitsbezogen, dann erhalten weitere Wunder einen ganz anderen Sinn. Sie zeigen Jesus als einen Menschen, dem das leibliche Wohlergehen der Menschen in der Gegenwart am Herzen liegt.

In der Episode »Stillung des Sturmes« (Matthäus, Kapitel 8, Verse 23–27, Markus, Kapitel 4, Verse 35–41, Lukas, Kapitel 8, Verse 22–25) rettet Jesus seine Jünger aus höchst irdischer Gefahr, als ihr Boot zu kentern droht.

In der »Speisung der Fünftausend« (Matthäus, Kapitel 14, Verse 13–21, Markus, Kapitel 6, Verse 32–44, Lukas, Kapitel 9, Verse 10–17, Johannes, Kapitel 6, Verse 1–15) versorgt Jesus eine große Schar von Menschen mit Nahrungsmitteln. Wie viele Menschen gesättigt wurden, darüber machen Lukas und Johannes keine Zahlenangaben, sie sprechen lediglich von »der Menge« (Lukas, Kapitel 9, Vers 11) und von »viel Volk‹ (Johannes, Kapitel 6, Vers 2). Relativ unpräzise ist auch Matthäus (Kapitel 14, Vers 21): »Die aber gegessen hatten, waren etwa fünftausend Mann, ohne Frauen und Kinder.« Präzise 5000 Gesättigte vermeldet Markus (Kapitel 6, Vers 44): »Und die die Brote gegessen hatten, waren fünftausend Mann.«

Jesus hatte so viel Fisch und Brot – auf wundersame Weise – herbeigeschafft, daß – und darin stimmen die vier Evangelisten überein – »zwölf Körbe« mit den Resten gefüllt werden konnten. Jesus ließ die Überbleibsel der Massenspeisung einsammeln, damit nichts umkommen möge.

Wie diesseitsorientiert Jesus war, das belegen auch seine Totenerweckungen. Für spätere Theologen, die sich alle auf Jesus bezogen, war ja das irdische Dasein ein Jammertal, dem es zu entfliehen galt. Glückseligkeit wartete nach ihrer Ansicht erst nach dem Tode, im Jenseits, auf den Menschen. Jesus war da wesentlich auf das Hier und Jetzt gerichtet. Sonst hätte er wohl kaum verstorbene Menschen aus dem angeblich so erstrebenswerten Jenseits in die Welt der Lebenden zurückgeholt.

Lukas beschreibt im Kapiel 7, Verse 11–17; die Geschichte des »Jüngling von Nain«: »Und es begab sich danach, daß er (Jesus) in eine Stadt mit Namen Nain ging; und seine Jünger gingen mit ihm und eine große Menge. Als er aber nahe bei dem

Stadttor kam, siehe, da trug man einen Toten heraus, der der einzige Sohn einer Mutter war, und sie war Witwe; und eine große Menge aus der Stadt ging mit ihr. Und als sie der Herr sah, jammerte sie ihn, und er sprach zu ihr: Weine nicht! Und trat hinzu und berührte den Sarg, und die Träger blieben stehen. Und er sprach: Jüngling, ich sage dir, steh auf! Und der Tote richtete sich auf und fing an zu reden, und Jesus gab ihn seiner Mutter. Und Furcht ergriff sie alle, und sie priesen Gott und sprachen: Es ist ein großer Prophet unter uns aufgestanden, und: Gott hat sein Volk besucht. Und diese Kunde von ihm erscholl in ganz Judäa und im ganzen umliegenden Land.«

Auferweckt wurde auch Lazarus von Jesus, wie bei Johannes nachzulesen ist (Kapitel 11, Verse 1–44). Nach schwerer Krankheit war er gestorben und lag schon vier Tage im Grabe. Als Jesus befahl, man möge den Stein vom Eingang zur Gruft wegrollen lassen, warnte ihn die Schwester des Toten (Johannes, Kapitel 11, Vers 39): »Herr, er stinkt schon.« Jesus holte ihn dennoch ins Leben zurück. Er rief: »Lazarus, komm heraus! Und der Verstorbene kam heraus, gebunden mit Grabtüchern an Füßen und Händen, und sein Gesicht war verhüllt mit einem Schweißtuch. Jesus spricht zu ihnen: Löst die Binden und laßt ihn gehen.«

Mein Wille, dein Wille?

Matthäus hebt deutlich hervor, welche Kraft Jesus das Wunder der Totenauferweckung bewirken läßt.

Im 41. Vers von Kapitel 11 schreibt er: »Jesus aber hob seine Augen auf und sprach: »Vater, ich danke dir, daß du mich allzeit hörst; aber um des Volkes willen, das umhersteht, sage ich's, damit sie glauben, daß du mich gesandt hast.« Dieser Vers verdeutlicht wie kaum ein anderer den Wandel, dem das Jesusbild unterzogen wurde. Der Jesus, der sich in der Anhängerschaft Johannes des Täufers aufhielt, war ein Hoffnungsträger geworden. Man erwartete von ihm, daß er das Volk der Juden aus eigener Kraft von den Römern befreien möge. Matthäus macht daraus einen Wundermann, der nicht aus eigener Kraft, sondern als Werkzeug Gottes handelt.

Wilhelm Kammeier, einer der kritischsten Bibelforscher unseres Jahrhunderts – er starb 1959 in der damaligen DDR – wies in seiner Studie »Die Fälschung der Geschichte des Urchristentums« (Wobbenbüll/Husum 1982) nach, daß es in den »Urschriften« des Neuen Testaments zu dieser Aussage von fundamentaler Bedeutung keine eindeutigen Belege gibt. Er verdeutlichte dies am Beispiel des wohl wichtigsten Gebets der Christenheit. Das »Vaterunser« wird uns in den Evangelien des Neuen Testaments nur von Matthäus (Kapitel 6, Verse 9–13) und Lukas (Kapitel 11, Verse 1–4), nicht jedoch von Markus und Johannes überliefert.

Kammeier weist darauf hin, daß die »Handschriften S, A, C und D« das Vaterunser so wiedergeben, wie wir es auch aus unseren heutigen Bibelausgaben kennen. Nach Matthäus und Lukas befahl Jesus seinen Jüngern, sie sollten wie folgt beten: »Unser Vater im Himmel! Dein Name werde geheiligt, Dein Reich komme. Dein Wille geschehe wie im Himmel so auf Erden. Unser tägliches Brot gib uns heute. Und vergib uns unsere Schuld, wie auch wir vergeben unseren Schuldigern. Und führe uns nicht in Versuchung, sondern erlöse uns von dem Bösen.«

Der Text des Gebets wird in vielen Urschriften, in den sogenannten Kodices, just so wiedergegeben. Ausgerechnet in der ältesten Handschrift aber, im Kodex B, aber auch in altsyrischen Handschriften, gibt es eine bedeutende Abweichung: Da fehlt die Bitte »Dein Wille geschehe!«. Sollte man nun aber nicht die ältesten Handschriften für die echten, am wenigsten verfälschten halten? Wenn jüngere Varianten länger sind, muß man dann nicht davon ausgehen, daß sie ergänzt wurden? Und zwar um die Zeile »Dein Wille geschehe!«. Wenn dieser Satz erst in jüngeren Texten eingefügt wurde, so bedeutet das, daß der historische Jesus manipuliert wurde. Aus dem kraftvollen Jünger Johannes des Täufers wurde ein eher schwacher Handlanger des allmächtigen Gottes. Aus einem Revoluzzer wurde ein »Wundermann«.

XVII. Der Weg nach Golgatha

1543 forderte Luther in seiner Schrift »Von den Juden und ihren Lügen«: »Daß man ihre Synagogen oder Schulen mit Feuer anstecke, und was nicht verbrennen will, mit Erde überhäufe und beschütte, daß kein Mensch einen Stein oder Schlacke davon sehe ewiglich. Und solches soll man tun unserem Herrn und der Christenheit zu Ehren, damit Gott sehe, daß wir Christen seien . . . Daß man auch ihre Häuser desgleichen zerbreche und zerstöre. Denn sie treiben dasselbige drinnen, was sie in ihren Schulen treiben. Dafür mag man sie etwa unter ein Dach oder einen Stall tun, wie Zigeuner . . . Daß man ihnen nehme alle ihre Betbüchlein und Talmudisten. Daß man ihren Rabbinern bei Leib und Leben verbiete, hinfüro zu lehren . . . Daß man ihnen verbiete, bei uns öffentlich Gott zu loben, zu danken, zu beten, zu lehren, bei Verlust Leibes und Lebens.« (Gesamtausgabe Luther, Erlanger Ausgabe, S. 233 ff.)

Beschlossen die Schriftgelehrten Jesu Tod?

Luthers antijüdische Hetztiraden stellen einen unrühmlichen »Höhepunkt« der Kirchengeschichte dar. Antijüdische Tendenzen sind aber schon so alt wie die Schriften des Evangeliums. Es läßt sich nicht bestreiten, daß Jesus und seine Jünger Juden waren. Doch schon die Verfasser der biblischen Evangelien versuchten, Jesus und Judentum zu trennen. Sie taten das, indem sie ihn – im Zusammenhang mit verschiedenen Wunderheilungen – als Brecher des Sabbat-Gebots darstellten.

Im ältesten Evangelium, also in dem nach Markus, lesen wir (Kapitel 8, Verse 22–26): »Und sie (Jesus und seine Jünger) kamen nach Betsaida. Und sie brachten zu ihm einen Blinden und baten ihn, daß er ihn anrühre. Und er nahm den Blinden bei der Hand und führte ihn hinaus vor das Dorf, tat Speichel auf seine Augen, legte seine Hände auf ihn und fragte ihn: Siehst du etwas? Und er sah und sprach: Ich sehe die Menschen, als sähe ich Bäume umhergehen. Danach legte er abermals die Hände auf seine Augen. Da sah er deutlich und wurde wieder zurückgebracht, so daß er alles scharf sehen konnte.«

Im Evangelium nach Johannes wird die Heilung des Blinden ein zweites Mal und viel ausführlicher beschrieben. Doch während Markus den Tag, an welchem sich das Wunder ereignet haben soll, nicht der Erwähnung wert findet, heißt es bei Johannes (Kapitel 9, Vers 14): »Es war aber Sabbat an dem Tage, da Jesus den Brei machte und seine Augen öffnete.« Das erzürnte nach Johannes »etliche der Pharisäer«. Sie sprachen: »Dieser Mensch ist nicht von Gott, weil er den Sabbat nicht hält.« (Vers 16) Jesus hatte ihrer Ansicht nach den Sabbat entweiht, weil er an jenem Tag, an welchem dem Juden keinerlei Arbeit gestattet ist, als Heiler tätig war.

Jesus sollte als Mensch beschrieben werden, der sich über eines der heiligsten Gesetze des Judentums hinwegsetzte. Die jüdischen Schriftgelehrten werden als unmenschliche Unholde geschildert, die eifrig nachzuweisen versuchen, daß Jesus gegen höchstes göttliches Gebot verstoßen habe. Lieber sollten Kranke krank, Lahme lahm und Blinde blind bleiben, dafür dem Gesetz aber Genüge getan werden.

Die Schriftgelehrten begnügten sich freilich nach Matthäus, Markus und Lukas nicht damit, Jesus bei feiertäglichem Frevel zu ertappen. Sie stellten ihm bewußt eine Falle. Sie waren fest dazu entschlossen, ihn vor Gericht zu stellen. Da mußte sich doch ein Anlaß herbeiführen lassen.

Im Evangelium nach Matthäus lesen wir in Kapitel 12, Vers 9: »Und er ging von dort weiter und kam in ihre Synagoge. Und siehe, da war ein Mensch, der hatte eine verdorrte Hand. Und sie (die Schriftgelehrten) fragten ihn und sprachen: Ist's erlaubt, am Sabbat zu heilen?, damit sie ihn verklagen könnten.« Die Falle war offensichtlich: Die Pharisäer hofften, Jesus würde bekunden, daß es erlaubt sei, am Sabbat Heilungen vorzunehmen – was ihrer Ansicht nach verboten war. Jesus antwortete (Matthäus, Kapitel 12, Vers 11): »Wer ist unter euch, der sein einziges Schaf, wenn es ihm am Sabbat in eine Grube fällt, nicht ergreift und ihm heraushilft? Wieviel mehr ist nun ein Mensch als ein Schaf! Darum darf man am Sabbat Gutes tun.« Nach Markus antwortete Jesus auf die gleiche Frage (Kapitel 3, Vers 4): »Soll man am Sabbat Gutes tun oder Böses tun? Leben erhalten oder töten?«

Peinlich betreten schwiegen die Schriftgelehrten, rieben sich aber zufrieden die Hände. In ihren Augen war nun Jesus als Gotteslästerer überführt. Er mußte sterben. So nahm nach Matthäus, Markus und Lukas das Schicksal seinen Lauf: Jesu Tod war beschlossene Sache. Und: eindeutig erfolgt schon jetzt die klare Schuldzuweisung. Es waren die jüdischen Schriftgelehrten, die den Prozeß gegen Jesus einleiteten.

Historisch ist der Sachverhalt freilich nicht – weder im Detail noch im Grundsätzlichen. Sarkastisch-salopp, aber höchst zutreffend schreibt hierzu Frau Dr. Salcia Landmann (Jesus starb nicht in Kaschmir, München 1996, S. 104): »Daß die Schriftgelehrten in ihren Hörsälen in Jerusalem dozierten und so wenig im Lande hinter Wundertätern herrasten, wie heutige Professoren, und daß sie von Jesus mit Sicherheit nie auch nur eine Ahnung hatten, sagten wir schon. Speziell diese Szenen (Wunderheilungen am Sabbat) sind aber besonders läppisch erfunden. Denn Jesus heilte die Kranken und Verrückten ja nicht durch Kneippkuren und Kräuterpackungen. Wäre dies seine Methode gewesen, dann hätten sie ihm mit Recht vorwerfen können, warum er mit der Heilprozedur nicht am Sonntagmorgen beginne.«

Heilungen am Sabbat waren eindeutig erlaubt. Ja, mehr noch: Das von Jesus praktizierte Handauflegen war sogar uralter frommer jüdischer Brauch. Strenggläubige Familienväter segneten stets am Sabbat alle Familienmitglieder, junge wie alte, und sprachen dabei ein Wort aus den Texten des Alten Testaments. Dr. Landmann meint: »Diese Szenen sind also eindeutig frei und zur Hetze gegen die Juden erfunden.«

Kehren wir zu den Evangelisten zurück. Nach Matthäus und Lukas hielten sie Rat und besprachen miteinander, wie Jesus zu töten sei. Bei Markus (Kapitel 3, Vers 6) wandten sie sich an »Anhänger des Herodes«. Die Römer freilich dürften für das Gezänk irgendwelcher Juden keinerlei Interesse gehabt haben. Ein Mann aus dem Volk der Juden, selbst wenn er gegen eines ihrer Gebote verstoßen hätte, was ja gar nicht der Fall war, wäre von den Römern nicht strafrechtlich verfolgt worden. Entsprechende Anschuldigungen hätten selbst untergeordnete römische Beamte als überflüssige Belästigung empfunden.

Jesus und die Ehebrecherin: rührend, aber frei erfunden

Auf dem Weg nach Jerusalem erlebten Jesus und seine Jünger, wie eine »Ehebrecherin« wegen ihres »sündigen Verhaltens« zu Tode gesteinigt werden sollte.

In der Tat war nach dem mosaischen Gesetz des Alten Testaments Ehebruch mit der Todesstrafe belegt. Gründlich, wie Moses nun einmal war, beschrieb er genau, geradezu als pedantischer Jurist, was unter Ehebruch zu verstehen sei: Geschlechtsverkehr eines Mannes mit einer Frau, die mit einem anderen verlobt oder verheiratet ist. Als »Ehebruch« galt aber auch, wenn die Frau gegen ihren Willen zum Intimverkehr gezwungen, also vergewaltigt wurde. Dazu heißt es im 5. Buch Mose (Kapitel 22, Verse 23 und 24): »Wenn eine Jungfrau verlobt ist und ein Mann trifft sie innerhalb der Stadt und wohnt ihr bei, so sollt ihr sie beide steinigen, daß sie sterben, die Jungfrau, weil sie nicht geschrien hat, obwohl sie doch in der Stadt war, den Mann, weil er seines Nächsten Braut geschändet hat; so sollst du das Böse aus deiner Mitte wegtun.«

Mit dem Leben kam eine Frau vor dem Gesetz als Vergewaltigungsopfer nur dann davon, wenn die Untat »auf freiem Felde« geschah (5. Buch Mose, Kapitel 22, Verse 25–27) und wenn das »Mädchen schrie, und niemand war da, der ihr half«. Dann wurde nur der Mann gesteinigt. Auf die Hinrichtung des Vergewaltigers wurde verzichtet, wenn sein Opfer weder verlobt noch verheiratet war. Dann mußte der Unhold »ihrem Vater fünfzig Silberstücke geben«, sein Opfer heiraten und durfte sie »nicht entlassen sein Leben lang« (5. Buch Mose, Kapitel 22, Vers 29).

Ehebruch wurde also zu Zeiten des Alten Testaments als eine Art »Übergriff auf fremdes Eigentum« gesehen. Eine Verlobte oder die Ehefrau war fremdes Eigentum, das nicht angetastet werden durfte. Sie galt nicht als menschliches Wesen, dem eventuell Unrecht zugefügt worden war. Sie gehörte ihrem Verlobten, Mann oder Vater. Gewöhnlich wurde das Urteil im Schnellverfahren vollstreckt. Ehebrecher – in der Regel ging man gegen die Frau vor, während der Mann ungeschoren davonkam, wurden, hatte man sie auf frischer Tat ertappt, vor die Stadt gezerrt und zu Tode gesteinigt. So war das zu Zeiten Moses, viele Jahrhunderte vor Jesu Geburt, üblich. Zu Zeiten Jesu freilich war die Todesstrafe für Ehebruch längst abgeschafft. Selbst wenn man unterstellt, daß vielleicht in abgelegenen Gefilden auf dem Lande noch vereinzelt Ehebrecherinnen gesteinigt wurden, in Jerusalem hätte man direkt unter den Augen der Römer derlei Selbstjustiz nicht gewagt.

Die Episode von Jesus und der Ehebrecherin ist, mag sie Jesus aus heutiger Sicht auch in noch so positivem Licht erstrahlen lassen, frei erfunden. Was aber war der Zweck des fiktiven Einschubs? Die Absichten der Autoren des Neuen Testaments sind leicht zu durchschauen. Motiv Nr. 1: Jesus wird im Text von den Schriftgelehrten provoziert. Sie haben seinen Tod beschlossen, hat er doch schon in der verfälschten Darstellung des Neuen Testaments gegen das Sabbatgebot der »Feiertagsruhe« verstoßen. Nun halten sie ihm vor, daß solch eine üble Ehebrecherin nach dem Gesetz Mose zu steinigen sei. Würde sich Jesus gegen das strikte religiöse Gesetz Mose stellen? »Das sagten sie aber, ihn zu versuchen, damit sie ihn verklagen könnten«, heißt es bei Johannes (Kapitel 7, Vers 6). Jesus rettet die Frau: »Wer unter euch ohne Sünde ist, der werfe den ersten Stein auf sie.« Beschämt ziehen die Möchtegern-Steiniger von dannen. Die Schriftgelehrten hatten ihre Absicht erreicht: Jesus hatte sich gegen das Gesetz gestellt und konnte nun als Gesetzesübertreter angeklagt werden. Das besagt der Text nach Johannes. Motiv Nr. 2: Der Text stellt eine definitiv falsche Behauptung auf, nämlich daß die Schriftgelehrten das Recht hatten, Menschen hinrichten zu lassen, die gegen heilige Gebote verstoßen hatten. Die historisch eindeutig falsche Argumentationskette des Textes nach Johannes besagt: Die Schriftgelehrten durften die Gesetzesübertreterin »Ehebrecherin« steinigen lassen. Schlußfolgerung: Dann durften sie auch den Gesetzesübertreter Jesus töten lassen.

Die Wirklichkeit sah aber ganz anders aus: Die Todesstrafe für Ehebruch war zu Zeiten Jesu längst abgeschafft. Palästina war der römischen Gerichtsbarkeit unterworfen. Die Steinigung einer »Sünderin« wäre von den Römern als Mord geahndet worden. Und ein Mann, der in religiös-moralischen Fragen anderer Ansicht war als die Schriftgelehrten, wäre von den Römern mit Sicherheit gar nicht erst angeklagt, geschweige denn hingerichtet worden.

Jesus und der Tumult im Tempel

Zu den kuriosesten Texten des Neuen Testaments gehört die Beschreibung von Jesu Einzug in Jerusalem. Bei Matthäus lesen wir im 21. Kapitel (Verse 1–9): »Als sie nun in die Nähe von Jerusalem kamen, nach Betfage an den Ölberg, sandte Jesus zwei Jünger voraus und sprach zu ihnen: Geht in das Dorf, das vor euch liegt, und gleich werdet ihr eine Eselin angebunden finden und ein Füllen bei ihr; bindet sie los und führet sie zu mir! Und wenn euch jemand etwas sagen wird, so sprecht: Der Herr bedarf ihrer. Sogleich wird er sie euch überlassen.«

Betfage oder Bethfage war kein Dorf im eigentlichen Sinne, sondern ein Zollposten von Jerusalem. Der Name läßt sich mit »Haus des Bezirks« übersetzen. Warum befahl Jesus zweien seiner Jünger, gleich zwei Esel für den Einzug in Jerusalem zu requirieren? Die Wegstrecke, die noch zurückgelegt werden mußte, war nämlich sehr kurz, kaum drei Kilometer, und hätte also bequem zu Fuß gemacht werden können.

Jesu Wunsch wird wie folgt begründet: »Das geschah aber, damit erfüllt würde, was gesagt ist durch den Propheten, der da spricht: ›Sagt der Tochter Zion: Siehe, dein König kommt zu dir sanftmütig und reitet auf einem Esel und auf einem Füllen, dem Jungen eines Lasttiers.«

Gehorsam führten die beiden Jünger den Befehl aus. Sie

schafften die beiden Esel herbei. Aus ihren Mänteln knoteten sie eine Art Behelfssattel zusammen – und Jesus vollbrachte so etwas wie ein kurioses Wunder. Er ritt auf beiden Tieren gleichzeitig in die Stadt. Ein geradezu komisches Bild entsteht vor unserem geistigen Auge: Jesus auf zwei Eseln gleichzeitig reitend – wahrlich ein zirkusreifer Akt. Wir dürfen uns aber nicht von der tieferen Bedeutung des Textes ablenken lassen. Es ging Jesus keineswegs um ein bequemes Transportmittel. Vielmehr verhielt es sich genau so, wie es verschiedene Schriften des Alten Testaments von einem künftigen Messias erwarteten. Unklar ist allerdings, an welche Texte des Alten Testaments er dabei dachte. Mehrere kommen in Frage. So heißt es bereits im 1. Buch Mose, Kapitel 49, Vers 11: »Er wird seinen Esel an den Weinstock binden und seiner Eselin Füllen an die edle Rebe.«

Theologen des Fachbereichs Neues Testament zitieren gern diesen Vers mit dem Hinweis, damit habe der alte Moses keinen anderen als Jesus gemeint. Sie verschweigen aber geflissentlich Vers 12, der ganz und gar nicht zu ihrem Jesusbild paßt: »Seine Augen sind dunkel von Wein.« Wenn damit ein Erlöser gemeint sein sollte, ein asketischer Frömmler wurde nicht prophezeit, sondern ein Mensch, der den irdischen Genüssen höchst zugetan sein werde. Wie anders kann der Hinweis »Seine Augen sind dunkel von Wein« gedeutet werden? Und wie das Wunder von Kana belegt, gehörte für Jesus Wein zum Alltagsleben.

Matthäus selbst zitiert aus den Schriften des Propheten Sacharja (Kapitel 9, Vers 9): »Du, Tochter Zion, freue dich sehr, und du, Tochter Jerusalem, jauchze! Siehe, dein König kommt zu dir, ein Gerechter und ein Helfer, arm und reitet auf einem Esel und auf einem Füllen der Eselin.«

Faßt man diese Aussagen zusammen, so ergibt sich ein sehr scharf umrissenes Bild, das sehr wohl Jesus auf sich selbst bezogen haben kann. Man mag darüber streiten, ob die Verfasser der zitierten Schriften aus dem Alten Testament wirklich Jesus im Auge hatten. Das ist eher unwahrscheinlich und letztlich ohne Bedeutung. Wichtig ist nur, daß Jesus aber die Texte sehr wohl auf sich bezogen haben kann. Warum? Einerseits wird der Retter als ein »Gerechter und Helfer, arm« beschrieben – das paßt genau auf die Erwartungen der Menschen aus dem Umkreis der Essener, die ja Besitzlosigkeit predigten und ebenfalls auf einen Gerechten hofften. Andererseits dürfen wir nicht vergessen: Jesus stammte zwar aus dem Umfeld der Essener, hatte aber ihrer asketischen Lebensweise den Rücken gekehrt, was ihm den Vorwurf eines Fressers und Weinsäufers einbrachte. Die Bibeltexte passen also auf Jesus mehr als auf jeden Bruder aus dem Essenerorden.

Sah sich also Jesus als den »Gerechten und Helfer«, als den Mann mit Augen »dunkel vom Wein«? Wenn er die Texte des Alten Testaments auf sich bezog, dann wird deutlich, wie der historische, der »Ur-Jesus«, seine Mission verstand. Wir müssen nur den Vers aus dem 1. Buch Mose (Kapitel 49, Vers 11) im Zusammenhang lesen: Schon wird klar, daß da nicht auf einen religiösen Neuerer, sondern auf einen neuen irdischen Machthaber gehofft wurde (Verse 8 und 10): »Dich werden deine Brüder preisen. Deine Hand wird deinen Feinden auf dem Nacken sein. Es wird das Zepter von Juda nicht weichen noch der Stab des Herrschers von seinen Füßen, bis daß der Held komme, und ihm werden die Völker anhangen.«

Auf diesen politischen Erlöser hoffte man in Jerusalem. Und man meinte in Jesus den politischen Befreier zu erkennen, der sich durch seinen »Eselsritt« auf die Schriften des Alten Testaments berufend als eben dieser Messias zu erkennen gab. So nimmt es nicht wunder, daß Jesus begeistert empfangen wurde. Matthäus, Markus, Lukas und Johannes beschreiben übereinstimmend den Jubel, der ausbrach, als Jesus in Jerusalem einritt. Bei Matthäus lesen wir (Kapitel 21, Verse 8 und 9): »Aber eine sehr große Menge breitete ihre Kleider auf den Weg, andere hieben Zweige von den Bäumen und streuten sie auf den Weg. Die Menge aber, die ihm voranging und nachfolgte, schrie: Hosianna dem Sohne Davids! Gelobt sei, der da kommt im Namen des Herrn! Hosianna in der Höhe!« Bei Johannes heißt es (Kapitel 12, Vers 13): »Sie nahmen Palmzweige und gingen hinaus ihm entgegen und riefen: Hosianna! Gelobt sei, der da kommt im Namen des Herrn, der König von Israel!«

So wie Moses, der erste große Erlöser und Befreier, seine Frau und seine Söhne auf einem Esel reiten ließ (siehe 2. Buch Mose, Kapitel 4, Vers 20), so erschien nun der neue Erlöser, von dem man erhoffte, daß er die Römerherrschaft beenden werde.

Den Römern mußte ein bejubelter »König von Israel aus dem Hause Davids« mehr als suspekt sein. Er stellte als potentieller Aufwiegler, als politischer Revoluzzer eine konkrete Gefahr dar, die beseitigt werden mußte. Gegen diesen Jesus mußte eingeschritten werden. Er mußte – aus römischer Sicht – unschädlich gemacht werden, bevor er zur ernsten Gefahr werden konnte. Die Römer wollten ihre allgegenwärtige Macht demonstrieren. Als Aufständischer wurde hingerichtet, wer an den realen Machtverhältnissen etwas ändern wollte. Ein Jude hingegen, der angeblich gegen das Sabbatgebot verstoßen hatte, wäre ihnen höchst gleichgültig gewesen. Kein Römer hätte sich die Mühe gemacht, einen entsprechenden Vorwurf auch nur zu überprüfen, geschweige denn gar mit der Todesstrafe zu ahnden.

Jesu begeisterter Empfang in Jerusalem entging den Römern keineswegs. In den sogenannten Pilatusakten (»Acta Pilati«), die zu den ältesten Quellen mit Hinweisen auf Jesu Wirken gehören und die spätestens aus dem 2. Jahrhundert n. Chr. stammen, vermeldet ein »römischer Bote«: »Herr Statthalter, als du mich nach Jerusalem schicktest, sah ich ihn (Jesus) auf einem Esel sitzen, und die Kinder der Hebräer hielten Zweige in ihren Händen und schrien; andere aber breiteten ihre Gewänder vor ihm aus, wobei sie ausriefen: Rette doch, der du weilst in der Höhe! Gesegnet sei, der da kommt im Namen des Herrn!« Pilatus erkundigte sich, was genau die Menschen beim Einzug Jesu in Jerusalem gerufen hätten. Er ließ sich die Worte nennen und übersetzen. Was die Historizität des Ereignisses wenn schon nicht belegt, so doch zumindest nahelegt, das ist ein wichtiges Detail: Der Läufer hat die Worte, die da von der Volksmenge geschrien wurde, sprachlich falsch, aber phonetisch richtig wiedergegeben. Sie wurden in der Pilatusakte dem Klang nach festgehalten, lassen sich aber eindeutig übersetzen – als »Rette doch, der du weilst in der Höhe! Gesegnet sei, der da kommt im Namen des Herrn!« Pilatus muß sofort klar gewesen sein, was die tosende Menschenmenge von Jesus erwartete: die Errettung aus der römischen Knechtschaft.

Jesus wählte für seinen Auftritt in Jerusalem mit Bedacht einen bedeutungsvollen Termin. Man muß fast den Eindruck gewinnen, daß er die Römer bewußt provozieren wollte. Er wählte einen Zeitpunkt, der für die gläubigen Juden deutlich machte, an welche urbiblische Tradition er anknüpfen wollte: das Sukkot oder Laubhüttenfest. Er sah sich als zweiten Moses, als zweiten Befreier Isaels. Und so zog er in Jerusalem ein, als der großen Befreiungstat des ersten Moses gedacht wurde. Moses selbst hatte im Auftrag Jahwes angeordnet (3. Buch Mose, Kapitel 23, Verse 42 und 43): »Sieben Tage sollt ihr (Kinder Israel) in Laubhütten wohnen. Wer einheimisch ist in Israel, soll in Laubhütten wohnen, daß eure Nachkommen wissen, wie ich die Kinder Israel habe in Hütten wohnen lassen, als ich sie aus Ägyptenland führte.«

Das bedeutendste Symbol von Sukkot ist die sogenannte sukka, eine Laubhütte, die die behelfsmäßigen Unterkünfte der Kinder Israels während der Flucht aus der ägyptischen Sklaverei darstellen soll. Zum Sukkot-Fest schwenken die frommeren Juden – heute wie schon zu Zeiten Jesu – singend und frohlockend Palmwedel. Genau das taten auch die Juden, als Jesus in Jerusalem einzog. Wie bei Moses (3. Buch Mose, Kapitel 23, Vers 40) vorgeschrieben, war die Stadt festlich geschmückt worden: »Ihr sollt am ersten Tage (des Festes) Früchte nehmen von schönen Bäumen, Palmwedel und Zweige von Laubbäumen (Myrtenzweige) und Bachweiden und sieben Tage fröhlich sein vor dem Herrn, eurem Gott!«

Jesus konnte sicher sein, daß er Aufsehen erregen würde. Wußte er doch, daß »alle Männer« zu jenem Fest nach den Anordnungen Mose (2. Buch Mose, Kapiptel 23, Vers 17) nach Jerusalem pilgern würden. Und er konnte sicher sein, daß sie wußten, was Jesu Einzug zum Sukkot-Fest bedeutete: Jesus stellte sich als zweiten Moses dar, der das Volk der Juden ein zweites Mal befreien würde – bei seinem Vorgänger Moses waren es die Ägypter, jetzt waren es die Römer, deren Herrschaft beendet werden sollte. Wurde aber Jesus diesen Erwartungen, die er geweckt hatte, gerecht?

Als Jesus und seine Jünger auf den Tempel von Jerusalem zu gehen – sie sehen das Gebäude schon aus einiger Distanz –, da kommt noch einmal der revolutionäre Jesus zum Vorschein. Zumindest können wir deutliche Hinweise auf den Ur-Jesus erahnen. Bewundernd betrachten Jesu Jünger das imposante Bauwerk, das mächtige Gebäude macht großen Eindruck auf sie (Markus, Kapitel 13, Verse 1–2, Matthäus, Kapitel 24, Verse 1–2, Lukas, Kapitel 21, Verse 5–6). Es scheint für die Ewigkeit gebaut worden zu sein. Einer der Jünger – wer es ist, wird nicht überliefert – ruft aus: »Meister, siehe, was für Steine und was für Bauten!« Jesus erwidert: »Siehst du diese großen Bauten? Nicht ein Stein wird auf dem anderen bleiben, der nicht zerbrochen werde.« Spielt er damit auf ein »neues Reich« an, das er im Heiligen Land errichten will? Oder hatte er eine klare Zukunftsvision, die sich 70 n. Chr. verwirklichen sollte, als die Römer den Tempel von Jerusalem zerstörten?

Jesu Jünger Petrus, Jakobus, Johannes und Andreas wollen wissen, wann sich denn die angekündigten dramatischen Ereignisse abspielen würden (Markus, Kapitel 13, Verse 3–4, Matthäus, Kapitel 24, Vers 3, Lukas, Kapitel 21, Verse 5–7): »Sage uns, wann wird das geschehen? Und was wird das Zeichen sein, wann das alles soll vollendet werden?« Jesu Antwort lautet: »Sehet zu, daß euch nicht jemand verführe! Es werden viele kommen unter meinem Namen und sagen: Ich bin's, und werden viele verführen. Wenn ihr aber hören werdet von Kriegen und Kriegsgeschrei, so fürchtet euch nicht. Es muß so geschehen. Aber das Ende ist noch nicht da. Denn es wird sich erheben ein Volk wider das andere und ein Königreich wider das andere. Und es werden Erdbeben geschehen hin und her.«

Kein Zweifel: Jesus erwartete den »Weltuntergang«, ein neues Weltreich auf Erden – und viele Menschen, die ihm folgten, hofften darauf, daß der Umsturz unmittelbar bevorstehe und das Ende der als schmachvoll empfundenen Römerherrschaft eingeleitet werde. Davon war auch der Autor des nach Matthäus benannten Evangeliums überzeugt. Behauptet er doch, daß das von Jesus selbst angekündigte Zeichen für den gewaltsamen Umsturz bei Jesu Einzug in Jerusalem Angst und Schrecken verursachte. Da heißt es (Kapitel 21, Vers 10), wenn man den Text wörtlich übersetzt: »Als er (Jesus) in Jerusalem einzog, wurde die Stadt von einem Beben erschüttert.« Die Bibelübersetzer indes vertagten den Anfang vom Ende auf den Sankt-Nimmerleins-Tag und ließen den Hinweis auf das Erdbeben von Jerusalem klammheimlich verschwinden: »Als er in Jerusalem einzog, geriet die ganze Stadt in Aufregung.«

Jesus im Tempel

18. v. Chr. hatte Herodes der Große mit dem Neuaufbau des Jerusalemer Tempels begonnen. Zur Zeit Jesu waren die Baumaßnahmen noch nicht abgeschlossen. Trotzdem war er auch als Bauruine ein imposantes Monument. Er lag auf dem Berg Moria im Osten der Stadt und war schon von weitem zu sehen. Der Tempel bestand aus drei übereinanderliegenden Terrassen. Das Hauptheiligtum selbst, mit leuchtendem weißem Marmor verkleidet, erhob sich auf der obersten Terrasse. Im Zentrum dieses Heiligtums stand der Räucheraltar. Hier wurden auch der goldene Tisch für die Schaubrote und der siebenarmige Leuchter aufbewahrt. Das Allerheiligste selbst durfte nur vom jeweils amtierenden Hohenpriester am Jom-Kippur-Feiertag betreten werden. Der Vorhof um das zentrale Heiligtum wiederum, der durch hohes Mauerwerk vom übrigen Tempel getrennt war, war nur den Priestern vorbehalten. Direkt an diesen Vorhof grenzte ein Raum, der allen Gläubigen offenstand.

Den Frauen vorbehalten war »hazarat naschim«, der Vorhof der Frauen. Besonders groß war die unterste Stufe, der Vorhof der Heiden. Allgemein zugänglich waren auch die »Säulen des Salomo«. Hier tummelte sich, speziell vor den großen Feiertagen, ein buntes Völkergemisch, hier versammelten sich Juden wie Heiden. Hier wurde reger Handel getrieben, und verkauft wurden Tiere, die zur Opferung vorgesehen waren, also Schafe und Tauben, aber auch Weihrauch und Öl. Es wurden aber vermutlich auch Souvenirs verkauft und Nahrungsmittel. Da das Moses-Gesetz verbot, sich »ein Bildnis zu machen«, lehnten es die Priester ab, Münzen mit dem Bild des Cäsars entgegenzunehmen, wenn etwa Gläubige Opfertiere kaufen wollten. Geschäftstüchtige »Banker« wurden aktiv, die die gängige Währung gegen eine spezielle bildlose Tempelwährung umtauschten.

Was auch immer im Tempel geschah, wurde von römischen Truppen sorgsam observiert. Direkt an der nördlichen Ecke des sakralen Bauwerks schloß sich das Hauptquartier der römischen Militärs an, die Festung Antonia. Unter den Augen der wachsamen Römer schritt Jesus zur Tat. Er machte seiner Wut über das Treiben im »Haus des Herrn« Luft. Mit einer »Geißel aus Stricken« (Johannes, Kapitel 2, Vers 15) vertrieb er Händler und Kunden, stieß die Tische und Bänke der Geldwechsler um und tobte: »Traget das von dannen und machet nicht meines Vaters Haus zum Kaufhause!« Jesus verwies, schriftbelesen, wie er war, auf Jesaja (Kapitel 56, Vers 7): »Steht nicht geschrieben: Mein Haus soll heißen ein Bethaus allen Völkern? Ihr aber habt eine Räuberhöhle daraus gemacht.« Zweifelsohne spielte Jesus damit auch auf ein Wort des Propheten Jeremia an (Kapitel 7, Vers 10): »Und dann kommt ihr und tretet vor mich in diesem Hause, das nach meinem Namen genannt ist, und sprecht: Wir sind geborgen und tut weiter solche Greuel.«

Jesu »Tempelreinigung« läßt – wieder einmal – seine Nähe zu den Essenern erkennen, die sich auch deshalb in die Wüste zurückgezogen hatten, weil ihrer Ansicht nach der Tempelkult von einst verkommen, die hohe Priesterschaft abhängig von den Römern geworden war. Jesu alles andere als sanfter Angriff richtete sich gegen die hohe Priesterschaft und damit auch gegen die Römer. War doch die Priesterkaste letztlich so etwas wie der »verlängerte Arm« der römischen Besatzer.

Je intensiver wir uns mit den Texten des Neuen Testaments auseinandersetzen, desto mehr Fragen tauchen auf. Etwa: Wenn Jesus so im Tempel wütete, wieso wurde er nicht sofort von den Römern verhaftet? Wir sind auf Spekulationen angewiesen. Vermutlich dauerte die »Aktion« nicht lange. Jesus dürfte überraschend im Tempel erschienen und ebensoschnell wieder in der Menge verschwunden sein, noch bevor die Römer seiner habhaft werden konnten. Seine Tempelreinigung aber hat mit Sicherheit bei den Römern die Absicht verstärkt, diesen Jesus endlich vor ein ordentliches – sprich römisches – Gericht zu stellen und abzuurteilen.

Wie oft mag Jesus als zorniger Prediger in Jerusalem aufgetaucht sein? Wir wissen es nicht. Die Schriften des Neuen Testaments verraten uns nichts über dieses Geheimnis. Fest steht aber, daß es mehrere, vermutlich jeweils sehr kurze Besuche gegeben haben muß. Dabei hatte Jesus stets Angst davor, römischen Schergen in die Hände zu fallen. Fürchtete er um sein Leben? Oder wollte er es nur vermeiden, vor Vollendung seiner Mission verhaftet zu werden? Und wie sah seine Mission aus?

Folgt man den Evangelien, dann war Jesus mindestens zweimal in Jerusalem. Der erste Besuch fand während des Laubhüttenfestes, also Ende September/Anfang Oktober statt. Jesus wurde begeistert als Erretter von den römischen Besatzern gefeiert. Die Beschreibungen von den Feierlichkeiten, die wir in den Evangelien nach Markus (Kapitel 11, Verse 8–11), nach Matthäus (Kapitel 21, Verse 8–11), nach Lukas (Kapitel 19, Verse 36–44) und nach Johannes (Kapitel 12, Verse 12–16) finden, lassen daran keinen Zweifel aufkommen. Der zweite Besuch indes, bei dem es zur »Tempelreinigung« kam, fand etwa ein halbes Jahr später statt – zum Pessachfest, woraus sich das christliche Ostern entwickelte. Beide Feste waren ideale Zeitpunkte, um sich als Erlöser, als Befreier von den Römern darzustellen. Entstanden doch die Feste nach jüdischer Tradition zur Erinnerung an das Ende der ägyptischen Knechtschaft. In welchen Jahren der historische Jesus in Jerusalem war, darauf gibt es einen indirekten Hinweis.

Als Jesus von der Zerstörung des Tempels in Jerusalem sprach, hielt man ihm – so steht es im Evangelium nach Johannes (Kapitel 2, Vers 20) – entgegen: »Dieser Tempel ist in sechsundvierzig Jahren erbaut worden.« Daraus könnte man eine konkrete Jahresangabe ableiten: Der Neubau war von Herodes

18 v. Chr. begonnen worden. Fand einer von Jesu Besuchen dann 46 Jahre später, also im Jahre 28 des Herrn statt?

Die christliche Tradition verlegte beide Auftritte Jesu zeitlich und läßt sie unmittelbar aufeinanderfolgen, was eindeutig falsch ist. So wird noch heute Jesu erster Einzug in Jerusalem eine Woche vor Ostern, am Palmsonntag, zelebriert. Diese Annahme ist unsinnig. Das geht eindeutig aus den Evangelien nach Markus (Kapitel 11, Verse 12–14) und nach Matthäus (Kapitel 21, Verse 18 und 19) hervor. Jesus, so wird da übereinstimmend berichtet, wollte, hungrig vom Wandern auf staubiger Landstraße, einige Feigen verzehren. Der Baum war aber abgeerntet. Das muß etwa Mitte September/Anfang Oktober gewesen sein. Theologische »Forscher« verlegen die Episode in den März/April. Zu dieser Zeit hätte Jesus aber nicht im Traum daran gedacht, er könnte Feigen verzehren. Im Frühjahr hätte er allenfalls junge Knospen an den Bäumen gefunden.

Warum die zeitlich etwa ein halbes Jahr auseinanderliegenden Ereignisse zu einem verschmolzen wurden, darüber kann nur spekuliert werden. Es liegt eine Vermutung nahe: Der irdische Jesus als Befreier von den Römern paßte den frühen Theologen nicht ins Konzept von einem nur für das Jenseits zuständigen Heiland. Einerseits hätten sie am liebsten die entsprechenden Texte ganz verschwinden lassen. Andererseits wagten sie es nicht, die Erinnerungen an Jesus in Jerusalem ganz auszutilgen und die überlieferten Zeugnisse zu mißachten. Also machten sie aus zwei Auftritten im Herbst und im Frühjahr einen. Sie spielten so Ereignisse, die für die Juden der damaligen Zeit von großer Bedeutung waren, herunter. In den Schriften des Neuen Testaments sollten nun einmal so wenig Hinweise wie möglich auf den Ur-Jesus zu finden sein, der von seinen Anhängern als der Mann verehrt wurde, von dem man das Ende der Römerherrschaft erwartete.

Spätestens in diesem Zusammenhang drängt sich eine wichtige, vielleicht die zentrale Frage zum historischen Jesus auf. Traute er es sich zu, diese Erwartungen zu erfüllen? Hielt er es überhaupt für möglich, daß ein einzelner Mensch das Heilige Land vom Joch der Römer würde befreien können? Oder kam er im Verlauf seines Lebens zu der Schlußfolgerung, daß er als Märtyrer mehr bewirken würde als als Lebender? Plante er seinen eigenen Tod, an dem die verhaßten Römer schuld sein würden? Hoffte er, daß sich dann das Volk gegen die Fremdherrschaft erheben würde?

Judas hat Jesus nicht verraten!

Jahrtausende vor Jesus zogen die Urahnen der späteren Bewohner des Heiligen Landes als nomadische Hirten durch die Wüste. Die Zeit des Winters war für sie oft von Hunger und Not gekennzeichnet. So ist es nur zu verständlich, daß sie die Ankunft des Frühlings begeistert begrüßten. Sie feierten das Chag Ha-Pessach-Fest und opferten ihrem jeweiligen Stammesgott ein Tier. Ähnlich bedeutsam war ein zweites Fest: Chag Ha-Mazzot. Es wurde zu Beginn der Ernte zelebriert. Beide Feste waren uralt und wurden zu einem einzigen Fest zusammengezogen. Sie, deren Ursprung sich im Dunkel vorgeschichtlicher Vergangenheit verliert, wurden auf ein konkretes historisches Ereignis bezogen.

Als das Volk Israel noch in ägyptischer Gefangenschaft darbte, sandte Gott zehn Plagen, um den Pharao zu zwingen, sein Volk ziehen zu lassen. Der zehnten Plage, der wohl grausamsten, sollte jeder Erstgeborene einer ägyptischen Familie zum Opfer fallen. Die Familien der Kinder Israels jedoch sollten verschont werden: An ihren Hütten, die mit dem Blut der Opfertiere markiert waren, ging der strafende Gott vorüber. Pessach heißt im Hebräischen »vorübergehen«. So wurde aus dem bäuerlichen Chag Ha-Pessach eine Feier zur Erinnerung an die Befreiung aus der ägyptischen Sklaverei.

Schließlich ließ der Pharao die Kinder Israels ziehen. Sie mußten überstürzt fliehen, konnten ihr Brot nicht zu Ende backen und mußten den rohen Teig, noch ehe er »durchsäuert war« (2. Buch Mose, Kapitel 12, Vers 34), mitnehmen. So wurde auch aus dem uralten Frühlingsfest eine Feier zur Erinnerung an die Flucht aus Ägypten.

Aus zwei Festen mit uralter Tradition wurde das Pessachfest. Es erfreute sich zur Zeit Jesu ganz besonderer Beliebtheit. Der Grund ist klar: Man wähnte sich in einer ähnlichen Situation wie zu Zeiten Moses – in römischer Knechtschaft.

Das Pessach-Mahl wurde schon zu Jesu Zeiten so gefeiert: Die angesehenste, meist war es die älteste Person, eröffnete das Mahl mit einem feierlichen Weihegebet. Es wurde ein Becher mit Wein gefüllt, begleitet von den Worten »Gebenedeit sei der Herr, der die Frucht des Weinstocks erschaffen hat«. Nun tranken alle Männer in feierlicher Stille vom Wein. Ebenso still und demütig trugen derweil Frauen und Dienerschaft das Essen auf: ein gebratenes Lamm, dazu große Gefäße mit Bitterkraut und Charosset-Brei. Er bestand aus in Wein gekochten Datteln, Feigen und Mandeln. Nicht fehlen durften eine Schale mit salzigem Wasser und ungesäuertes Brot.

Nun griff der Leiter der Feierlichkeit in eines der Gefäße mit Bitterkraut, entnahm eine Handvoll Kräuter, stippte sie in das Salzwasser und sprach einen zweiten Segen: »Gebenedeit sei der Herr, der die Früchte der Erde erschaffen hat.« Er aß die Kräuter. Anschließend wurde ein zweiter Becher Wein geleert.

Schließlich hielt der »Zeremonienmeister« eine kurze Ansprache. Er erinnerte an die Bedeutung des Pessach-Mahls, also an die Befreiung aus der ägyptischen Sklaverei. Es folgten Psalmengesänge (Psalmen 93 und 94).

Der rituelle Teil des Fest endete mit einer weiteren Handlung des »Zeremonienmeisters«: Er nahm das ungesäuerte Brot, brach es, schmierte etwas Charosset-Brei darauf und sprach: »Gebenedeit sei der Herr, der die Erde Brot hervorbringen läßt.« Dabei reichte er jedem Teilnehmer am Mahl ein Stück des Brots. Schließlich wurde ein dritter Becher Wein geleert. Jetzt wandte sich die Gesellschaft dem Braten zu, der gänzlich verzehrt werden mußte. Dazu konnte nach Belieben getrunken werden. Abgeschlossen wurde die Feierlichkeit mit neuerlichen Psalmengesängen (Psalmen 95–98) und einem letzten Becher Wein.

Ein solches Ostermahl zelebrierte auch Jesus in der Gemeinschaft seiner Jünger. Glücklicherweise blieb einer der frühesten, also ältesten Texte der jungen Gemeinschaft, der »Codex Bezae Cantabrigiensis« erhalten, der Jesu letztes Abendmahl vermutlich historisch korrekt beschreibt: »Als die Stunde gekommen war, setzte er (Jesus) sich zu Tisch und die Apostel mit ihm. Und er sagte: Mich hat lebhaft verlangt, dieses Pascha mit euch zu essen; denn ich sage euch, daß ich nicht mehr essen werde, bis daß das Reich der Himmel kommt. Er nahm einen Kelch und sprach: Nehmet ihn und teilt ihn unter euch. Denn ich sage euch, daß ich von diesem Saft des Weinstocks nicht mehr trinken werde, bis daß das Reich der Himmel kommt. Dann nahm er das Brot und brach es.«

Jesus war also davon überzeugt, daß die Zeit der Ungerechtigkeit bald ein Ende nehmen und eine Ära himmlischer Glückseligkeit anbrechen würde. Zweifelsohne konnten sich Jesus und die Jünger darunter nur eine Zeit ohne Unterdrückung durch die Römer vorstellen.

Das verfälschte Abendmahl

Jesus, der zeitlebens sämtliche Gesetze Mose einhielt, dachte auch beim »Abendmahl« nicht daran, auch nur ein Jota der Heiligen Schrift zu ändern. Deshalb war es frommen Juden strengstens verboten, Blut in irgendeiner Form zu konsumieren. So mußten Schlachttiere, um verspeist werden zu dürfen, koscher sein, sprich keinen Tropfen Blut mehr enthalten. Nun steht aber übereinstimmend bei den Evangelisten (Matthäus, Kapitel 26, Verse 26–29, Markus, Kapitel 14, Verse 22–25, Lukas, Kapitel 22, Verse 15–20 und Johannes, Kapitel 6, Verse 51–58), Jesus habe das Brot zu seinem Leib, den Wein zu seinem Blut erklärt. Bei Matthäus etwa lesen wir: »Als sie aber aßen, nahm Jesus das Brot, dankte und brach's und gab's den Jüngern und sprach: Nehmet, esset, das ist mein Leib. Und er nahm den Kelch und dankte und gab ihnen den und sprach: Trinket alle daraus; das ist mein Blut des Bundes, das vergossen wird für viele zur Vergebung der Sünden.«

So aber kann Jesu letztes Abendmahl nicht gefeiert worden

sein. Frau Dr. Salcia Landmann stellt hierzu fest: »Kein Jude, dessen Volk als erstes unter den nahöstlichen Nationen den abscheulichen Brauch des menschlichen Ritualopfers als ›heidnischen Greuel‹ verboten hat, wird zum Zeichen seiner Verbundenheit mit seinen Gefährten diesen Brot und Wein – und sei es auch nur symbolisch – gleichsam als sein eigenes Fleisch und Blut servieren! Mit anderen Worten: Das zentrale christliche Zeremoniell, die Eucharistie [das heilige Abendmahl, Verwandlung von Brot zu Fleisch und Wein zu Blut] kann nicht auf Jesus zurückgehen. Es paßt aber fugenlos in eine Religion, die sich zentral zum Ritualmord bekennt, dem die Juden gleich bei ihrem Eintritt in die Weltgeschichte ihre radikale und absolute Absage erteilt haben. Der lebende Jesus gehört zwar in der Tat restlos und bedingungslos dem Judentum an, nicht aber sein vermeintlich gottgewollter, stellvertretender Opfertod.« (Jesus starb nicht in Kaschmir, München 1996, S. 128 f.)

Das in den christlichen Kirchen zelebrierte Heilige Abendmahl mag eine lange Tradition haben. Auf Jesus geht es in seiner heutigen Form aber nicht zurück. Das ist keine kühne These, die erstmals von mir aufgestellt wird. Sie wird vielmehr von sämtlichen Theologen geteilt, die sich jemals darum bemüht haben, den historischen Jesus zu erfassen. Bereits Martin Luther hatte erkannt, wie schwierig es ist, anhand der Texte des Neuen Testaments den historischen Tatsachen auf den Grund zu gehen. So schrieb er: »Die Evangelien halten in den Mirakeln und Taten Jesu keine Ordnung, liegt auch nicht viel daran. Wenn ein Streit über die Heilige Schrift entsteht, und man kann's nicht vergleichen, so lasse man's fahren.« Osiander (1498–1552) forderte gar, daß alle Texte, so wie wir sie in den biblischen Texten vorfinden, wortwörtlich als Tatsachenberichte aufzufassen seien. Wenn als im Neuen Testament mehrfach von der Auferweckung von Jairis Töchterlein von den Toten gesprochen werde, dann bedeute das eben, daß das arme Kind mehrfach verstorben und immer wieder ins Leben zurückgeholt worden sei.

Hermann Samuel Reimarus (1694–1768), Professor für orientalische Sprachen in Hamburg, kann als erster wissenschaftlich arbeitender Theologe angesehen werden. In zahlreichen Werken setzte er sich für eine »Vernunftreligion« ein, die er gegen die Verfälschungen der Kirchen verteidigte. Er veröffentlichte eine Reihe von theologischen Schriften, etwa »Die vornehmsten Wahrheiten der natürlichen Religion«, sein Hauptwerk aber wurde zu seinen Lebzeiten nicht gedruckt. Es lag nur als anonymes Manuskript vor. 1774 begann Gotthold Ephraim Lessing damit, wichtige Teile davon zu publizieren. Eine Gesamtausgabe wurde aber bis heute nicht veröffentlicht. Schon Reimarus erkannte: Ein Abendmahl, so wie es in der christlichen Kirche dargestellt wird, »losgelöst vom Passah«, sei weder für Jesus noch für seine Jünger denkbar gewesen. Das Abendmahl sei keineswegs eine neue Stiftung Jesu gewesen, sondern nur eine Episode beim letzten Passahmahl Jesu.

Die Urapostel kannten jedenfalls das heute zelebrierte Abendmahl noch nicht. Für sie war auch ein Gedächtnismahl zur Erinnerung an Jesus höchst überflüssig, erwarteten sie doch seine Wiederkehr in absehbarer Zeit. Gefeiert wurde ein allgemeiner Festschmaus, eine Sättigungsmahlzeit für die Armen (siehe hierzu J. Leipoldt: Der soziale Gedanke in der altchristlichen Kirche o. O., 1952, S. 186). Historisch mag auch ein Abschiedsmahl Jesu gewesen sein, der von seiner bevorstehenden Hinrichtung wußte. Es dürfte, wie der russische Jude Daniel Chwolson, der zum griechisch-orthodoxen Glauben übertrat, in einer umfangreichen Studie feststellte, am »Donnerstag vor Ostern« stattgefunden haben. Verzehrt wurde dabei ganz gewöhnliches Brot.

Bei diesem Mahl soll Jesus bereits gewußt haben, daß ihn einer seiner Jünger verraten würde (Lukas, Kapitel 22, Verse 21 und 22): »Doch siehe, die Hand meines Verräters ist mit über Tische. Denn des Menschen Sohn geht zwar hin, wie es beschlossen ist; doch weh dem Menschen, durch welchen er verraten wird.« Für Jesus war auch klar, wer ihn an die Römer ausliefern würde (Johannes, Kapitel 13, Verse 26 und 27): »Der ist's, dem ich den Bissen eintauche und gebe. Und er nahm den Bissen, tauchte ihn ein und gab ihn Judas, dem Sohn des Simon Iskariot. Und als er den Bissen nahm, fuhr der Satan in ihn. Da sprach Jesus zu ihm: Was du tust, das tue bald!«

Bekundete Jesus damit nicht sein Einverständnis mit dem »Verrat«? Das Geheimnis von Jesu Auslieferung an die Römer wird in Theologenkreisen schon seit Jahrhunderten diskutiert. Immer wieder taucht die These auf, daß Jesus selbst sein eigenes Ende herbeiführen wollte. Schon Hermann Samuel Reimarus kam zu der Überzeugung, daß Jesus selbst den Konflikt mit den Römern heraufbeschwören wollte, als er sich vom Volk beim Einzug in Jerusalem als Messias, als Befreier, feiern ließ. An diese Aufgabe Jesu glaubte nach Heinrich Eberhard Gottlob Paulus auch Judas. Der studierte Historiker Paulus (1761–1851) erregte 1828 mit seinem zweibändigen Werk »Das Leben Jesu als Grundlage einer Geschichte des Urchristentums« Aufsehen. Die Behauptung des Gelehrten, der zeitweise Professor für orientalische Sprachen und Theologie war, löste mit seinen Thesen über Judas Empörung aus. Albert Schweitzer faßt seine Überlegungen wie folgt zusammen (Geschichte der Leben-Jesu-Forschung, Band 2, Tübingen 1977, S. 95): »Wie wurde Judas zum Verräter? Er glaubte an Jesu Messianität und wollte ihn zwingen, sich als solcher zu erklären. Die Gefangennahme erschien ihm als das beste Mittel, das Volk zu entflammen.« Judas, dessen Beiname Ischariot sich auch mit »der Dolchmann« übersetzen läßt, wollte also nicht das Ende Jesu herbeiführen. Im Gegenteil: Er wollte Jesus dazu zwingen, sich als der lang ersehnte Messias zu bekennen, der das Volk von der römischen Knechtschaft befreien würde.

Für den »Dolchmann« Judas war Jesus zu zögerlich, zu unentschlossen, zu zweideutig. Was mochte Jesus damit gemeint haben, als er sagte (Matthäus, Kapitel 22, Vers 21, Markus, Kapitel 12, Vers 17 und Lukas, Kapitel 20, Vers 25): »So gebt dem Kaiser, was des Kaisers ist, und Gott, was Gottes ist!« Was stand seiner Meinung nach dem römischen Kaiser zu? In den Augen des Judas war der Kaiser der Feind schlechthin, dessen Sturz durch einen von Jesus geleiteten Volksaufstand herbeigeführt werden mußte. Was aber war zu tun, wenn Jesus den in den Augen des Judas notwendigen Konflikt immer wieder mied? So sah es auch bereits Karl August Hase, dessen Name laut Albert Schweitzer »mit goldenen Lettern ins Buch der Theologie eingetragen« ist. Hase (1800–1890) charakterisierte Judas als einen »rein verständigen, weltlichen, gewalttätigen Charakter«. Er wollte ihn – so Hase – »zur Gründung seines Reiches auf Volksgewalt zwingen« und verstand Jesu Zuruf »Was du tun willst, das tue bald!« als Zustimmung, als Einverständniserklärung.

Von einem solchen Einverständnis spricht auch der große Theologe David Friedrich Strauß (1808–1874): Mögen Jesu Jünger auch über seinen Tod entsetzt gewesen sein, für Jesus selbst war der »Todesentschluß mit der Messianitätenvorstellung an sich gegeben und wurde Jesus nicht erst durch die Ereignisse aufgezwungen«. Von diesem Einverständnis ging auch der Theologe Bruno Bauer (1809–1882) aus. Bauer, der wegen seiner scharfen Bibelkritik seines Amtes als Professor der Theologie enthoben wurde, hegte ernsthafte Zweifel, was die Geschichtlichkeit von in den Evangelien überlieferten Ereignissen angeht. Doch auch für Bauer war Jesus mit seinem Schicksal einverstanden: Er ging seinem Tod freiwillig entgegen.

Es mutet wie eines der großen Geheimnisse der Theologie an: Jahrhundertelang wurde Judas in der Forschung als der Mann angesehen, der ganz im Sinne Jesu handelte. Und gleichzeitig wurde er in den Kirchen als bösartiger Verräter beschimpft. Professor Pinchas Lapide (Ist die Bibel richtig übersetzt?, Gütersloh 1994, S. 47) meint: »Wäre Judas der abgefeimte Verräter gewesen, den die Kirchenväter aus ihm gemacht haben, so hätte er die römischen Soldaten zu Jesus geführt – und sich dann aus dem Staube gemacht. Nichts davon im Evangelium! Statt des verschwiegenen Zeichens – der Kuß! War das nicht der Liebesbeweis eines Mannes, der sich selbst verleugnet, um einen schweren Auftrag seines Rabbis auszuführen?«

Von einem »Verrat« ist nirgendwo in den Urschriften des Neuen Testaments zu lesen. Im Griechischen wird in diesem Zusammenhang stets das Verb paradidonai benützt – »ausliefern«. Professor Lapide: »Auf Geheiß Jesu übergibt Judas ihn (Jesus!) an den Hohenrat, der ihn an Pontius Pilatus überliefert. Jener gibt ihn an Herodes weiter, der ihn dann zurückgibt, worauf Pontius Pilatus ihn seinen Legionären überliefert, die ihn ans römische Kreuz schlagen – wo Jesus zuletzt seine Seele dem Schöpfer übergibt. All diese Begebenheiten sind im Neuen Testament nachzulesen – ohne daß man dabei einen dem Judas angedichteten ›Verrat‹ findet. Wenn all dies nicht geschehen und Jesus friedlich im Kreise seiner Familie gestorben wäre – wo bliebe dann die Kirche samt ihrem Heil?«

Jesus wurde nicht verraten. Er war mit seinem Tod am Kreuz einverstanden, wie er es zum Beispiel bei Johannes (Kapitel 10, Vers 18) bekundet: »Niemand nimmt mir mein Leben, sondern ich lasse es aus freien Stücken.«

Die Frage nach dem angeblichen »Verrat« Jesu durch Judas ist, wie die Geschichte der letzten 2000 Jahre beweist, alles andere als eine »nur theologische«. Indem Judas zum bösen Verräter abgestempelt wurde, wurde eine »christliche« Begründung für 2000 Jahre Antisemitismus geliefert. Unbeschreiblich ist das Leid, das der Judenhaß in die Weltgeschichte brachte. Blutrot ist die Spur von der Verleumdung des Judas. Sie führt von einem Gemetzel zum anderen – von den grausamen Kreuzzügen über Luthers widerliche Haßtiraden gegen die Juden bis nach Auschwitz.

Jesu Verhaftung, Prozeß und Tod

Judas hatte die Runde um Jesus verlassen. Jesus selbst schien eine Flucht vor den Römern noch für möglich zu halten. Würde er Jerusalem am nächsten Morgen allein verlassen? Er scheint deprimiert und mutlos gewesen zu sein. Seine Jünger versuchten ihm Mut zu machen. »Herr«, riefen sie zuversichtlich, »hier sind zwei Schwerter« (Lukas, Kapitel 22, Vers 38). Jesus erwiderte: »Es ist genug.« Dann machte er sich mit seinen Getreuen auf den Weg nach Bethanien. In einer Grotte bei Gethsemane wurde Rast gemacht. Angstvoll gestand er seinen Jüngern (Markus, Kapitel 14, Verse 33 ff.): »Meine Seele ist betrübt bis an den Tod. Bleibt hier und wachet!« Erschöpft fiel er zu Boden. »Vater, mein Vater! Es ist dir alles möglich, nimm diesen Kelch von mir; doch nicht, was ich will, sondern was du willst (geschehe)!« Laut dem Jesus-Forscher Binet erlitt er einen Anfall von Hämathydrose, eine starke Erweiterung der Gefäße. Dabei floß das Blut in die Poren der Haut – Jesus schwitzte im wahrsten Sinne des Wortes Blut.

In Todesangst hatte Jesus seine Jünger gebeten, Wache zu halten. Sie waren aber wiederholt eingeschlafen. Jesus vernahm Geräusche in der Dunkelheit. Ihm war klar, daß seine Verhaftung unmittelbar bevorstand (Matthäus, Kapitel 26, Verse 45 und 46): »Siehe, die Stunde ist da, daß der Menschensohn in die Hände der Sünder überantwortet wird. Steht auf, laßt uns gehen!« Judas trat ihm entgegen und küßte ihm die Hand. Was sonst die übliche Respekterweisung eines Schülers gegenüber seinem Rabbi war, wurde nun das mit den Römern verabredete Zeichen.

Jesus ging den Römern entgegen. Er fragte sie (Johannes, Kapitel 18, Verse 4–5): »Wen suchet ihr? – Jesus von Nazareth! – Ich bin's!« Verzweifelt griff Simon Petrus zum Schwert und hieb einem der Soldaten ein Ohr ab. Jesus befahl ihm, seine Waffe wegzustecken und heilte den Verletzten. Kaum war Jesus verhaftet, flohen seine Jünger entsetzt. Einen von ihnen – wer es war, ist den Evangelien nicht zu entnehmen – packten die römischen Knechte. Auch ihm gelang es, sich loszureißen – und wenn auch nackt – zu fliehen (Markus, Kapitel 14, Verse 51 und 52).

Umstritten bleibt, wer Jesus verhaftete. Waren es römische Soldaten oder Justizbeamte des Hohenpriesters? Der Sachverhalt scheint aber klar zu sein. Es dürften eher römische Militärs gewesen sein. Die Rechtsprechung lag bei den Römern, entsprechende vergleichbare Rechte wurden den Vertretern der Priesterschaft von den Römern nicht zugesprochen. Wenn Jesus, wie die Evangelien berichten (Matthäus, Kapitel 26, Verse 57–68, Markus, Kapitel 14, Verse 53–65, Lukas, Kapitel 22, Verse 54–71 und Johannes, Kapitel 18, Verse 13–24), vor den »Hohen Rat« der Priesterschaft, also vor das Synhedrion, geschleppt wurde, so entsprach dies nicht der politischen Lage zu Jesu Zeiten. Einst hatte es entsprechende Verhöre vor dem Hohen Rat gegeben. Sie mußten in der Zeit zwischen dem »ewigen Brandopfer« am Morgen und dem am Abend erfolgen – also zwischen neun Uhr morgens und vier Uhr nachmittags. Ein Urteil konnte frühestens 24 Stunden nach dem ersten Verhör gesprochen werden. Diese Form der Rechtsprechung oblag dem Hohen Rat der Priesterschaft zu Zeiten vor der römischen Besatzungsmacht.

Und selbst wenn altjüdisches Recht noch zu Zeiten Jesu gegolten hätte: Das Verfahren, so wie es in den Evangelien überliefert wird, widersprach den fundamentalen Regeln dieser alten Verfahrensweise, die von den Römern für ungültig erklärt worden war. So begann der Prozeß unmittelbar nach der Verhaftung, ohne daß die 24-Stunden-Frist eingehalten wurde. Es wurden nicht, wie es einst Vorschrift war, zwei unabhängige Zeugen befragt.

Die Angaben der Evangelisten sind, was den historischen Hintergrund angeht, also mehr als fragwürdig, sogar widersprüchlich. So nennen Markus und Lukas keinen Namen des Hohenpriesters, Matthäus spricht von »Kaiphas«, Johannes von »Hannas«. Hannas freilich war zu Jesu Zeiten schon 15, vielleicht aber auch schon 20 Jahre nicht mehr im Dienst. Historisch korrekt sind diese Berichte nicht. Sie wurden wohl nachträglich ersonnen, um den Juden die Schuld am Tode Jesu zuschieben zu können. Vermutlich befand sich Jesus von der Verhaftung in der Nacht bis in die frühen Morgenstunden in römischem Gewahrsam.

Das Verhör vor dem Hohenpriester dürfte frei erfunden sein – um die Juden als Mörder Jesu darzustellen. Ebenso der Phantasie der Evangelisten entsprungen ist auch der Hinweis auf Jesu Verleugnung durch Petrus, bevor der Hahn krähte. Zu Jesu Zeiten gab es in ganz Jerusalem nicht einen einzigen Hahn. Die Haltung von Federvieh war im Stadtgebiet streng verboten. Geflügel galt nämlich als »unrein«. Frei erfunden dürfte auch der Verlauf des Verhörs vor Pilatus sein. Um die angebliche Schuld der Juden zu betonen, mußte Pilatus als jesusfreundlich geschildert werden, der den angeblichen Gotteslästerer eigentlich freisprechen wollte. Nach dem Evangelium des Johannes (Kapitel 18, Vers 38) soll der Römer bekundet haben: »Ich finde keine Schuld an ihm!«

Wer war Barabbas?

Angeblich wollte Pilatus Jesus eine letzte Chance geben: Er stellte ihn, nachdem seine Knechte den Verhafteten blutig geschlagen hatten, zusammen mit einem Barabbas vor das Volk. Einer von beiden sollte freigelassen werden, den Juden oblag die Entscheidung. Angeblich wünschte sich das Volk den Barabbas (Johannes, Kapitel 19, Verse 13–15): »Da Pilatus das Wort hörte, führte er Jesus heraus und setzte sich auf den Richtstuhl an der Stätte, die da heißt Steinpflaster, auf hebräisch Gabbatha. Es war aber der Rüsttag auf Ostern um die sechste Stunde. Und er spricht zu den Juden: Sehet, das ist euer König! Sie aber schrien: Weg, weg mit ihm! Kreuzige ihn!« Auch nach Matthäus (Kapitel 27, Verse 21 und 22) und Markus (Kapitel 15, Verse 12 und 13) wünschte sich das Volk der Juden Barabbas frei und forderte, Jesus sei zu kreuzigen. Der Theologe Loisy hat bereits 1936 in seinem zweibändigen Werk »Les origines du Nouveau Testament« nachgewiesen, daß gerade die Barabbas-Episode so zu verstehen ist, daß die frühen Theologen der Christenheit die historischen Gegebenheiten ins Gegenteil verfälschten. Demnach gab es nach Jesu Verhaftung Tumulte in Jerusalem. Die Juden forderten nicht die Kreuzigung Jesu, sondern seine Freilassung. Da Jesus sich wiederholt als »Sohn des himmlischen Vaters«, als »Sohn des Vaters« bezeichnet hatte, schrien sie: »Freiheit für den Sohn das Vaters! Freiheit für Barabbas!« Forderten aufgebrachte Juden also tatsächlich Jesu Freiheit? Wurden Tumulte der Empörung in den Berichten verfälscht? Tatsächlich wird Barabbas in verschiedenen alten Manuskripten als »Jesus Barabbas« bezeichnet!

Dr. Salcia Landmann (Jesus starb nicht in Kaschmir, München 1996, S. 118) meint hierzu: »Möglich ist auch, daß ein an sich realer Vorgang aus diesem Motiv der Judenhatz im Neuen Testament total entstellt referiert wird. Denn der Rebell, dessen Freilassung der jüdische Mob anstelle von Jesus mit gewaltigem Geschrei von Pilatus gefordert haben soll, hieß Barabbas. Dies ist aramäisch und bedeutet: Sohn des Papa. Nachdem sich nun Jesus immer so nannte, wobei er mit ›Papa‹ ›Gottvater‹

persönlich meinte, könnte es also auch so gewesen sein, daß die Juden mit ihrem Geschrei umgekehrt gerade die Freilassung Jesu – wenn auch vergeblich – erfleht hätten. Wenn dies der Fall war, dann hätten wir hier einen Beweis mehr, daß sich anonyme Juden – im Gegensatz zur Tempelhierarchie – zugunsten von Jesus eingesetzt hätten und das Neue Testament die Episode – wie manche andere auch – im Sinne einer Judenhatz umgedeutet hat.«

Historisch eindeutig falsch wird der Sachverhalt bei allen vier Evangelisten (Matthäus, Kapitel 27, Verse 24–26, Markus, Kapitel 15, Vers 15, Lukas, Kapitel 23, Verse 24–25 und Johannes, Kapitel 19, Vers 16) dargestellt: Pilatus wäscht seine Hände in Unschuld und läßt eine Verurteilung Jesu zum Tode durch die Juden zu. Kein römischer Beamter machte je eine Urteilsverkündung von der Zustimmung oder Ablehnung durch das jüdische Volk abhängig. Wenn es einen Prozeß gegen Jesus gegeben hat, dann erfolgte der nach dem »Lex Julia Majestatis«. Dann wurde Jesus zum Tode am Kreuz verurteilt. Dann wurde er gefesselt und ausgepeitscht – ganz nach römischem Brauch, ganz nach der Art, wie es das römische Gesetz für politische Aufwiegler vorsah. Überliefert sind sogar die Worte, die Jesus zu hören bekam: »Condemno, ibis in crucem. Lictor, conglia manus. Verberetur!« (»Ich verurteile dich: Du wirst gekreuzigt werden. Lictor, binde ihm die Hände! Er möge gegeißelt werden!«)

Jesus folgte also jenem Mann im Tode nach, dessen Schüler er einst unweit des Klosters von Qumran gewesen ist. So wie Johannes der Täufer mußte auch Jesus sterben – weil die Römer beide als »Aufwiegler«, als »Revoluzzer« und Jesus als potentiellen »König der Juden« fürchteten. Jesu Hinrichtung sollte abschrecken. Pilatus wollte demonstrieren, daß jeder, der zum Aufruhr gegen die Römer aufrief, am Kreuz endete. Deshalb ließ er am Kreuz die – von Markus (Kapitel 15, Vers 26) richtig überlieferte Inschrift anbringen: »I.N.R.I« – »Jesus Nacarenus Rex Judorum«, »Jesus, der Nazarener, König der Juden«. Auch die Verteilung der Kleidungsstücke des Delinquenten unter den römischen Wachhabenden entsprach römischem

Brauch. Wann aber, in welchem Jahr, wurde Jesus überhaupt hingerichtet?

Wann starb Jesus?

Jesu Prozeß, darin sind sich die Evangelisten einig, fand zur Zeit des Pontius Pilatus statt. Der regierte von 26 bis 36 n. Chr. In welchem Jahr wurde Jesus verurteilt und hingerichtet? Nach Johannes fand die Kreuzigung am 14. Nisan, nach Markus, Lukas und Matthäus am 15. des Monats Nisan statt.

Wahrscheinlicher ist der 14. Feierte doch Jesus mit seinen Jüngern noch ein Abschiedsmahl. Wäre dies am Freitag, am Passahfest selbst, geschehen, dann hätte das obligatorische Opferlamm nicht fehlen dürfen. Ein Lamm aber wurde nicht verspeist – weil das Mahl schon einen Tag vor dem Passah stattfand? Der 14. Nisan, das läßt sich leicht nachrechnen, fiel in den Jahren 30 und 33 n. Chr. auf einen Freitag. Auch die Jahre 27 und 34 wären als Kreuzigungsjahre theoretisch denkbar, doch das Jahr 27 liegt zu früh, das Jahr 34 zu spät in der Regierungszeit des Pilatus. Vermutlich fand Jesu letztes Mahl an einem Donnerstag, einen Tag vor seinem Kreuzestod, statt. Aber in welchem Jahr?

Nun berichten die Evangelien, daß sich der Mond blutrot verfärbt habe, als Jesus gekreuzigt wurde. Das läßt auf eine Mondfinsternis schließen. Dabei sieht der Erdtrabant tatsächlich zu Beginn der Himmelserscheinung blutrot aus, besonders bei partieller Verdunkelung. Eine solche Mondfinsternis ereignete sich 33 n. Chr. So ist es mehr als nur wahrscheinlich, daß Jesus am 3. April des Jahres 33 gekreuzigt wurde.

Das Turiner Grabtuch und das Geheimnis der Auferstehung

Den römischen Wachhabenden oblag auch die Pflicht, den Delinquenten bei Einbruch der Dunkelheit die Beine zu brechen. Warum? Die Kreuzigung war nicht »nur« als Hinrichtung, sondern auch als Folter gedacht. Das Marterinstrument Kreuz bestand aus einem senkrechten Pfahl, die Arme des Verurteilten wurden über seinem Kopf festgenagelt. Die Römer übernahmen diese Methode aus dem Orient, fügten aber einen Querbalken hinzu, an dem die ausgebreiteten Arme des Delinquenten befestigt wurden. Die Nagelwunden in Händen und Füßen selbst führten nicht zum Tode. Schon nach sechs bis zwölf Minuten sank der Blutdruck des Todeskandidaten auf die Hälfte, der Pulsschlag stieg auf das Doppelte. Rasch wurde das Herz des Opfers mit zuwenig Blut versorgt, der Gekreuzigte wurde ohnmächtig und dämmerte dem Tod entgegen. Um die Qual des Sterbens zu vergrößern und den Tod hinauszuzögern, wurde in den Todespfahl ein Pflock getrieben. Darauf konnte sich der Sterbende abstützten. So wurde zunächst einmal verhindert, daß die Nagelwunden speziell an den Händen ausrissen. Ob Jesu Füße ebenfalls mit Nägeln ans Kreuz geschlagen wurden, ist unsicher. Oftmals begnügten sich die römischen Henkersknechte damit, die Füße mit einem Strick anzubinden. Fühlte der Todeskandidat am Kreuz die an und für sich gnädige Ohnmacht nahen, dann stemmte er sich gegen diesen Stützpflock und entlastete die Muskulatur, an der sein Körpergewicht zerrte. Jetzt konnte er wieder besser atmen, das Herz wieder besser arbeiten und den Körper vorerst ausreichend mit Blut versorgen. Die Ohnmacht blieb erst einmal aus – der Gekreuzigte starb noch nicht, sondern litt erst einmal weiter.

Am Abend mußten nun die römischen Soldaten den Gekreuzigten die Beine brechen. Es war den Todeskandidaten dann nicht mehr möglich, sich abzustützen. Sie wurden ohnmächtig, der Kreislauf brach zusammen, und der Tod trat ein. So sollte verhindert werden, daß Gekreuzigte in der Nacht von Angehörigen vom Marterpfahl abgenommen und wieder gesund gepflegt wurden. Nach Johannes (Kapitel 19, Vers 33) wurden nur den beiden anderen Männern, die mit Jesus gekreuzigt waren, die Beine gebrochen – Jesus aber nicht. Ob Jesus diese Prozedur wirklich erspart blieb, wissen wir nicht. Vielleicht wurde der Text manipuliert, damit er eine alte Prophezeiung erfüllt (2. Buch Mose, Kapitel 12, Vers 46): »Ihr sollt keinen Knochen daran zerbrechen!«

Die Soldaten hielten Jesus für tot. War er es aber auch? Seit Jahrhunderten taucht immer wieder die Behauptung auf, Jesus sei nur scheintot gewesen. Heinrich Eberhard Gottlob Paulus (1761–1851) kam zu der Überzeugung, Jesus habe tatsächlich die Kreuzigung überlebt. Beweise für diese Annahme gibt es keine. Allerdings macht die Bibel es möglich, die Vorgänge von Golgatha präzise, ja fast minutiös nachzurecherchieren.

Gegen 9 Uhr wurde mit der Kreuzigung begonnen. Gegen 15 Uhr bekam Jesus einen Essigtrunk gereicht, der zu einer tiefen Ohnmacht führte. Um 16 Uhr fügte Wachführer Centurio Cassius Longinus Jesus einen Lanzenstich zu. Die Wunde blutete. Blut und Wasser traten aus. Nach Dr. R. W. Hynek sei dies ein deutlicher Hinweis darauf, daß Jesus noch lebte. Zum gleichen Resultat kamen auch der Kölner Arzt Dr. Hermann Mödder und der Unfall- und Narkosearzt Dr. I. W. Bourne, Chefarzt für Anästhesie am St.-Thomas-Krankenhaus in London. Auch wenn der Brustkorb sich nicht mehr hebe und senke, so sei ein Überleben möglich. Selbst langsamste, schwächste Herzschläge genügen, um einen Menschen am Leben zu erhalten.

Gegen 17 Uhr setzte strömender Regen ein, und Jesus wurde vom Kreuz genommen. Eine Genehmigung dafür wurde bei Pilatus vermutlich nicht eingeholt. Wahrscheinlich genügten ein paar Münzen Bestechungsgeld, damit die römischen Soldaten »wegsahen«. Kurz vor 18 Uhr war die Hinrichtungsstätte fast menschenleer. Düster hob sich das Todesszenario vom Horizont ab. Nicodemus schaffte Jesus Körper in ein Felsengrab. Lebte Jesus zu diesem Zeitpunkt noch? Maria Magdalena und Maria Jakobi übernahmen die erste Wache. Jesus könnte noch gelebt haben, als er in das Tuch gewickelt wurde. Er dürfte aber, wenn überhaupt, die Kreuzigung nur um einige Stunden überlebt haben.

Weltweites Aufsehen erregt auch heute noch das sogenannte Turiner Grabtuch. Auf dem 4,36 mal 1,10 Meter großen Linnen zeichnet sich deutlich das Bild eines Gekreuzigten ab. Jahrhundertelang wurde es als vielleicht heiligste Reliquie der Christenheit verehrt. Sollte einst wirklich der Körper Jesu damit umhüllt gewesen sein? Sollte es wirklich jener Stoff sein, den alle vier Evangelisten (Matthäus, Kapitel 27, Vers 59, Markus, Kapitel 15, Vers 46, Lukas, Kapitel 23, Vers 53 und Johannes, Kapitel 19, Vers 40) erwähnen? Besonders ausführlich heißt es bei Johannes: »Da nahmen sie den Leichnam Jesu und banden ihn in Leinentücher mit wohlriechenden Ölen, wie die Juden zu begraben pflegen.«

Pietro Savio vom Vatikanischen Geheimarchiv erarbeitete in mühseliger Kleinarbeit die Historie des leinenen Kleinods. Er fand unzählige Erwähnungen und Beschreibungen in unterschiedlichsten Texten. Das Tuch ist vom 2. bis ins 13. Jahrhundert dokumentiert.

1204 wurde Konstantinopel von europäischen Kreuzrittern erobert. Dem Franzosen Otto de la Roche, so berichtet der Historiker Robert de Clari, sei dabei eine heilige Reliquie in die Hände gefallen – das Grabtuch Jesu. 150 Jahre später wurde es in Besançon von frommen Pilgern angebetet. Bei einem Großbrand wäre es 1532 fast den Flammen zum Opfer gefallen, konnte aber noch gerettet werden. Die Reliquie trug leichte Brandspuren davon. Von Südfrankreich wurde das Tuch schließlich nach Turin gebracht. 1868 wurde es erstmals fotografiert: von Secondo Pia. 1889 wurden weitere Fotos angefertigt – und eine Sensationsmeldung ging um die Welt. Die lebensgroße Darstellung eines geschundenen, gegeißelten und mit einer Dornenkrone gequälten Menschen ist kein Bild im eigentlichen Sinne, sondern eher ein »Negativ«.

Von diesem »Negativ« kann auf fotomechanischem Wege ein »Positiv« erstellt werden. Dann wird ein geradezu plastisch wirkendes Bild eines geschundenen Menschen sichtbar. Ist es so etwas wie ein Porträt Jesu? Davon waren die Gläubigen jahrhundertelang überzeugt.

Doch dann wurde – erst vor wenigen Jahren – die Reliquie als angebliche Fälschung »entlarvt«. Angeblich hätten Radiocarbon-Datierungen des Stoffes eindeutig ergeben, daß er aus den Jahren zwischen 1260 und 1390 stammt. Entsprechende Meldungen gingen um die Welt. Wieder schien ein »Scheinrätsel« gelöst zu sein. Der Schein war freilich trügerisch, denn die von ahnungslosen Journalisten gefällten Urteile erwiesen sich als voreilig. Enttarnte Geheimnisse sind eben immer gut für eine Schlagzeile, mag auch die Story, die dahintersteckt, noch so schlecht recherchiert sein. Inzwischen ist die vermeintliche »Entlarvung« längst wieder selbst entlarvt worden, worüber die »aufklärerische Presse« freilich kaum berichtet hat. Anläßlich eines Mikrobiologie-Kongresses in New Orleans (USA) wurde im Herbst 1996 festgestellt, daß diese neue Datierung eindeutig falsch ist. (siehe: »Ärzte-Zeitung« vom 20./21. September 1996) Sie entstand, weil das Tuch in späteren Jahrhunderten einen Bakterien- und Pilzbefall erlitt.

Forscher aus Turin und von der Universität von Virginia in Blacksburg machten am Grabtuch selbst einen Hinweis aus, der eine präzise Datierung ermöglicht: Dem Gekreuzigten waren Münzen auf die geschlossenen Augenlider gelegt worden, bevor sein Körper in das Tuch gehüllt wurde. Tatsächlich war es noch zu Zeiten Jesu Brauch, die Augenlider von Toten mit einer Münze zu bedecken. Die Münze »vom Grabtuch« konnte mit Hilfe extremer fotografischer Vergrößerung eindeutig identifiziert werden. Demnach wurde sie zur Zeit des römischen Statthalters Pontius Pilatus geprägt. Und noch weitere Hinweise konnten gewonnen werden: Bereits 1978 hatten Chemiker, Physiker und andere Wissenschaftler einer internationalen Kommission, der auch 25 Amerikaner angehörten, erklärt, das Tuch sei eindeutig kein Gemälde, also keine Fälschung. Es sei der Abdruck eines Menschen, der zur Zeit Jesu gekreuzigt wurde, und zwar der eines toten Menschen.

Die »Ärzte-Zeitung« schreibt: »Auf den Tod des Eingehüllten deuten unter anderem das Abbild einer postmortalen (nach dem Tod eingetretenen) Blutung aus der Seite, bei der das Serum (Blutflüssigkeit) bereits getrennt ist, sowie das der Füße, deren Spitzen in Leichenstarre auseinanderzeigen.« Und bereits 1973 hatte der Züricher Gerichtsmediziner Max Frei, ein Mikroorganismus-Spezialist, anhand einer mikroskopischen Untersuchung von Pollen im Gewebe Palästina als Ursprungsort des Tuches verifiziert. 14 der 58 verschiedenen Pflanzenarten, die Frei identifizieren konnte, kamen zu Jesu Zeiten ausschließlich im Raum Jerusalem vor. Sollte es sich also bei dem

Turiner Grabtuch doch um eine echte Jesus-Reliquie handeln? Viele Indizien sprechen dafür. Das Abbild im Tuch muß durch direkten Kontakt mit einem menschlichen Körper entstanden sein, denn es gibt die Vorder- und Rückseite eines 1,75 Meter großen Toten wieder. Der Kontakt mit dem Körper endete nach 30, höchstens 36 Stunden. Das Abbild dürfte sich durch Oxidation und Dehydrierung der Fasern an der Oberfläche des Stoffes gebildet haben. Zu erklären ist dieser Prozeß nicht. Nach Dr. Baptiste Rinaudo, Physiker aus Montpellier, entstand es »durch eine Protonenemission, die der Körper unter dem Einfluß einer nicht bekannten Energiequelle ausgestrahlt« habe. Ist also das Turiner Grabtuch ein Beleg für das größte Mysterium des Neuen Testaments – für die Auferstehung Jesu Christi?

Fakt ist: Der Abdruck im Turiner Tuch zeigt Schwellungen im Gesicht. Das könnte ein Beleg sein für Matthäus, Kapitel 26, Vers 67: »Etliche aber schlugen ihn (Jesus) ins Gesicht.« Stirn und Nacken müssen von zahllosen kleinen Wunden übersät gewesen sein. – Könnte das ein Beleg für Johannes, Kapitel 19, Vers 2: »Und die Kriegsknechte flochten eine Krone von Dornen und setzten sie auf sein Haupt« sein? Auch am übrigen Körper muß es, wie das Tuch zeigt, zahlreiche Schwellungen gegeben haben – der Beleg für Johannes, Kapitel 19, Vers 1: »Da nahm Pilatus Jesum und geißelte ihn«? Am rechten Brustkorb wies der Mann, der einst im Grabtuch lag, eine tiefe Wunde auf. Sie wird von Johannes, Kapitel 19, Vers 34 folgendermaßen beschrieben: »Der Kriegsknechte einer öffnete seine Seite mit einem Speer, und alsbald ging Blut und Wasser heraus.«

Ein wichtiges Indiz für die Echtheit des Tuches darf nicht verschwiegen werden: Fast zwei Jahrtausende stellten christliche Künstler die Kreuzigung falsch dar. Man sieht Jesus am Kreuz, die Nägel sind durch seine Handflächen getrieben. Hätte jemand vor Jahrhunderten das Tuch als »fromme Reliquie« fälschen lassen, dann wäre auch hier dieser Fehler unterlaufen. Die Wundmale wären in den Handflächen zu sehen gewesen. Beim Grabtuch indes sieht man die von den Nägeln herrührenden Wunden an anatomisch korrekter Stelle, nämlich in den Handgelenken.

Nachwort:
Hoffnung auf Auferstehung
von den Toten

Das Neue Testament ist keine »Biographie« Jesu im strengen Sinne des Wortes. Vielmehr legen die Evangelien Zeugnis davon ab, wie im Laufe der Jahrhunderte mit der historischen Figur Jesus umgegangen wurde. Schon in der frühen Christenheit wurde Jesus nicht nur beschrieben, sondern auch gedeutet. Aus einem Jünger des Täufers, der die Römerherrschaft beenden wollte, wurde ein »Wundermann«, der auf ein Jenseits nach dem Tode vertröstete. Erkennt man die Absichten der Bibelautoren, so ist es möglich, dem historischen Jesus sehr nahezukommen. Er war ein Mensch – und als solcher Veränderungen unterworfen. Aus einem zornigen jungen Mann wurde ein Verklärter, der die Nächstenliebe predigte: »Du sollst den Herrn, deinen Gott, lieben von ganzem Herzen, von ganzer Seele, von allen Kräften und von ganzem Gemüt, und deinen Nächsten wie dich selbst.« (Lukas, Kapitel 10, Vers 27)

Seit Menschen denken, grübeln sie über die Frage nach, ob es ein Leben nach dem Tode gibt. Jesus war davon überzeugt. Ist er von den Toten auferstanden, wie es die Kirche lehrt? Das ist vielleicht das größte Geheimnis der Bibel überhaupt: Jesu Auferstehung von den Toten. Vielleicht gibt das Turiner Grabtuch eine Antwort? Ließen geheimnisvolle Energien das anrührende Bildnis Jesu im Moment der Auferstehung entstehen? Für den Gläubigen ist dies keine Frage, sondern Gewißheit. Und selbst der Skeptiker muß zugeben: Hoffen dürfen wir alle.

Und wir hätten bereits das himmlische Paradies auf Erden, würden wir Jesu Gebot der Nächstenliebe befolgen!

Quellen

Bibeltexte und apokryphe Schriften:

Das Alte Testament liegt in zahlreichen Übersetzungen vor. Wer sich an möglichst wortgetreuen Texten orientieren möchte, möge auf folgende Werke zurückgreifen:
»Dier vierundzwanzig Bücher der Heiligen Schrift«, übersetzt von Leopold Zunz, Victor Goldschmidt Verlag, Basel 1980.
»Die fünf Bücher der Weisung«, ins Deutsche übertragen von Martin Buber gemeinsam mit Franz Rosenzweig, Jakob Hegner, Köln und Olten 1954.
»Bücher der Kündung«, ins Deutsche übertragen von Martin Buber gemeinsam mit Franz Rosenzweig, Jakob Hegner, Köln und Olten 1966.
»Bücher der Geschichte«, ins Deutsche übertragen von Martin Buber gemeinsam mit Franz Rosenzweig, Jakob Hegner, Köln und Olten 1969.
»Die Schriftwerke«, ins Deutsche übertragen von Martin Buber, Verlag Lambert Schneider, Heidelberg 1976.

Empfehlenswert ist auch die »Neue-Welt-Übersetzung der Heiligen Schrift mit Studienverweisen«, Selters, ohne Jahresangabe.

Wer sich mit der Problematik der Bibelübersetzungen beschäftigen möchte, der lese »Ist die Bibel richtig übersetzt?«, Band 1 und 2, von Pinchas Lapide, Gütersloh 1994 und 1995.

Interessante Aufschlüsse über die wichtigsten Personen der Bibel ermöglicht »Who's who in der Bibel« von Peter Calvocoressi, Stuttgart 1993.

Wer sich intensiver mit den Evangelien des Neuen Testaments auseinandersetzen und die Aussagen der verschiedenen Autoren miteinander vergleichen möchte, arbeitet am besten mit einer sogenannten Evangelien-Synopse. Besonders zu empfehlen sind: »Synopse der Evangelien«, Stuttgart 1989, und Josef Schmid: »Synopse der drei ersten Evangelien mit Beifügung der Johannes-Parallelen«, 7. Auflage, Regensburg 1977.

Die Apokryphen des neuen Testaments liegen in zahlreichen Ausgaben vor. Zu empfehlen sind:

Schneemelcher, Wilhelm: Neutestamentliche Apokryphen, Band I: Evangelien, 6. Auflage, Tübingen 1990, und Band II: Apostolisches, Apokalypsen und Verwandtes, 5. Auflage, Tübingen 1989

Apokryphe Evangelien aus Nag Hammadi, Andechs 1988

Schöpfungsberichte aus Nag Hammadi, Andechs 1989

Zur vertiefenden Lektüre der im Buch angesprochenen Themen seien folgende Titel empfohlen:

Aaron, Robert: Die verborgenen Jahre Jesu, München 1973

Barthel, Manfred: Was wirklich in der Bibel steht, Düsseldorf 1987

Ben-Chorin, Schalom: Bruder Jesus, München 1983

Ben-Chorim, Schalom: Paulus, München 1983

Berger, Klaus: Exegese des Neuen Testaments, Heidelberg 1977

Beyer, Alexander: Der Menschensohn, rezensiert in: Theologische Literaturzeitung 1925, S. 10

Blumrich, Josef: Da tat sich der Himmel auf. Die Begegnung des Propheten Ezechiel mit außerirdischer Intelligenz, Berlin 1994

Bornemann, Eduard: Griechische Grammatik, Frankfurt am Main 1978

Braun, Herbert: An die Hebräer, Tübingen 1984

Bultmann, Richard: Die Geschichte der synoptischen Tradition, Göttingen 1958

Bultmann, Rudolf: Jesus, Tübingen 1926

Conzelmann, Hans: Die Apostelgeschichte erklärt, Tübingen 1972

Däniken, Erich von: Der jüngste Tag hat längst begonnen, München 1995

Dibelius, Martin: Die Pastoralbriefe, Tübingen 1966

Dopatka, Ulrich: Lexikon der außerirdischen Phänomene, Bindlach 1992

Flusser, David: Jesus, Reinbek 1968

Garden, Ernest: Sagt die Bibel die Wahrheit?, Lüneburg 1957

Grabow, Sandra: Die Menschen und ihre Götter, Sonderausgabe Unknown Reality, Frankfurt/Oder

Hausrath, Adolf: Jesus und die neutestamentlichen Schriftsteller, Berlin 1908

Hengge, Paul: Die Bibel-Korrektur, Stuttgart 1979

Herbig, Jost: Nahrung für die Götter, München 1988

Hessen, Johannes: Religionsphilosophie, München 1955

Heyn, Immanuel: Jesus im Lichte der modernen Theologie, Greifswald 1907

Hinker, Wolfgang: Wenn die Bibel recht hätte, Stuttgart 1970

Kalthoff, Albert: Das Christusproblem, Leipzig 1902

Käsemann, Ernst: An die Römer, Tübingen 1980

Kee, Howard C.: Das frühe Christentum in soziologischer Sicht, Göttingen 1982

Kersten, Holger: Jesus lebte in Indien, München 1993

Kirchschläger, Walter: Schriftverständnis leicht gemacht, Klosterneuburg 1980

Kraft, Heinrich: Die Offenbarung des Johannes, Tübingen 1974

Kühner, Otto: Das Jahr Null und die Bibel, ohne Ortsangabe 1962

Küng, Hans: Theologie im Aufbruch, München 1987

Landmann, Salcia: Jesus starb nicht in Kaschmir, München 1996

Langbein, Walter-Jörg: Astronautengötter, Berlin 1995

Langbein, Walter-Jörg: Bevor die Sintflut kam, München 1996

Langbein, Walter-Jörg: Das Sphinx-Syndrom, Berlin 1997

Leiris, Michel: Die eigene und die fremde Kultur, Frankfurt 1977

Lenzen, Josef (Hrsg.): Geschichte der katholischen Kirche, Graz 1986

Luther, Martin: Traktate in: Bibliothek deutscher Klassiker – Hutten, Müntzer, Luther, Band II, Berlin 1989. Zitiert wurde aus: Von der Freiheit eines Christenmenschen, S. 114–138; Eine treue Vermahnung zu allen Christen sich zu hüten vor Aufruhr und Empörung, S. 139–153; Von Kaufshandlung und Wucher, S. 184–245; Wider die räuberischen und mörderischen Rotten der Bauern, S. 259–265

Mazar, Benjamin: Der Berg des Herrn, Bergisch Gladbach 1979

Morison, Frank: Wer wälzte den Stein?, Hamburg 1950

Müntzer, Thomas: Traktate in: Bibliothek deutscher Klassiker – Hutten, Müntzer, Luther, Band I, Berlin 1989. Zitiert wurde aus: Hochverursachte Schutzrede, S. 244–266

Neuner, Josef und Roos, Heinrich: Der Glaube der Kirche in den Urkunden der Lehrverkündung, Regensburg 1986

Niederwimmer, Kurt: Askese und Mysterium, Göttingen 1975

Pagels, Elaine: Versuchung durch Erkenntnis, Frankfurt 1981

Päpstliche Bibelkommission: Über die geschichtliche Wahrheit der Evangelien, Instruktion der Päpstlichen Bibelkommission vom 21. 4. 1964, Klosterneuburg 1965

Paulus, Heinrich: Das Leben Jesu als Grundlage einer reinen Geschichte des Urchristentums, Heidelberg 1828

Reimarus, Hermann Samuel (Herausgeber: Gotthold E. Lessing): Von dem Zwecke Jesu und seiner Jünger, Braunschweig 1778

Renan, Ernest: Das Leben Jesu, Zürich 1981

Rost, Leonhard: Einleitung in die alttestamentlichen Apokryphen und Pseudepigraphen einschließlich der großen Qumran-Handschriften, Heidelberg 1979

Ranke-Graves, Robert von und Patai, Raphael: Hebräische Mythologie, Reinbek 1986

Sassoon, George und Dale, Rodney: Die Manna-Maschine, Berlin 1995

Schmidt, Paul Wilhelm: Die Geschichte Jesu, Freiburg 1899

Schonfield, Hugh J.: Die Essener, Fulda 1985

Semler, Johann Salomo: Beantwortung der Fragmente eines Ungenannten insbesondere vom Zweck Jesu und seiner Jünger, Halle 1779

Spitta, Friedrich: Das Johannesevangelium als Quelle der Geschichte Jesu, Göttingen 1910

Strauss, David Friedrich: Streitschriften zur Verteidigung meiner Schrift über das Leben Jesu und zur Charakteristik der gegenwärtigen Theologie, Tübingen 1837

Thiele, Johannes: Madonna mia, Stuttgart 1990

Wach, Joachim: Religionssoziologie, Tübingen 1951

Warner, Marina: Maria, München 1982

Weidel, Karl: Jesu Persönlichkeit, Halle 1908

Weiser, Alfons: Was die Bibel Wunder nennt, Stuttgart 1975

Wendling, Emil: Die Entstehung des Markusevangeliums, Tübingen 1908

Zahn, Thomas: Einführung in das Neue Testament, ohne Ortsangabe 1907

Zahrnt, Heinz: Es begann mit Jesus von Nazareth, Stuttgart 1960

Zink, Jörg: Die Wahrheit läßt sich finden, Stuttgart 1972

Zeitschriften:

Zahlreiche Magazine und Zeitschriften im deutschsprachigen Raum setzen sich auch mit den Rätseln des Alten Testaments auseinander. Empfehlenswert sind:

Ancient Skies und Scientific Ancient Skies, Chefredakteur Dr. Johannes Fiebag (Verlagsanschrift: Ancient Astronaut Society, Postfach, CH-3803 Beatenberg, Schweiz)

Challenge, Herausgeber Georg Lorbertz (Verlagsanschrift: Heideweg 5, 54614 Heisdorf)

Magazin für Grenzwissenschaften, Herausgeber Walter Kelch und Stefan E. Rickes (Verlagsanschrift: Niederstraße 1, 56637 Plaidt)

UFO-Kurier, Herausgeber Jochen Kopp (Verlagsanschrift: Hirschauer Straße 10, 72108 Rottenburg)

Unknown Reality, Chefredakteur Mario Ringmann (Verlagsanschrift: Hamburger Straße 11, 15234 Frankfurt/Oder)
Hier erhältlich: Sonderband »Die Menschen und ihre Götter«
von Sandra Grabow.